DiARio
⫸⫷ DE UN ⫸⫷
MOJADO

DiARiO DE UN MOJADO

por

Ramón "Tianguis" Pérez

Arte Público Press
Houston, Texas

Esta edición ha sido subvencionada por la Ciudad de Houston por medio del Concejo Cultural de Arte de Houston, Harris County.

Recuperando el pasado, creando el futuro

Arte Público Press
University of Houston
452 Cullen Performance Hall
Houston, Texas 77204-2004

Diseño de la cubierta por Giovanni Mora
El arte en la portada es cortesía de Adán Hernández:
"La media luna"

♾ El papel utilizado en esta publicación cumple con los requisitos del American National Standard for Information Sciences—Permanence of Paper for Printed Library Materials, ANSI Z39.48-1984.

3 4 5 6 7 8 9 0 1 2   10 9 8 7 6 5 4 3 2 1

Para mis camaradas: los mojados

Parte I

De Oaxaca al Río Grande

Cruzando la frontera

Mi equipaje era una pequeña maleta de vinil en la que llevaba solamente una muda de ropa. Era la valija de quien ha de ausentarse de casa por un par de días, pero yo no sabía cuándo estaría de regreso. Cargaba con un buen cúmulo de buenas despedidas. Mi madre, sumamente conmovida, me persignó con un cirio que seguramente ha de estar consumiéndose ya en el altar de la iglesia. Mi padre, más acostumbrado a las despedidas, me había dicho: "¡Aguzado, muchacho!" mientras nos dábamos un abrazo. Mis hermanos me habían encargado enviar tarjetas postales de los lugares en donde me encontrara. Con mis amigos, la noche anterior habíamos corrido una parranda.

Eran más o menos las once de la mañana; y tenía que caminar los ocho kilómetros que separaban mi pueblo de la carretera federal que serpenteaba precisamente en la cúspide de la cordillera. Desde luego que estaba la brecha de terracería, pero no siempre había tránsito de vehículos, y había que andar con suerte para encontrarse con un carro que nos diera un jalón. De cualquier manera, esta vez prefería recorrer a pie esta distancia.

El cálido sol de verano que brillaba en medio de un cielo tan límpido como acabadito de lavar no era extremoso, pero el camino era ascendente y el ejercicio me hacía transpirar. Antes de salir de casa había pasado casi una hora bajo la regadera y me había vestido con la ropa que mi madre había planchado con esmero; pero más tiempo tarde en asearme y vestirme que en volver a bañarme de sudor. Cuando menos me quedaba la satisfacción de haber visto la felicidad de mi madre al verme salir limpio y alineado.

Me puse a pensar que si mis antepasados hubieran sabido que

la carretera federal se iba a trazar a ocho kilómetros del pueblo, tal vez hubieran decidido establecerse ocho kilómetros más arriba; pero han de haber tenido sus propias razones al establecerse a media falda de la montaña. Yo había aprendido que entre más cerca a la cúspide de la montaña, la tierra era menos fértil; ante más cerca al nivel del mar, la tierra era más productiva. Viéndolo de esa manera, mis antepasados habían tenido toda la razón, y seguro que lo habían pensado antes de escarbar el primer cimiento para fundar la primera casa que formaría nuestro pueblo. Se establecieron exactamente a media altura. Más arriba, el frío era más intenso que en el mes de diciembre, cuando el cerro se cubría de nieve. Más abajo el calor era bochornoso, mientras que en mi pueblo, el clima era templado.

Más o menos a media distancia entre mi pueblo y la carretera federal había un lugar desde donde se podía contemplar todo el panorama, por lo tanto, ahí decidí descansar unos minutos antes de seguir mi camino. Me tendí sobre la hojarasca en medio de la espesura del bosque de pinos, encinos y muchas otras especies entre los cuales el viento ululaba débilmente y llegó a mí, fresco y reconfortante. Me preguntaba cuánto tiempo estaría ausente. Allá abajo, en derredor del pueblo, los plantíos de maíz que habían comenzado a secarse ofrecían un paisaje de color café claro, y su uniformidad parecía una enorme alfombra cuyas puntas bailaban al vaivén del viento.

Allá abajo quedaba mi pueblo, sólo se verían los techos de metal que brillaban bajo la luz del sol. En el centro, sobresalía el edificio de la iglesia de gruesas paredes encaladas; en un extremo lucía una cúpula y por el otro estaba el campanario. A un costado del templo se veía la copa del gran árbol de fresno que seguro era tan viejo como nuestra comunidad. Este árbol había tenido que ser podado a causa de la red de la luz eléctrica para evitar posibles accidentes, según se decía.

Me invadía cierta nostalgia al alejarme de mi pueblo, y creo que tenía derecho; me imagino que cada cual ama al pueblo y región donde nace. A mí me gustaba mi pueblo. Había estado en climas tropicales en donde la gente tenía que servirse de un abanico para ventilarse aire, y ahí, los saludos entre ellos eran: "¡Qué calor!" y la respuesta: "¡Sí, hombre, qué calor!" Por fortuna no puedo darles razón de cómo los esquimales se dan los buenos días. Aquí, en mi región, no se necesitaba un ventilador y mucho menos un calentador en la época de invierno.

Claro que no todo había sido buenaventura en mi pueblo. También había sufrido las inclemencias de la naturaleza. Por el pueblo corrían tres arroyuelos que lo atravesaban de lado a lado desde el fondo de unas profundas hondonadas. Los viejos contaban que allá por el año de 1945 estuvo lloviendo día y noche durante casi cuarenta días. La gente pensó que era el fin del mundo. La abundancia de la lluvia aumentó el caudal de aquellos arroyos que antes corrían a flor de tierra, pero la tierra se fue mezclando con el agua al mismo tiempo que aumentaba el caudal. Los arroyuelos crecieron a tal punto que fue imposible cruzarlos. Las ciénegas reventaron convirtiéndose en nacimientos de agua que fueron a sumarse a los arroyos ya de por sí crecidos.

La crecida arrastró árboles, piedras, casas, en fin, todo lo que encontró a su paso. Ya no hubo comunicación con la ciudad; entonces en el pueblo escasearon los alimentos. Lo poco que había en las tiendas se acabó rápidamente y la gente comenzó a comerse las gallinas y puercos que tenía para engordar. Los caminos se hicieron intransitables. Muchos animales perecieron ahogados. La cosecha se echó a perder. Uno de mis paisanos, con el afán de salvar a su ganado amarrado fuera del pueblo, intentó cruzar uno de los arroyos crecidos valiéndose de un madero para mantenerse a flote, pero aquello no sólo era agua corriente, sino que venía mezclada con lodo, troncos y ramas. Se ahogó antes de alcanzar medio río. Después de la lluvia los familiares lo buscaron para darle cristiana sepultura, pero sólo pudieron encontrar su sombrero que quedó atorado entre unas ramas. Como recuerdo de aquel entonces están aquellas hondonadas al fondo de las cuales corren los arroyuelos. Sin embargo, ahí estábamos y ahí seguiría el pueblo aunque se dejara venir otro diluvio, porque el agua no podría escarbar tan profundo como las raíces de mi comunidad.

Rumbo al norte

Después de un rato de descanso, reanudé mi camino hacia la carretera federal en donde abordé un autobús que me transportaría hacia la ciudad de Oaxaca. De ahí tomé otro hacia el Distrito Federal, luego otro más para la frontera norte. Mi tirada era irme de mojado, o como más comúnmente se nos dice, de "espalda mojada."

Haber decidido el viaje no me había costado gran trabajo, lo que sí me costaba era el seguir la tradición de mis paisanos. Incluso, me atrevería a afirmar que somos una comunidad de mojados. Muchos, casi la mayoría, han ido, regresado y vuelto a ir al país vecino del norte y han estrujado entre sus dedos los famosos billetes verdes que jocosamente llaman *Green Card*. Eso ha sucedido desde hace varias generaciones.

Desde hace varias décadas, Macuiltianguis, el nombre de mi pueblo, se ha convertido en un pueblo de emigrantes; se han dispersado como las raíces de un árbol que se extiende abriéndose lugar bajo la tierra para encontrar cómo alimentar su cuerpo. De la misma manera, la gente de mi pueblo ha tenido que emigrar para sobrevivir. Primero, hacia la ciudad de Oaxaca; después, hacia el Distrito Federal y, desde hace más de treinta años y hasta la fecha, la brújula ha apuntado siempre hacia los Estados Unidos de Norteamérica.

Sumándome al flujo de emigrantes, durante un año trabajé en la ciudad de México como velador en un estacionamiento de carros. Ganaba el sueldo mínimo, lo que recibía apenas si me alcanzaba para sobrevivir. En ocasiones me veía obligado a pasar rigurosas dietas para lograr pagar la renta del departamento en donde vivía, y evitar que algún mal día el casero ordenara ventilar mis pertenencias en la calle.

Al cabo de un año, renuncié como velador y regresé a mi pueblo para trabajar al lado de mi padre en el pequeño taller de carpintería. El taller surtía la demanda de sencillos muebles entre los mismos pobladores.

Durante los años que trabajé como carpintero vi que ir al Norte seguía siendo una rutina; llegaban y se volvían a ir tan continuamente como si viajaran a la ciudad más próxima. Los que se iban al llegar se les notaba el cambio. Se les borraban, por un tiempo, las huellas que el sol, el viento y el polvo de la tierra dejaban en su piel de campesinos. Llegaban con el pelo bien recortado y acostumbrado a la orden del peine, con buena ropa y, sobre todo, con dólares en los bolsillos. Y eran los que en las cantinas pagaban cervezas para todo mundo sin que les importara la cuenta, y cuando el alcohol se les había subido a la cabeza comenzaban a hablar palabras en inglés.

Desde mi infancia, nunca escuché que se refirieran al país del norte como Los Estados Unidos de Norteamérica, simplemente escuchaba que la gente decía *estádu,* que es la manera en que se dice "estado" en Zapoteco, nuestra lengua autóctona. Más tarde sólo se decía "el norte". Hoy en día, cuando alguien dice, "Voy a los" todos entendemos que se refiere a Los Ángeles, California en Norteamérica, que ha sido el destino común de mis paisanos últimamente.

Como era natural, yo también quería probar mi suerte. Quería ganar dólares, de ser posible los suficientes para mejorar la maquinaria de nuestro pequeño taller. Pero mi viaje no era hacia Los Ángeles, California, sino hacia el estado de Texas. Concretamente iba a la ciudad de Houston, en donde tenía a un amigo residiendo desde hacía varios años, quien me había prestado el dinero para realizar el viaje.

El fugitivo

La sala de espera de la terminal de autobuses de Nuevo Laredo es amplia y bien iluminada. Está llena de gente que, maleta en mano, camina hacia direcciones diferentes. Unos van entrando; otros van saliendo. Hay quienes están haciendo fila en la taquilla y otros sentados en la sala de espera con cara de aburridos o nerviosos. Un mendigo harapiento había tendido unos pedazos de cartón en uno de los rincones de la sala y se había sentado; de una de las bolsas de su pantalón sacó un pedazo de pan que comenzó a mordisquear. Seguramente era su cena antes de tenderse a dormir. El reloj de la sala marcaba las nueve de la noche.

Mis compañeros de viaje bostezaban su cansancio pero parecían contentos por haber llegado. El viaje había sido de catorce horas. Algunos de ellos trataron de alisarse la despeinada cabellera, otros se restregaban los ojos ligeramente enrojecidos. Al verlos, deduje que yo tenía el mismo semblante. Me sentía desorientado y decidí tomar asiento en la sala para desperezarme y ordenar mis pensamientos.

Lo primero que debía hacer era salir a la calle, tomar un taxi que me llevara a algún hotel, descansar, y posteriormente dedicarme a buscar un "coyote". Eso ya lo sabía aún antes de comenzar mi viaje, pero hacía falta recitármelo nuevamente. Pero, antes que cualquier cosa, cargué con mi pequeña maleta y me fui hacia los baños pensando que un chorro de agua fría a la cara me haría despertar completamente.

A los primeros pasos que di hacia los baños, un individuo, joven y de tez morena se me emparejó al paso; era bajo de estatura, delgado y vestía pantalones de mezclilla. Me tendió la diestra invitándome familiarmente a un apretón de manos. Lo miré de pies a cabeza y supe que era la primera vez que lo veía. Permanecí con el semblante serio y extrañado, no obstante, él no borro de su cara una amable y amplia sonrisa.

—¿De dónde vienes, amigo? —me preguntó.

—De la ciudad de México —le respondí ligeramente desconcertado.

—¡De la ciudad de México! —exclamó alegremente— pero si venimos siendo paisanos. ¡Yo también soy de la Ciudad de México! Y por su propia iniciativa, volvimos a cruzar otro apretón de manos.

Aquella especie de individuos ya los conocía de memoria, pues no era la primera vez que me abordaba un desconocido pronunciando las mismas palabras. Esperaba que en cualquier momento comenzara a contarme que había sufrido tales y tales percances; que tenía un pariente muy querido en peligro de muerte y que debía acudir a él, pero que por desgracia y con mucha pena se veía necesitado de dinero; que le daba gusto haberse encontrado con un paisano que pudiera auxiliarlo . . . y etc. etc. Pero en vez de decir aquello, el extraño seguía caminando a mi lado.

—¿Qué rumbo llevas? —preguntó nuevamente.

Yo me quedé en silencio, y sin detener mis pasos lo miré inquisitoriamente tratando de adivinar por qué diablos se inmiscuía en mis asuntos. Él, sin inmutarse y sin borrar por un instante su expresión, volvió a hacerme la misma pregunta pensando quizás que no le había entendido.

—Voy a Houston —respondí lisa y llanamente— pienso llegar a Houston si es que corro con suerte. Necesito encontrar un coyote.

—¿Vienes buscando a algún coyote en especial? ¿Te recomendaron a alguno? —preguntó con mayor interés.

Ya que no había comenzado a contarme ninguna clase de historia sobre su vida antes de pedir dinero y dada la insistencia de sus preguntas, comencé a entender que sabía algo al respecto.

—No conozco a ninguno —seguí diciendo— tampoco me han recomendado a ninguno. Precisamente eso es lo que voy a hacer enseguida, debo buscar un coyote.

—¡Pues andas con suerte, mi amigo! —exclamó de repente, adoptando el semblante de un hombre feliz y contento que ha encontrado la oportunidad de transmitir una buena noticia—. No tienes que seguir buscando, porque yo —siguió diciendo apuntándose al pecho con el dedo pulgar de la mano derecha— trabajo para el mejor y más pesado de los coyotes de Nuevo Laredo. El más pesado —volvió a repetir, remarcando cada sílaba como si realmente fuera tan pesado que incluso le costaba trabajo hasta pronunciarlo.

Al llegar al sanitario me fui directamente al mingitorio que quedaba en una parte de la pared recubierta con azulejos color mugre. Me puse a orinar y, para mi sorpresa, mi amigo desconocido hizo lo mismo.

—Un mexicano nunca mea sólo —dijo al instante, recordando un viejo refrán—. Ahorita —siguió diciendo mientras seguíamos en el mingitorio— tenemos que estar preparados y listos para cruzar el río en la próxima madrugada a cuarenta "chivos" que van a Houston . . . ¡Tu mismo destino, mi amigo!

Más tarde sabría que nos llamaban chivos por el olor que despedíamos por la falta de aseo habitual.

Me sorprendió la facilidad con que me encontré con, cuando menos, el ayudante de un coyote, pero no le demostré estar muy interesado en saber más sobre su trabajo. Después del meadero me fui directamente al lavabo. Abrí el grifo y el agua chorreó a presión; llené la cuenca de mis manos y me lavé el rostro. Repetí la operación una y otra vez hasta que la frescura del agua se llevó la somnolencia. Mi amigo me había seguido también hasta el lavabo y permanecía a un costado con las manos enfundadas en las bolsas del pantalón. Hablaba y hablaba loando a su mencionado jefe "El coyote más pesado de Nuevo Laredo".

—¿Cuánto me va a costar? —le pregunté sin levantar la vista.

—450 dólares, más cuatro mil pesos por la lancha —respondió inmediatamente.

—Bueno, si es así, por la paga no hay problema.

—¡Muy bien! —exclamó con un gesto triunfal—. Pues mi amigo, en menos de 18 horas, tú estarás en Houston.

—Tanto mejor —respondí, guardándome la alegría de mi suerte.

Mi amigo inesperado dio un par de pasos a mi alrededor mientras yo me pasé el brazo sobre la cara tratando de que las mangas de mi chamarra absorbieran el agua que me quedó escurriendo, y reflexivamente dije:

—Falta algo, necesitamos asegurarnos que vas a pagar esa cantidad o que la van a pagar por ti.

—Eso no es problema, ustedes recibirán su dinero en cuanto yo esté en Houston.

El dinero necesario lo traía realmente conmigo, pero mi desconfianza me decía que no se los debía hacer saber. Era un préstamo que sumaba seiscientos cincuenta dólares. Quinientos cincuenta de los cuales los traía escondidos bajo costura en la pretina de mi chamarra y el resto lo traía en el cartera.

—¡Ah! —dijo contestándose a sí mismo—. ¿Tú tienes un pariente que va a pagar por allá en Houston, verdad?. . . Es increíble cómo todo el mundo tiene un pariente en los Estados Unidos.

Sin haberle preguntado, él mismo me informó cuál debía ser mi respuesta.

—No es un pariente lo que tengo en Houston, es un amigo —le aclaré tejiendo mi historia.

—Nos debes proporcionar el número telefónico de tu amigo para que nosotros podamos comprobar que realmente te conoce y que pagará por ti.

—No hay problema —contesté para evadir momentáneamente el asunto, porque mi amigo me había recomendado usar sus datos solamente en un caso de urgencia. Me había pedido también que no cargara apuntada su dirección ni su número de teléfono, porque según me había informado en su carta, estaba tramitando su residencia legal en los Estados Unidos y no quería tener ninguna clase de problemas con la Migra.

Yo había cumplido con sus requerimientos, pero ahora me

hacía falta encontrar la manera de comunicarle que si el coyote le llamaba debía contestar que él iba a pagar. Mientras tanto mi inesperado amigo no descansaba tratando de convencerme de que su jefe era realmente un hombre con poder. Me informó que su jefe era invulnerable porque tenía comprada a la policía.

—Además de todo —seguía hablando mientras que yo caminaba con rumbo a la salida de los sanitarios—, es el que mejor trata a los chivos porque les da una casa donde estar mientras esperan, a diferencia de los demás coyotes que guardan a sus chivos entre el monte sin abrigo y muchas de las veces, sin comida. ¡Y conmigo! —dijo con mucho orgullo apuntándose nuevamente el dedo al pecho— mi jefe es espléndido, no escatima dinero cuando nos vamos de parranda.

A mí, más que escuchar, me interesaba poner en claro los asuntos del pago, y le pregunté:

—¿Tengo que pagar por la lancha cada vez que cruce el Río Grande o solamente por cruzar sin incidentes?

—¡Ah, no! —contestó como recriminándose a sí mismo por haber dejado pasar por alto un detalle tan importante—. ¡No, si diez veces te pesca la migra, diez veces te volvemos a pasar por el mismo dinero!

—¡Es más! —dijo de pronto dibujándosele en el rostro una expresión como de quien esta a punto de revelar un misterio—, ¡Mi jefe, está aquí en la estación! Ven, vamos a que lo conozcas.

Me dejé guiar por él rumbo al comedor de la terminal, luego señaló hacia un grupo de tres hombres rodeando una mesa, cada uno de ellos tenía una lata de cerveza al frente.

—¿Ves aquel cabrón que lleva puesto el sombrero tejano? Es Juan Serna, mi jefe —dijo con el orgullo y la arrogancia de quien me hubiera presentado a Francisco Villa—. Tú, con sólo decir que eres cliente de Juan Serna, la misma policía te deja en paz. Y déjame decirte, que si tú en estos momentos sales de la terminal, a la cuadra siguiente o en la parada del autobús urbano, la policía judicial te apaña . . . y olvídate, te sueltan a la vuelta de la esquina pero con la bolsas vacías, te bajan la feria. Sin embargo, si tú estás con Juan Serna la misma policía te lleva a donde los guardamos.

—Espérame —me dijo de pronto, cuando llegamos a una prudente distancia de la mesa donde los tres hombres se encontraban charlando— voy a avisarle al jefe que tú quieres llegar a Houston. Lo vi caminar hacia la mesa y después conferenciar con el que decía se llamaba Juan Serna. Enseguida miró hacia donde yo me encontraba y con un movimiento de la mano me indicó que me acercara.

Juan Serna vestía una playera de nylon anaranjada con un letrero de grandes tipos que rezaban: "Robert Duran No. 1". Su tez era morena y su rostro afilado. Sus ojos parecían muy hundidos en sus cuencas. Tenía una barba bien cuidada y bigote ralo. Sus ojos presentaban las arrugas de un hombre que rozaba los cincuenta años de edad. Diferentes tatuajes le adornaban ambos brazos entre los que resaltaba la cabeza ensangrentada de Jesucristo coronado de espinas. Juan Serna no malgastaba expresiones de alegría como su ayudante y permanecía inmutable como si otros asuntos más importantes ocuparan su atención. Estaba sentado con el cuerpo ligeramente inclinado hacia adelante apoyando sus antebrazos sobre la mesa, y sus manos convergían aprisionando la lata de cerveza.

No ofreció ningún saludo ni gesto cuando su ayudante me presentó, sólo me lanzó una rápida mirada, una mirada indiferente como la que le hubiera dirigido a una lata de cerveza vacía. Sus dos acompañantes se encontraban sentados frente a él conversando algo que no llegaba a mis oídos con claridad. Uno de ellos era gordo, sus abultadas mejillas temblaban con cada movimiento de sus labios y su vientre estaba aprisionado contra el borde de la mesa. El otro era de cuerpo rollizo, moreno y de espesos bigotes negros muy bien recortados.

—¿Para dónde vas? —preguntó de pronto Juan Serna con una voz seca y con acento norteño, moviendo los labios como si la pregunta se hubiera articulado en la tráquea.

—A Houston.

—¿Tienes quién pague por ti allá?

—Sí, un amigo.

Siguió otro momento de silencio que rompe mi amigo.

14   **Ramón "Tianguis" Pérez**

—¿Entonces, lo llevo? —preguntó a su jefe.

Juan Serna dio su consentimiento mirando a mi amigo y paisano moviendo la cabeza de arriba hacia abajo pero sin mover un sólo músculo del rostro. Mi amigo se encaminó alejándose de la mesa y yo le seguí los pasos. Me quedé con la impresión de que Juan Serna aún seguía moviendo la cabeza de arriba hacia abajo como la rama de un árbol que involuntariamente se mueve después de un tirón con la mano.

Fuera de la terminal fui conducido hacia una camioneta tipo *station wagon*. Mi paisano y yo ocupamos el asiento trasero.

—Tenemos que esperar a que llegue el chofer —me dijo.

Del piso del vehículo levantó un paquete de seis cervezas de las cuales desprendió dos. Me entregó una a mí.

—¿Cómo te llamas? —me preguntó.

—Martín —le contesté sólo por dar un nombre.

—Me llamo Juan, como mi jefe —me dijo presentándose— pero no te voy a decir mis apellidos porque no te conozco, pero con mucho gusto te voy a decir mi sobrenombre. Puedes llamarme Xochimilco, así me conoce todo el mundo aquí.

Mientras tomaba a pequeños sorbos mi cerveza, El Xochimilco se acabó dos cervezas.

Me contó que había sido vendedor de tacos en la delegación de Xochimilco en la ciudad de México y que de ahí provenía su sobrenombre. El negocio de los tacos caminaba bien gracias a que su patrón le había puesto un carro a su servicio con el cual tenía la facilidad de trasladarse de un lugar a otro donde hubiese eventos que aglutinaran gente. Pero las cosas se tornaron adversas cuando el patrón se vio en la necesidad de vender el vehículo, entonces El Xochimilco se encontró de un día para otro sin trabajo y al poco tiempo, sin dinero. En semejantes condiciones, El Xochimilco se vio en la necesidad de acudir a uno de sus amigos para solicitarle un préstamo de cinco mil pesos. El Xochimilco quedó desconcertado cuando su amigo puso entre sus manos no el dinero solicitado sino el doble, el cual él aceptó con protestas y deshaciéndose en agradecimientos por la generosidad del amigo.

Un mes después, aquel mismo amigo llegó a la puerta de su

casa a bordo de un lujoso automóvil. Al verlo llegar a la puerta de su casa, El Xochimilco pensó que este amigo iba a cobrarle el préstamo hecho en un mes antes, pero grande fue su sorpresa cuando al intentar comenzar una explicación por la falta de dinero, aquel amigo le dijo que se olvidara de la deuda y que si andaba muy necesitado él le ayudaría a salir del problema, pero que para ello tenía que cooperar con él. Cuando El Xochimilco preguntó de qué manera podía cooperar con él, su amigo le depositó una pistola automática calibre 38 entre las manos.

Al ver aquel instrumento entre sus manos, El Xochimilco se quedó sin hablar.

—Al principio me dio miedo —dijo El Xochimilco— porque nunca había tenido una pistola entre mis manos y mucho menos había disparado una . . . y sobre un ser humano, ni pensarlo.

El Xochimilco le expresó su temor a su amigo.

—¿Y quién te ha dicho que vas a matar a alguien? —le recriminó su amigo.

Sin saber qué, cómo y ni cuándo, El Xochimilco aceptó cooperar con su amigo. Por su mente pasó la idea de que posiblemente más adelante se vería manejando un vehículo como el de su amigo.

Días más tarde le informaron que aquel amigo y otros más tenían planeado un atraco.

—¡Quinientos mil pesos en un sólo y simple atraco! —dijo El Xochimilco jactanciosamente después de un largo trago de cerveza—. ¡Los nervios se templan después del primer trabajito!

El Xochimilco me siguió contando que sus problemas monetarios se acabaron con la llegada de aquel amigo. Después del primer trabajo, siguieron otros. El golpe mayor, y el último, lo dieron después de haber conocido al hijo del dueño de un rastro. Era un hijo firmemente decidido a robarle el dinero a su padre, de quien decía estaba nadando en billetes pero que era tan tacaño que no era capaz de gastar el dinero ni siquiera en sí mismo. Aquel hijo conocía muy bien todos los movimientos de su padre y por lo tanto, él guiaría a sus amigos. Hicieron un equipo de cuatro y en el día señalado, los cuatro penetraron a la oficina justamente cuando el padre se encontraba contando el dinero sobre su escritorio y la caja fuerte estaba abierta.

El padre, al saberse víctima de un asalto, trató de echar mano a la pistola que siempre guardaba en el cajón de su escritorio, pero de inmediato los asaltantes, incluyendo al hijo, abrieron fuego sobre él. Lo que se robaron fueron cuatro millones de pesos, de los cuales El Xochimilco recibió medio millón. Pasó el tiempo, las investigaciones se vinieron. Finalmente el hijo fue arrestado, entonces El Xochimilco decidió escapar hacia el Norte.

—Yo tenía el dinero suficiente para pagar un coyote —dijo El Xochimilco, revelando un fugaz gesto de nostalgia.

Él logró llegar a Houston después de dos intentos donde sólo duró un mes, pues aún tenía el dinero del asalto y por lo tanto no se empeñó mucho en buscar trabajo. Una noche, al salir borracho de una cantina, lo detuvieron los agentes de la policía y éstos a su vez lo entregaron a los agentes de la Migra, quienes un par de días después lo llevaron de regreso a Nuevo Laredo, sin más que diez mil pesos en la bolsa. Al no poder regresar a la ciudad de México ni cruzar nuevamente el Río Grande, preguntó al hombre que ahora era su jefe si le daba trabajo.

—Y aquí me tienes —dijo El Xochimilco— soy un corredor.

Les llamaban de esa manera porque siempre andaban corriendo detrás de los viajeros sospechosos que se dirigían hacia el vecino país del Norte. Le pregunté por el salario que recibía y me dijo que de los cuatro mil pesos que yo pagaría por la lancha, dos mil eran para él.

—Yo gano eso por cada chico que llevo a la casa de Juan Serna —dijo.

—Entonces me imagino que no has de estar tan pobre —le comenté.

—Bueno, sí —contestó titubeante—. He ganado bastante dinero, pero, como para tenerlo ahorrado, . . . porque . . . pues . . . ¿para qué sirve el dinero? . . . ¿Eh? . . . ¿amigo?

Los ojos de Xochimilco se abrieron muy redondos con un gesto interrogativo e, inclinándose hacia mí dijo a boca jarro:

—¡Para gastarlos, mi amigo! Si no, ¿para qué más?

La cantidad de chivos que El Xochimilco reclutaba diariamente variaba, porque él no era el único corredor. Había otros que
trabajan en el mismo lugar. Dijo que podía preguntar por un tal
Cáscaras, por el Zancudo, por el Perro; todo el mundo los conocía.
—Hoy puedo llevar diez chivos y mañana ninguno. Así es el
trabajo —explicó.

El Xochimilco interrumpió su relato para señalarme un coche
que había llegado a estacionarse frente a la salida de la terminal.

—Ese carro sin placas es de la policía judicial —dijo El
Xochimilco— y te aseguro que Juan Serna no tarda en salir a platicar con ellos.

Tal como lo dijo, un minuto más tarde, Juan Serna salió de la
terminal y caminó directamente hacia el coche sin placas.

—¿Lo ves? ¡Míralo! —dijo El Xochimilco, emocionado—.
Ese hijo de la chingada está bien conectado.

Poco tiempo después, un hombre cuarentón llegó a sentarse al
volante de la camioneta en la que estábamos nosotros. Sin decir
palabra, encendió el motor y partimos.

—Ese tonto —dijo Xochimilco señalando al chofer— era El
Cáscaras.

Mientras el vehículo por ratos corría sobre calles pavimentadas y por ratos daba tumbos sobre calles de terracería llenas de
baches, pensaba que mi situación era parecida a la de un prófugo,
y aunque no lo fuera, podría decirse que ésa era mi situación real.
Para evitar que la policía me detuviera, tenía que refugiarme con
los ladrones y quizás asesinos que sí gozaban de la protección
policial. Podría alegar que era ciudadano mexicano y que tenía
derecho de estar en cualquier parte de la República Mexicana, que
yo era completamente libre y soberano. La policía no tenía el
derecho de cortar mis derechos a menos que cometiera un delito.
Irme de mojado a los Estados Unidos de Norteamérica ilegalmente no era un delito registrado en nuestra Constitución, pero
que estuviera registrado o no era lo de menos. Aquí el que se fuera
de mojado, y trajera dinero le iba mal, y si no lo traía le iba peor
con la policía. La idea de que la policía cuida del orden público
era ya un cuento viejo y que sólo era realidad en mi pueblo. Allá,

nosotros los ciudadanos nombrábamos quiénes eran nuestros policías. Allá, el policía no desvalijaba al borracho, sino que lo llevaba a su casa a cuestas si era necesario. Si alguien se había hecho merecedor de castigo, lo peor que le podía suceder era dormir una noche en la cárcel municipal. No obstante, a los inconvenientes, aquí iba yo buscando cruzar la frontera tal como lo habían estado haciendo mis paisanos desde antaño.

Esta forma de vida comenzó cuando el rumor del programa de braceros llegó a nuestro pueblo. Eso fue diez años antes de que se trazara la carretera federal. Fue entonces cuando partieron los primeros que marcarían el camino.

La noticia llegó por medio de los comerciantes ambulantes. Aquellos hombres que andaban de pueblo en pueblo comprando los productos de la región (maíz, café, frijol, achiote, mezcal, huevos, tinta para telas, tinta para plumas fuentes, etc.) Aquellos productos los transportaban cargándolos en la espalda o en el lomo de sus bestias hacia la ciudad de Oaxaca, adonde se llegaba después de tres días de camino. A su regreso llevaban hacia la Sierra productos manufacturados (herramientas agrícolas, utensilios de cocina, telas de manta, ropa, calzados, dulces, etc.) que ofrecían también de casa en casa y de pueblo en pueblo.

Uno de ellos llegó un día con la noticia de que existía la posibilidad de ir a trabajar como "bracero" a los Estados Unidos de Norteamérica. Poco a poco la noticia corrió de boca en boca hasta que todos la conocieron.

Aquel comerciante y dos más se decidieron a comprobar la noticia. Se fueron a la ciudad de México donde se encontraban las oficinas de la embajada norteamericana. Ahí les exigieron como único requisito mostrar el acta de nacimiento por lo cual tuvieron que regresar al pueblo. De vuelta a la embajada fueron contratados para trabajar en el estado de California.

Desde su partida, el pueblo entero siguió con interés la suerte de aquellos aventureros. Al poco tiempo llegaron las cartas dirigidas a sus familias. Los parientes más cercanos preguntaban por ellos y de ahí se regaba la noticia por el resto de la población. Después llegaron los sobres de correo que contenían cheques postales que los familiares iban a cambiar a la ciudad de Oaxaca. Seis meses después, el regreso de los braceros fue todo un acontecimiento. Los vieron llegar cargando a cuestas grandes cajas de cartón. Trajeron con ellos productos extranjeros, principalmente ropa y aparatos.

La experiencia animó a otras personas, pero ya no tuvieron la misma suerte. Algunos sólo fueron contratados por cortos períodos porque cada vez era más la gente esperando la misma oportunidad ante la oficina de empleo. Ahí surgieron los individuos que olisquearon un buen negocio en medio de aquella situación. La gente los bautizó como "coyotes", colegas de Juan Serna. Eran individuos que por cierta cantidad de dinero intervenían ante los oficiales mexicanos encargados de las oficinas de contratación para que incluyeran a sus clientes en la lista de contratados.

El sistema de contrataciones llegó a su fin cuando el programa de braceros se dio por terminado a mediados de los sesenta. La buena suerte de los que habían sido contratados era ampliamente conocida y éstos a su vez experimentaron las mejoras económicas luego de haber ido a ganar dólares. La gente ya había aprendido que trabajar en los Estados Unidos era ganar un salario muy por encima del salario estándar mexicano a pesar de las privaciones que aquello implicaba, como el estar lejos de la familia.

Aunque el programa de braceros terminó, los coyotes siguieron trabajando por su propia cuenta. Ellos buscaban patrones en los Estados Unidos a quienes proveían de trabajadores ilegalmente.

La casa de Juan Serna

La *station wagon* se adentró por las calles de una colonia de la periferia de la ciudad. Los baches, más profusos ahora que en las calles anteriores, estaban llenos de agua estancada que era más bien un espeso mole de lodo con color tierra. El Xochimilco comentó que el agua que había regada por la calle era la que estaba escapando de un daño en el sistema de agua potable.

El camino hacia la casa del coyote era escabroso. Quizás era suerte que nos llamaron chivos y no borregos. Mejor por pestilentes que por mansitos. Esto se me ocurrió luego de recordar un cuento que nos contaba mi padre donde los coyotes se comían los borregos de un rebaño.

Por fin la camioneta se detuvo. Se me ordenó bajar, y fui conducido a un patio que estaba a oscuras.

—Camina con cuidado —me apremió El Xochimilco— no vayas a pisar a los que ya están durmiendo.

Efectivamente, vi varios bultos tendidos desordenadamente sobre el piso.

— ¿Más gente? —oí decir a una voz que salió de entre los bultos.

—Ese nuevo —dijo otra voz que surgió también de la tierra, pero muy cerca de mis pies en el momento en que estaba buscando un lugar donde apoyarlos—. ¿Cuando menos te limpiaste los zapatos antes de entrar? Vas a ensuciar la alfombra.

Luego la misma voz se tornó en una risilla burlona.

Yo avancé a tientas mientras mis ojos se acostumbraron a la oscuridad. Más al fondo encontré una pila de tabiques la cual ocupé como asiento. Antes de pensar en dormir me puse a fumar un cigarrillo.

—¿Usted trae cigarrillos? —dijo otra voz de entre los bultos, y sin aguardar mi respuesta, pidió que le regalara uno.

Segundos después se incorporaron otros bultos haciéndome la misma petición. En cuestión de segundos tuve que tirar la cajetilla ya vacía, recientemente abierta.

El patio era de aproximadamente cinco por cinco metros, aunque no exactamente cuadrado entre tres paredes, dos de las cuales pertenecían a habitaciones a juzgar pues en una se apreciaba la puerta y en la otra una pequeña ventana. La tercera era una barda que limitaba la propiedad. La parte que daba hacia la calle era un cerco de maderas viejos que se inclinaban peligrosamente empujándose unos a otros en dirección al suelo, y sólo un hilo de alambre lograba mantenerlos medio en pie.

Al pie del cerco, hacia adentro, había una pequeña fracción de tierra marcada por unos ladrillos en donde alguien tuvo la intención de hacer de ese espacio un pequeño jardín de flores, pero sólo habían sobrevivido los tallos en los que era imposible reconocer a qué especie de plantas pertenecían.

El patio no tenía techo y sobre nuestros cuerpos brillaba solamente un cielo limpio y estrellado. A pesar de que el cielo estuviera despejado de luna no se veía por ningún lado y en consecuencia el patio estaba sumido en una semioscuridad.

Antes de buscar un lugar donde estirar los pies conté treinta y cinco chivos, incluyéndome a mí entre ellos. Me acosté un rato pero era imposible conciliar el sueño. Me levanté y salí a caminar de un extremo a otro frente a la casa de Juan Serna. Llegó enseguida otro de mis compañeros de hospedaje y venía restregándose los ojos.

—¿No se siente usted mal fumando solo? —me dijo. Esa era una forma muy sutil de solicitar un cigarrillo, por lo que le alcancé una cajetilla recién abierta.

—¿Cuándo llegaste? — preguntó.

—Hace unas horas.

Me contó que su destino era llegar a Dallas y que por el viaje le iban a cobrar 600 dólares. A la luz del alumbrado público su ropa delataba falta de aseo. En el cuello de su camisa brillaba la grasa y mugre de varios días. Su cabello era negro, sucio y desordenado. Sus dientes presentaban el mismo descuido. Sus ojos enrojecidos, al igual que su voz, expresaban aburrimiento y cansancio.

—Me dijeron que saldremos en la madrugada —le informé— y la madrugada será dentro de hora y media.

Una leve sonrisa brotó de sus labios y me miró burlonamente. Después, sin decir más, regresó a tenderse de nuevo en el patio. Yo me quedé algunos minutos más antes de regresar también al patio.

Una luz azulosa se encendió en uno de los cuartos de al lado, de donde se escuchaba el sonido de la televisión. Al rato estalló la voz de una mujer que reprendía a un chiquillo llorón que le interrumpía su atención en el programa. Entre mi espalda y la tierra solo mediaba una aterrada y pestilente alfombra. Por suerte la noche era cálida y la chamarra sobre el cuerpo me era suficiente. A pesar de estar al aire libre el olor a almacén humano golpeaba inmediatamente el olfato.

La mezcla de olores que llegaba a la nariz era de cuerpos faltos de aseo y de pies malolientes cuyos zapatos eran utilizados bajo las cabezas a manera de almohada. También llegaba el olor a tierra podrida que emanaba del lavadero familiar que se encontraba en el mismo patio junto a una de la paredes. No obstante, los chivos no parecían tomarlo muy en cuenta, sino más bien todos trataban de descansar. Los sonoros ronquidos se dejaban escuchar tan pronto como algunos se quedaban profundamente dormidos. Algunos se removían en su propio lecho cambiando de posición, colocándose ya sea de espaldas al piso, de lado o bien boca abajo. Otros se levantaban y caminaban hacia la calle por un rato y después regresaban a sus lugares.

Más tarde cuando apagaron la televisión, la pequeña ventana que antes parecía un siniestro ojo fosforescente desapareció como si un telón negro hubiera caído a lo largo de la pared. Luego la voz de la mujer se oía nuevamente instando a alguien a dormir. La noche siguió en silencio.

El alba llegó sin ninguna novedad. Yo, a pesar de que sentía el desvelo y cansancio por el viaje, me mantuve despierto esperando que en cualquier momento nos llamaran para avisarnos que debíamos partir, tal como me lo había asegurado El Xochimilco. Pero despuntó el día y nadie nos llamó para nada. Al amanecer, algunos se levantaron perezosamente. Lentamente abandonaban el piso hacia la calle, frente a la misma casa donde había almacenado un montículo de arena que servía de cómodo y suave asiento. En ambos lados de la calle sin pavimento habían colocado sobre unos bancos de madera cuatro grandes coches sin llantas, dentro de los cuales grupos de cuatro o cinco compañeros habían preferido dormir incómodamente sentados.

Frente a la casa de Juan Serna había una casa de madera de aspecto miserable tras una cerca del mismo material, y a un costado había un patio de cemento con la apariencia de un taller mecánico en el que habían dos coches en reparación con placas de Laredo, Texas. Uno de ellos tenía la máquina del motor desmontada y el otro tenía el sistema de transmisión en el piso. Más al fondo había un chiquero que guardaba cuatro cerdos de tamaño mediano.

A escasos treinta metros de donde nos encontrábamos había un gran basurero cuyo hedor aumentaba en cuanto aumentaba el calor del día. Parte del basurero era una especie de laguna putrefacta sobre la cual flotaba una infinidad de desperdicios. El agua parecía estar teñida de un color rojizo en partes y verdosa en otras.

Sobre el patio, en donde el sol pegaba de lleno, habían despertado también las moscas que ahora parecían una nube revoloteando sobre la alfombra mugrosa.

Dos mujeres gordas de unos treinta años de edad, de personalidad desaliñada y cuerpos cansados salían de uno de los cuartos cargando sendos canastos repletos de ropa sucia e iban directo hacia el lavadero que estaba en un rincón del patio.

—¡Esos que llegaron anoche! —gritó un hombre a quien reconocí como El Cáscaras— ¡pasen a la oficina!

Seis de los compañeros nos acercamos a la puerta que El Cáscaras estaba señalando, la misma puerta por la que habían salido las dos mujeres que ahora estaban inclinadas sobre las bateas que les llegaban hasta la cintura y platicaban entre ellas pero sin mirarse.

La puerta chirrió al medio abrirse.

La oficina era un cuarto pequeño ocupado casi por completo por una cama de tamaño matrimonial de doble colchón que estaba sin arreglar. A un lado había una mesita de madera sobre la cual estaban colocados un teléfono, un despertador y unas latas de cerveza vacías y apachurradas como si las hubieran exprimido.

Del cuarto contiguo salió Juan Serna. Andaba en sandalias, con el pelo desordenado y unas profundas ojeras le rodeaban los ojos a los que los párpados trabajosamente obligaban a permanecer abiertos.

—¿Ustedes llegaron anoche? —preguntó con voz pastosa—. ¿Les dijeron cuánto deben pagar? Bueno, que pase uno por uno, los demás que esperen su turno allá afuera.

En mi turno, Juan Serna me explicó a grandes rasgos lo que El Xochimilco ya me había dicho.

—¿Quién responderá por ti allá en Houston?

—Mi amigo.

—Me debes dar el número de teléfono de tu amigo para que yo le pueda hablar y asegurarme que sí te conoce y que realmente pagará por ti.

—Mi amigo pagará en cuanto yo llegue a Houston —volví a decir.

—Tu palabra no me sirve —respondió tajantemente.

—Él pagará —repetí.

—Tú no eres el primero que llega de la misma manera. Siempre hay gente como tú que quieren pasarse de listos. No tengo por qué estar dándote explicaciones, pero he mandado gente que me ha jurado por su madre y su abuela que pagarán, rogándome que les crea; al final han salido con que no tienen dinero . . . y ni modo que me los traiga de regreso.

—Mi amigo pagará —seguí remarcando—. Él no quiere que use su número de teléfono porque no quiere tener problemas con la ley.

—Pues sí que hay problemas —dijo Juan Serna ya ligeramente irritado— porque no te podemos llevar de esa forma. Esto no es un juego. Consigue que tu amigo te dé su número de teléfono y cuando lo tengas me avisas para checarlo, y si quieres permanecer aquí, debes pagar los cuatro mil pesos que corresponden a la lancha.

Pagué los cuatro mil pesos. Pude haber dado el número de teléfono, pero no estaba seguro de que mi amigo mintiera por mí. Un teléfono público era la solución, pero para usar tendría que ir al centro de la ciudad.

—Si vas al centro —me previno el compañero con quien estuve platicando en la madrugada— ten mucho cuidado porque la policía es muy hija de la chingada.

—¿Pues no dicen que con sólo decir que eres cliente de Juan Serna, la misma policía te deja en paz?

—¿A quién le crees, hombre? —me contestó esbozando otra sonrisa burlona considerando lamentable mi ingenuidad—. Entiende que tanto estos como la policía son bandidos. Si te descuidas, te esculcan y te roban. Hombre, ten cuidado. Ya veo que siempre van a haber inocentes a quienes engañar. Eso de que te iban a sacar en la madrugada hacia Houston era pura mentira. Lo dicen para que te vengas con ellos. A mí me dijeron lo mismo; la diferencia está en que ya sé cómo funciona el asunto, pues durante diez años he estado viajando de mojado y cada año regreso a Guanajuato a visitar a mi familia.

—¿Entonces, cuánto tiempo hay que esperar? —le pregunté.

—Aquí es cuestión de tener paciencia, muchacho. Algunos han tenido la suerte de pasar en cuanto llegan, pero eso no es frecuente. Por ejemplo, anteayer mandaron a un grupo y tal parece que les fue bien porque ninguno de ellos ha regresado. Más tarde te enterarás de que algunos llevan esperando aquí hasta treinta días. A otros los han mandado y los ha pescado la Migra y aquí andan. Así es, regresan y los vuelven a aventar hasta que logran llegar.

—Iré a ver si es que ya podemos encender una fogata —dijo

mi compañero—, necesitamos hervir agua para el café, pero antes, regálame otro cigarro.

Después de haber platicado con aquel compañero, decidí posponer mi viaje al centro. A varios de los chivos los vi llegar de la tienda de la esquina con bolsas de pan, galletas y refrescos.

—¿A qué horas repartirán la comida? —pregunté a uno de ellos.

El interpelado me miró frunciendo la frente y luego desvió la mirada hacia sus amigos como diciendo: "Miren a este pobre ignorante".

—Sólo Dios lo sabe —contestó—. Puede ser ahorita, puede ser al rato o puede ser en la noche. Por eso, si ya tienes hambre, es mejor que hagas lo que nosotros.

A medio día éramos casi cincuenta los que estábamos en la casa de Juan Serna. La mayoría venía de los estados del norte de la República Mexicana. Del sur, aunque muy pocos, estábamos los que veníamos del estado de Oaxaca, Morelos, Puebla, Chiapas, Tabasco y el Distrito Federal. Todos teníamos destinos diversos. Algunos íbamos a Houston y otros iban a Dallas, a Florida o a Chicago.

Para esa hora el calor del sol nos castigaba sin misericordia obligándonos a buscar refugio en algún lugar sombreado. No había nada que hacer salvo esperar, y algunos se la pasaban charlando o jugando naipes.

Uno de ellos comentó que ya había cruzado el río por el precio de cuatro mil pesos con otro coyote, pero que los había dejado a él y a otros más escondidos entre el monte con una ración de un sánwich al día. Desesperados, algunos de ellos trataron de seguir su camino hacia el norte por su propia cuenta, pero fueron detenidos por la Migra al estar pidiendo jalón en la orilla de la carretera o cuando trataron de treparse a los vagones del tren.

—Y cuidado —dijo otro— no hay que cruzar solo el río. Hay asaltantes tanto de este lado como del otro, y te va bien si es que sólo te roban, muchas veces ahogan a sus víctimas en el río.

—Y quien muere en el río —comentó otro ligeramente afectado por la plática—, ¿quién va a reclamar su cuerpo? Nadie —se contestó él mismo—. Por lo tanto, le espera la fosa común; ni más ni menos que como un perro sin dueño.

—Lo bueno con los coyotes —intervino otro— es que ellos saben que no podrán cobrarle nada a un muerto y por eso tienen que cuidar y asegurarse de los posibles peligros. No muy lejos, sobre el cofre de la máquina desmontada, dos de los chivos discutían con una pluma y papel en mano. Decían ser campesinos propietarios de alguna extensión de terreno y no llegaban a ponerse de acuerdo sobre cuánto era el cuadrado de cien, lo que equivale a la dimensión del lado de una hectárea. Uno de ellos sostenía firmemente que eran mil metros cuadrados y el otro que eran diez mil. Al no ponerse de acuerdo, cada quien se fue por su lado. Oí que uno de ellos se dijo: "Sabrá Dios, pero diez mil es mucho para que sea el cuadrado de cien".

Alrededor de las tres de la tarde, desde el patio se oyó un grito que anunció: "¡Lonche!"

Unos más apresurados que otros nos dirigimos hacia el patio en donde todos trataban de ser los primeros en recibir su ración. En la entrada de lo que llamaban la "oficina" estaban paradas las dos mujeres gordas. Una de ellas sostenía en la manos un gran cucharón que sumergía alternativamente dentro de unas grandes ollas de aluminio. La otra mujer se encargaba de distribuir los platos de plástico, unos platos medianos de diversos colores que uno a uno iban siendo arrebatados tan pronto la mujer los separaba del montón. La comida era papas cocidas revueltas con frijoles.

En el patio, un niño de unos doce años estaba repartiendo los paquetes de tortillas entre los que ya estaban con sus platillos servidos. Algunos comíamos sentados con el plato sobre las piernas; otros comían con el plato en el suelo.

Por la tarde El Xochimilco llegó con más gente, entre ellos venían dos mujeres cuarentonas, una de ellas cargaba a un niño de aproximadamente dos años.

Tal parece que El Cáscaras era el vocero en el refugio, porque en cuanto se dejó ver por el patio, la gente que estaba cerca lo rodeó inmediatamente preguntándole que cuándo sería la salida.

—¡Hoy! —se oyó que contestó—. Hoy en la madrugada, pero sólo irán veinticinco.

Al anochecer llegó una camioneta tipo Van de color negro y de cristales polarizados. Dos hombres musculosos eran los pasajeros. El brazo del copiloto colgaba fuera de la ventanilla como un tronco de madera macizo. Las cabezas de ambos, de cabello corto y bien peinado, casi tocaban el techo de la carrocería de la camioneta. Se detuvo exactamente frente al patio y ahí se quedaron esperando sin apearse del vehículo. Sus miradas se mantuvieron fijas hacia el frente, serias e inexpresivas; ellos parecían más bien una parte mecánica más del carro. Al poco rato, Juan Serna salío de uno de los cuartos y se acercó a ellos recargando los antebrazos sobre la portezuela del lado del chofer. Los ocupantes de la camioneta apenas ladearon el rostro para mirarlo, pero sólo por un instante porque enseguida volvieron a clavar la vista hacia el frente. El chofer dijo algo moviendo los labios casi imperceptiblemente. Juan Serna entró a su oficina y a los pocos segundos regresó con un paquete entre las manos que entregó al chofer. Sin intercambiar un saludo ni un gesto de despedida, la camioneta se puso en marcha y se alejó.

—Es la judicial —comentó uno de los compañeros—, vinieron por su "parte".

Tres horas más tarde, El Cáscaras salió de la oficina con un cuaderno entre las manos y comenzó a llamar nombres en voz alta hasta contar veinticinco. Luego los apartó del resto del grupo diciéndoles al mismo tiempo que estuvieran pendientes porque saldrían en la próxima madrugada.

Aquella noticia excitó el ánimo de los compañeros, aún a los que no habían sido nombrados.

El robo

Obviamente yo no estaba incluido en el grupo de los veinticinco y tampoco abrigaba ninguna esperanza de que me incluyeran aunque dijesen que serían veintiséis, pues aún no les había proporcionado el número requerido. Por lo tanto, decidí mejor tratar de relajarme, y aprovechando la oportunidad de descansar me dirigí hacia una banca de madera desocupada que estaba colocada junto a una de las paredes. Me acosté sobre la banca. Llevaba dos noches sin dormir y creo que me quedé profundamente dormido, cosa que lamenté hondamente al despertar dos horas más tarde. Mi pequeña maleta y mi chamarra habían desaparecido.

Al percatarme de que ya no estaban mis pertenencias me levanté como impulsado por un resorte mirando para todas partes y a cada uno de los que se encontraban cerca. Me dirigí a cada una de las personas preguntando si habían visto quién había agarrado mis cosas, pero nadie me dio razón de nada. Me llevé instintivamente la mano a la bolsa del pantalón en donde guardaba mi cartera, y con cierto alivio descubrí que seguía en su lugar, pero mi chamarra, en donde iban los quinientos cincuenta dólares para pagar el viaje, me la habían robado. Seguí preguntando, pero todo mi esfuerzo fue inútil.

¡Cuánto me estaba arrepintiendo de no haberme acostado con la chamarra puesta! Había tenido la errónea idea de que un ladrón trataría de robarme la cartera pero no que me robaría la ropa. Profundamente deprimido, me puse a caminar por el patio mirando por aquí y por allá con un vago anhelo de encontrar mi chamarra, pero con cada minuto que pasaba mi esperanza se esfumaba. Después me aferré al único consuelo, ojalá y aquel hijo de mala madre y perro callejero no descubriera nunca que en la pretina de la chamarra llevaba muchas gotas de sudor cuajadas en billetes verdes.

En mi desesperación, acudí a Juan Serna, quien me recibió en su oficina. Le informé sobre el robo.

—Búscale —me dijo indiferentemente—, por ahí la han de tener.

Les puse atención a mis compañeros y descubrí que muchos de ellos llevaban puesto doble muda de ropa. Ese detalle se me había escapado por completo.

Como a las dos de la mañana volvió a aparecer El Cáscaras nombrando nuevamente al grupo de los veinticinco.

Dieciséis hombres fueron colocados como sardinas en el piso de la camioneta *station wagon;* otros nueve fueron colocados dentro de un coche color azul que estaba sobre bancos de madera el día anterior. En cuestión de minutos los dos vehículos partieron con su cargamento.

El robo me quitó el sueño; luego de una larga noche de depresión vi llegar la luz del día. Más urgente que antes, debía llamar a mi amigo y comunicarle lo sucedido.

Me fui al centro de la ciudad con un ligero temor y preocupación de perder los únicos cien dólares que me quedaban, pero llegué sin incidentes luego de recorrer la distancia a pie durante treinta minutos. Busqué un teléfono público y pedí una llamada por cobrar. Mi descuido desconcertó a mi amigo, pero dijo que no había nada que pudiéramos hacer al respecto. Si abandonaba la idea del viaje a Houston no tendría las posibilidades de pagar el dinero perdido, por lo tanto debía cruzar la frontera y él buscaría el dinero para pagarle al coyote.

Después de platicar con mi amigo me sentí con mejor ánimo y, aprovechando mi estancia en el centro, me fui a comer a un restaurante, pues en la casa de Juan Serna la comida era siempre papas con frijoles y sopa con frijoles. Después de quedar satisfecho busqué un baño público donde pasé un buen tiempo bajo la regadera. Alrededor del medio día regresé a la casa de Juan Serna, donde media hora más tarde repartieron el lonche. Esta vez fueron macarrones, frijoles y tortillas.

Entregué el número telefónico a Juan Serna y enseguida ordenó que me apuntaran en la lista.

Durante la noche el cielo se cubrió de nubes negras. Al ver que el aire estaba cargado de humedad presagiando quizás lluvia, cinco de nosotros nos apresuramos a ocupar uno de los coches que estaban en reparación. Para nuestra sorpresa, cerca de las diez de la noche volvimos a escuchar el grito de "lonche". Corrimos a cenar, pero a nuestro regreso nos encontramos que nuestro lugar ya estaba ocupado por otros compañeros.

—Ni modo, compañeros —dijo uno de ellos riéndose— pues, como dice el refrán: "El que se va a Sevilla pierde su silla." Y nosotros preferimos dormir bien y sequitos que comer bien y dormir llenitos.

Y sin dejar de reír miró hacia el cielo que seguía cuajándose de nubes.

No habiendo dónde dormir cubiertos, tendimos una manta que alguien encontró dentro de uno de los coches sobre el piso de concreto, pero a las dos o tres horas la lluvia comenzó a caer. Primero cayó en gotas dispersas y al rato, torrencialmente.

Casi espantados, nos levantamos y corrimos buscando refugio. Los que estaban tendidos en el patio fueron a guarecerse de la lluvia bajo el techo de lámina de cartón que cubría el lavadero familiar. Yo encontré el respaldo del asiento de un coche que me sirvió de colchón y fui a acomodarme debajo de uno de los coches y, aunque la lluvia me salpicaba ligeramente a los costados, pude dormir algunas horas.

Al amanecer, la mayoría de los veinticinco chivos que habían salido la madrugada anterior estaban de regreso. Los corredores ya habían reclutado a más personas y para esa hora ya sumábamos cerca de setenta chivos en la casa de Juan Serna.

Al poco rato, la voz de El Cáscaras se dejó oír nuevamente recitando otra lista de nombres. Esta vez pronunciaron mi nombre.

—Estos que acabo de nombrar —dijo El Cáscaras— son los que se dirigen a Houston.

Primero llegó la *station wagon* a estacionarse frente al patio y

enseguida el coche. El coche salió llevándose a nueve compañeros, luego llego la camioneta en donde nos acomodaron como
sardinas enlatadas.

Más o menos treinta minutos más tarde la *station wagon* se
detuvo frente a una casa a la que nos ordenaron entrar rápidamente. El rumiar de agua en movimiento me llegó levemente al
oído. Supe que estábamos en la orilla del Río Grande.

El Río Grande

La casa a la que nos ordenaron entrar era una choza vieja cons-truida en la parte posterior de una casa de concreto. Adentro había cuatro divisiones: cuatro cuartos, dos de los cuales con paredes destruidas. Las puertas de madera estaban viejas y des-vencijadas y había una ventana que nunca fue enmarcada. El techo estaba cubierto con láminas de cartón.

En cada uno de los mejores cuartos había una cama de base metálica sumamente oxidada. Sus colchones mugrosos y man-chados tenían rota la tela que los cubría y el mullido se había ido vaciando, o lo habían ido vaciando. En uno de los costados alguien había improvisado un altar sobre dos cajas de cartón sobrepuestas cubiertas con un mantel de hule estampado con dibujos de flores. En el altar habían dos vasos de plástico coloca-dos uno en cada extremo que contenían flores artificiales; en el centro ardía una veladora consumida hasta la mitad alumbrando tenuemente a las imágenes de dos vírgenes enmarcadas en latón que se encontraban recargadas contra la pared. Al pie del altar se revolcaban cinco perritos juguetones recién nacidos sobre unas ropas viejas.

En la única pared de concreto que estaba enyesada, algún mal artista había dibujado y pintado en colores tristes y baratos la imagen de la Virgen de Guadalupe.

Una vez distribuidos los veinticinco chivos en los cuartos, estuvimos esperando más o menos durante una hora hasta que llegó un hombre gordo, y cuarentón; andaba sin camisa y en el brazo tenía tatuado el busto de una joven india. Este hombre nos dijo que estuviéramos atentos a la señal que nos harían desde la orilla del río.

Cinco minutos más tarde escuchamos un fino y largo chiflido, luego, detrás de unos arbustos apareció el mismo hombre del tatuaje y extendiendo ampliamente los dedos de la mano derecha nos indicó que debían pasar los primeros cinco compañeros. Cinco compañeros corrieron por la vereda que quedaba a unos treinta metros hasta donde estaba el hombre gordo. Diez minutos más tarde volvió a asomarse haciendo la misma señal. De esa manera se hizo hasta que a los últimos cinco nos tocó el turno. A la señal, corrimos por la vereda y al llegar el gordo nos ordenó quitarnos los zapatos.

—El río está crecido —exclamó uno de lo compañeros cuando íbamos acercándonos a la orilla—. Hace dos noches lo habríamos cruzado caminando, pero ahora no es posible, la lluvia de anoche lo ha hecho crecer.

El río estaba crecido tal como había dicho el compañero, y la velocidad de la corriente producía un ruido parecido al sonido que se escuchaba al avecinarse una tormenta. El agua estaba sucia, espesa y teñida de un color grisáceo como el color de la tierra; pedazos de maderos y ramas flotaban sobre la corriente.

Ya en la orilla del río vimos a otro individuo a quien el agua le llegaba hasta la cintura y quien sostenía un salvavidas que mantenía firmemente pegado a tierra firme. Con un movimiento de la cabeza nos indicó que debíamos subir al salvavidas.

Ya abordo, nos colocaron en cuclillas uno tras otro como si se dispusieran a empaquetarnos. El hombre gordo saltó al agua, abrazó con una mano el borde del salvavidas, lo jaló hacia la corriente y con el brazo libre braceaba.

—¡No se muevan cabrones! —protestó el gordo cuando uno de los compañeros se movió para acomodarse mejor.

A la vez que avanzábamos río adentro el nivel del agua iba ocultando el cuerpo del gordo hasta que llegó un momento en que le llegó a las axilas, luego comenzó a nadar. La parte más honda del río resultó ser un buen trecho. Más adelante el gordo volvió a estar de pie. Llegamos a la orilla opuesta más o menos a unos cuarenta metros río abajo.

Después de abandonar el salvavidas nos volvimos a poner los zapatos, caminamos entre unos carrizales hasta que llegamos donde estaba el resto de nuestro grupo. Ya estábamos del lado norteamericano, pero era sólo un paso y aún nos faltaba mucho terreno por recorrer.

Un poco más tarde apareció otro hombre de entre los altos carrizales, era joven y delgado. Nos dijo que debíamos seguirlo caminando agachados. Subimos y bajamos lomitas durante más de quince minutos. Por ratos nos ordenaba detenernos mientras él se adelantaba a inspeccionar, luego se ponía a la vista de nosotros indicándonos que avanzáramos agachados y en partes tuvimos que correr, según sus indicaciones. Continuamos de esa manera hasta que llegamos donde ya había casas. Unos veinte metros a lo lejos apareció un hombre moreno, de baja estatura y de pelo rizado.

—De tres en tres, corran directo de frente —nos dijo el hombre que nos había guiado entre el monte—, más allá alguien les va a decir qué hacer.

Cuando pasamos frente al hombre de pelo rizado, éste nos azuzaba para que siguiéramos corriendo hasta la próxima esquina. Era más o menos como la recta final de una carrera de obstáculos. Más adelante otro individuo nos ordenó entrar a una casa que tenía un portón negro.

Parte II

De Houston a San Antonio

Texas

La casa en la que estábamos guardados era una construcción de madera que hace mucho tiempo había sido pintada de blanco y que ahora se descarapelaba. La casa ocupaba aproximadamente la mitad de una superficie de un lote de unos quince por treinta metros. Una parte del terreno estaba cubierto de hierbas y algunas macetas mal logradas. El resto era un estacionamiento de piso pavimentado. Adentro nos ordenaron repartirnos en dos amplios y bien aseados cuartos. Nos ordenaron guardar completo silencio hasta que el resto de los compañeros llegara. El último tramo de carrera había sido más o menos de cien metros y eso era agotador si no se tenía la condición necesaria. Todos llegamos boqueando aire.

Las condiciones en que nos tenían en el lado norteamericano eran mejores. Teníamos un techo sobre nuestras cabezas, contábamos con un baño con regadera, taza y lavabo, al igual que con una cocina con estufa, refrigerador y lavadero de trastes.

Mientras descansábamos, la mayoría tirados sobre el piso, un hombre joven de estatura mediana se asomó por la entrada apoyando las manos sobre las jambas de la puerta. Balanceaba la cabeza y el pecho lentamente mientras recorría con la mirada a cada uno de nosotros con una mueca burlona.

—¡Míralos, nomás!

—¿Te cansó la carrera, eh? —dijo dirigiéndose a uno de los compañeros que aún tenía la cara enrojecida y que no terminaba de enjugársele el sudor.

—Por favor —dijo nuevamente con voz cordial—. Por nuestra propia seguridad, permanezcan en orden y en silencio.

Era el dueño de la casa, le llamaban "El Chuco", era de complexión atlética y vestía un pantalón color khaki y camisa a cuadros grandes de varios tonos de color café. Llevaba la camisa sin fajar y tenía el pelo negro, corto y peinado hacia atrás. Usaba zapatos de charol como los pachucos de la época de mi padre o de los *low riders* que más tarde conocería.

El Chuco era la llave de Juan Serna en el lado Norteamericano. Uno de los compañeros cuya edad era de más o menos cuarenta años me dijo después que durante la mayor parte de su vida había estado viajando de mojado y que siempre había utilizado el mismo camino. Habló de El Chuco como un hombre experimentado, competente y que su profesionalismo se debía a que era un trabajo que había heredado de su padre, quien le transmitió una experiencia de más de veinte años. Dijo también que El Chuco se ha ido templando a través de los años y que en más de una ocasión había parado en la cárcel; no hacía mucho que recobró la libertad después de una condena de tres años de prisión de la cual salió bajo fianza.

—¡Ah! —volvió a decir El Chuco—, no tienen por qué estarse asomando hacia la calle y mucho menos salir de la casa, ¿okey? Si alguien quiere sodas, cigarros o cualquier otra cosa, avísennos y nosotros se los traeremos.

Otra vez, teníamos que esperar. Rápidamente aparecieron los naipes para matar el tiempo. Alguien trazó un juego de damas chinas sobre un pedazo de cartón y utilizó las corcholatas de la tapas de refrescos como fichas.

Desde las primeras horas del día siguiente, varios de los ayudantes de El Chuco, todos jóvenes, andaban muy activos. Entraron y salieron un par de veces por la mañana y después llegaron como choferes de un par de coches que estacionaron en el patio. Uno de los carros era de dos puertas y el otro de cuatro.

Más tarde, otro de los ayudantes llegó con una libreta en la mano y mencionó varios nombres en voz alta y, sin esperar ninguna clase de respuesta de los aludidos, dio instrucciones.

—¡Prepárense! Estén listos para salir. Los que tengan que ir al baño, que lo hagan ya porque no pararemos hasta llegar a Houston.

Muchos de nosotros no fuimos nombrados. Alrededor de las once de la mañana, El Chuco y su gente parecían algo inquietos y mostraban cierto nerviosismo. Los choferes estaban sentados sobre el sofá de la sala. El Chuco estaba sentado sobre una silla de madera al lado del teléfono; checaba su reloj.

—¿Qué le estará pasando a éste? Ya debería haber llamado —dijo El Chuco sin dirigirse a nadie en especial y mirando nuevamente la carátula de su reloj.

El mojado más experimentado nos sacó de dudas luego que nos vio muy atentos y quizás afectados por el nerviosismo de los que estaban en la sala.

—Están esperando a que el informante les avise la hora en que el camino estará limpio.

El teléfono timbró y El Chuco levantó la bocina sin esperar siquiera que el primer timbrazo terminara de sonar. Se identificó y casi en seguida volvió a colgar. Miró a sus ayudantes que parecían nerviosos. Uno de ellos jugaba con las agujetas de sus tenis, los amarraba y los desamarraba. El otro, sumido en el mullido sofá, cambiaba de posición a cada momento provocando que los resortes chirriaran.

El Chuco les hizo una señal con un rápido movimiento de cabeza.

—¡Vámonos! —dijo.

El individuo de la lista abrió la puerta. Los mojados que habían sido nombrados se arremolinaron en la puerta cada uno tratando de ser el primero en salir, pero tuvieron que esperar su turno de acuerdo a la lista.

En pocos segundos uno de los coches se llenó y se fue. Al poco rato se llenó también el segundo, pero El Chuco lo instó a que no partiera enseguida.

—No es conveniente que uno vaya muy cerca del otro —explicó El Chuco con voz relajada—. Guarda tu distancia, ¿okey? Si un carro es detenido, el otro tiene la oportunidad de ponerse a salvo.

El Chuco le dio una palmada afectuosa al hombro del chofer que al parecer era su primer viaje, y le dio ánimos.

—Tranquilo camarada; hay que manejar como si llevases a tu novia de paseo, ¿okey? con cuidado. Ni rápido ni despacio, sino como lo marca la ley. Tranquilo, como si no llevaras más que tu alma encima. Si te pesca la migra, quince días de cárcel pasan volando, si es que no te sacamos antes. Y ustedes —dijo El Chuco dirigiéndose a los mojados—, si los pesca la migra, no me lo vayan a acusar. Pónganse de acuerdo para decir que entre todos juntaron dinero y compraron el coche. Todos prometieron que así lo harían.

Entre los rezagados estaba un costeño del estado de Guerrero, era de piel oscura y pelo rizado, bajo de estatura y de mediana edad, y presentaba un semblante cansado y deprimido. Lentamente, se dirigió a la cama y se recostó y al poco rato comenzó a hablar de su familia. Soñaba poder construirles una casa algún día. Estaba también Francisco, quien era comerciante de verduras que decía iban a los Estados Unidos con la esperanza de aumentar su capital. Éste último decidió tomarse un baño.

Pedro, un albañil indígena del estado de Morelos ocupaba la otra cama disponible. Antonio, un joven peón de una granja se fue a sentar al sofá y de la bolsa trasera del pantalón sacó una manoseada revista de vaqueros que comenzó a hojear sin mostrar mucho interés.

No había nada qué hacer, sino esperar. Yo me dirijí a la esposa de El Chuco, una mujer joven méxico-americana que presentaba un semblante enérgico, le pedí jabón para lavar mi camisa. La mugre acumulada había formado una gruesa capa pegajosa y negruzca en la tela.

El Chuco llegó más tarde.

—¿De modo que se quedaron esta vez, eh? —nos dijo con buen humor—. Pero al rato salen, no se me desanimen.

Minutos más tarde oí que mencionó mi nombre y preguntó quién era. Me acerqué y me informó que Juan Serna no había llamado a mi amigo y que él lo haría en ese momento. El Chuco fue hacia el teléfono y se sentó sobre la silla de madera que crujió bajo su peso. Con el auricular en el oído marcó el número que copió de un cuaderno. Cuando contestaron al otro extremo de la línea, El

Chuco me entregó la bocina. Después de un corto saludo le informé a mi amigo que me encontraba al norte del Río Grande.

—Quieren saber si vas a pagar por mí —le dije, y en seguida le entregué la bocina a El Chuco.

Mi amigo platicó con El Chuco y alcancé a escuchar que le preguntó cuándo llegaríamos a Houston.

—Sólo Dios sabe —respondió.

En los próximos cinco días de espera llegaron veintitrés mojados. Cinco de ellos eran procedentes de San Salvador; había una jovencita estudiante de bachillerato, una ama de casa, una obrera y dos campesinos. Llegaron también una pareja de argentinos de porte aristocrático y dieciséis mexicanos más, entre los cuales había un predicador de treinta y seis años de carácter sereno y ojos bondadosos.

Casi a cada tarde o noche, El Chuco o su esposa nos conminaban a que guardáramos silencio porque los agentes de la migra andaban rondando muy cerca. Algunas veces podíamos ver por las rendijas de la ventana que los agentes llegaban y estacionaban sus patrullas casi frente a la casa donde estábamos escondidos. Los veíamos salir portando sus armas para hacer sus recorridos a la orilla del río.

El predicador contó que era soldador de oficio pero que desgraciadamente era un soldador sin herramientas. Iba a los Estados Unidos para juntar lo suficiente y comprarse un equipo. Dijo que tenía herramientas manuales y una soldadora eléctrica pero que le hacía falta el equipo para una soldadura autógena. No era la primera vez que viajaba a los Estados Unidos, pero la vez anterior se había visto en la necesidad de regresar a causa de una emergencia familiar.

Por la tarde de ese día El Chuco llegó con la noticia de que en la orilla del río habían encontrado el cadáver de un hombre desconocido que supuestamente había muerto ahogado y no llevaba más ropa que una trusa. La única reacción que todos tuvimos ante la noticia fue guardar silencio, luego se oyó la voz del predicador que pronunció una oración por el alma de aquel infortunado mojado.

—Pobre de él —dijo el predicador con pesadumbre—. Segu-

ramente era un mojado como nosotros. Sabrá Dios de dónde venía
y a quién habrá dejado esperándole. Oremos en su nombre porque
ese desdichado pudo haber sido cualquiera de nosotros.

El predicador se arrodilló, inclinó la cabeza hacia adelante y
juntó las palmas de las manos a la altura del pecho. Luego se dejó
escuchar su voz nítida y quejumbrosa. Todos escuchamos en
silencio; unos sentados, otros de pie. Aquí y allá había hilillos de
humo que se elevaban de los cigarrillos que permanecían quietos
entre los dedos de los fumadores, hasta que se escuchó el
"Amén".

Llegaron también los choferes que días atrás habían transportado a nuestros compañeros. Se mostraban altivos, alegres y
sintiéndose importantes, principalmente aquel joven que había
debutado.

—Aquéllos, felizmente ya están en Houston —le dijo el
novato a uno de los compañeros quien había preguntado por ellos.

Los choferes, cuando los atendió El Chuco, comenzaron a
contarle entre gestos las vicisitudes de su viaje. Rápidamente
adoptaban una expresión de sorpresa, de miedo, o bien simulaban
estar manejando y saliendo de alguna dificultad en el camino. El
Chuco los escuchaba con interés con las manos cruzadas tras la
cabeza y recostado en el viejo sofá. Finalmente el chofer novato
le pidió prestado el tocacintas a El Chuco, y de la bolsa del pantalón sacó un casete nuevo envuelto aún en el papel celofán. Era
un casete de Los Tigres del Norte cantando corridos y baladas con
temas de traficantes. El novato mantuvo el aparato muy cerca del
oído mientras sacaba un billete de diez dólares y ordenaba a otro
de sus compañeros que fuera por unas cervezas.

Más tarde el novato, ligeramente borracho, nos contó que se
había ganado trescientos dólares por el viaje. También por él nos
enteramos que, de los cuatrocientos cincuenta dólares que pagába-
mos, una tercera parte se quedaba con El Chuco, otra tercera parte
iba a Juan Serna y el resto era para la policía mexicana. Los choferes recibían su paga de la parte que le correspondía a El Chuco.

La joven estudiante salvadoreña constantemente tenía accesos de depresión y la veíamos sollozar en un rincón a la vista de todos. Sus paisanos trataban de darle ánimos hablándole con frases cortas y en voz baja mientras la tomaban por los hombros. Los compañeros mexicanos también le hablaban amigablemente y le preguntaban si su tristeza era debido a que había dejado San Salvador o era que quería llegar pronto a su destino. Ellos habían dicho que se dirigían a Nueva York. Ella movía negativamente la cabeza sin pronunciar palabra alguna.

El predicador se ocupó de ella hasta que un día la vio sentada a la orilla de la cama con el cuerpo doblado sobre sus piernas y el pelo negro y lacio cubriéndole el rostro. Ella lloraba incesantemente. Entonces el predicador se le acercó sentándose a su lado. Estuvo largo tiempo hablándole paternalmente en voz baja. Poco después la vimos caminar al lado del predicador con la cabeza inclinada hacia adelante y con los dedos enjugándose las lágrimas de las mejillas. El predicador le seguía hablando y ella sonreía medio apenada.

Uno de sus paisanos nos contó que habían salido de San Salvador guiados por un coyote que los había cruzado ilegalmente a lo largo del territorio mexicano sin ningún contratiempo. Después de cada jornada del viaje que siempre fue en hoteles, aquel guía se encargaba de distribuirlos en los cuartos. A pesar de las protestas, él siempre le asignó a la estudiante un cuarto separado, según él por razones de seguridad. Por fin, bajo amenazas de que si ella no se comportaba como él decía la dejaría a medio camino. El coyote la había violado.

Entre nosotros también estaba un hombre que decía ser poeta, pero confesaba que la poesía no le había dejado buenas ganancias a pesar de que algunos grupos musicales cantaban sus composiciones. El poeta era de mediana edad, bajo de estatura y de aspecto endeble. Cuando El Chuco supo que entre nosotros había un poeta, lo felicitó.

—Componme un corrido, poeta —le dijo—, yo voy a manejar el mueble en el próximo viaje, y usted, poeta, va a viajar a mi lado, ¿Okey?

El poeta prometió componerle un corrido a El Chuco tan pronto se encontraran en Houston.

—Carajo, lo que son las cosas —comentó El Chuco—. Cada gente que ha pasado por mi casa . . . ahora se trata de un poeta.

El Chuco relató que hacía apenas unos cuantos meses, un par de individuos que venían como simples mojados se estaban comportando muy sospechosamente mientras esperaban su turno para salir hacia su destino. Cuando El Chuco supuso que algo se traían entre manos los llevó a un privado y ahí los interrogó. Ellos negaron tener algún problema, pero la gente de El Chuco los registró y encontraron que traían muchas bolsitas llenas de cocaína cosidas por dentro de la ropa.

—Unos cabrones que se quisieron pasar de machines —dijo El Chuco—. Luego, si nos agarraba la Migra, el que iba a salir embarrado era yo . . . y yo tengo suficiente con mis propios problemas.

La Migra

Al quinto día hubo preparativos para el viaje. Nos acomodaron a los tres primeros en la cajuela de uno de los coches; por ser bajos de estatura, nos tocó a Juan, al predicador y a mí viajar de esta forma. A otros seis compañeros los pusieron en los asientos. Tan pronto estuvimos colocados, el chofer encendió el motor y partimos.

Doblamos varias esquinas por las calles del pueblo, luego sentimos que el coche aumentaba la velocidad, lo que nos hizo suponer que corríamos sobre una autopista. Yo estaba colocado en un extremo, el predicador en medio y Juan al otro extremo. El piso de la cajuela estaba sin la alfombra que pudo haber tenido originalmente y no era muy cómodo viajar sobre una lámina deforme.

Justamente sobre mi cabeza estaban los respiraderos por donde podía ver el cielo que estaba completamente limpio y ofrecía un color azul profundo. Aquellos respiraderos eran los huecos que estaban ocupados por las bocinas del sistema de sonido del coche. Me reconfortaba un poco el hecho de que a mi nariz llegaban corrientes de aire fresco a diferencia del aire cálido que se empezaba a sentir dentro de la cajuela. En mi posición tenía a la vista un panorama bastante amplio, además del cielo. El coche, que era un modelo cuyos parabrisas traseros eran bastante inclinados y amplios, me servían a modo de un periscopio. Por el reflejo podía ver a los cuatro compañeros que iban en el asiento trasero y dos más junto al chofer, quien iba fumando, y aún podía ver un buen trecho de la carretera delante del coche.

—Ojalá y lleguemos —dijo Juan.

—Primeramente Dios —respondió el predicador.

Les informé del amplio panorama que tenía a la vista.

—Desde aquí puedo avisarles el minuto que se aparezca la Migra —les dije como queriendo decir un chiste para relajarnos de la tensión, pero a ellos no les causó ninguna gracia.

—Cállate, hombre —me reprendió el predicador—, ni lo pienses.

Más o menos treinta minutos más tarde, la temperatura comenzó a subir dentro de la cajuela. Yo que estaba colocado más cerca sobre la llanta se me hacía imposible mantenerme quieto. La lámina que estaba sobre la llanta en movimiento se estaba calentando. Me sentía como un pollo rostizado y no quería ni imaginar cuánto más se calentaría más adelante.

Les comuniqué mi malestar a mis compañeros de abordo y Juan me prestó su chamarra. Me la coloqué entre la espalda y la lámina y me fue un gran alivio.

Hicimos cortos comentarios sobre los que iban en los asientos. Quizás por un poco de envidia concluimos que no debían de estar tan cómodos.

—Ahorita —dijo Juan— algunos han de ir con las piernas entumidas.

—Los accidentes no son tan frecuentes —comentó el predicador—, no somos los primeros ni los últimos que viajamos encajuelados.

Nuestros comentarios no eran más que una manera de infundirnos confianza, porque inevitablemente acudían anécdotas a la mente. Un mojado nos contaba mientras estábamos en la casa de Juan Serna que él había sido testigo cuando tres mojados se habían achicharrado dentro de una cajuela. La desgracia ocurrió cuando el coche en el que viajaban se incendió de pronto. El chofer, previendo que la policía no tardaría en llegar, se dio a la fuga y, quizás sin proponérselo, se llevó las llaves consigo y no hubo manera de sacar a los que estaban encerrados en la cajuela.

Miré por un instante al predicador para ver su estado de ánimo y vi que sus ojos estaban cerrados y sus labios se movían ligeramente como si estuviera rezando.

El coche dobló algunas veces. Tan pronto dejaba el camino pavimentado se iba sobre caminos de terracería y viceversa. De eso nos dábamos cuenta porque en camino pavimentado uno se zangoloteaba, mientras que en camino de terracería parecíamos dados en manos de un jugador. La situación empeoró cuando vimos que a través de un pequeño orificio en el piso de la cajuela iba entrando un delgado pero constante polvillo que poco a poco nos invadió el espacio. Juan se colocó un pañuelo sobre la nariz y el predicador inútilmente trató de limpiar el aire frente a sus narices ventilándose con la palma de la mano abierta.

—Todo sea por llegar a Houston —dijo el predicador al enumerar nuestras incomodidades.

—Al llegar —comentó Juan— vamos a tener bien merecido un baño en tina.

A través de mi observatorio veía terrenos fugaces cubiertos de pasto seco de un color amarillento rojizo y por ratos desfilaban vertiginosamente ante mi vista interminables cercos de alambre de púas. Otras veces veía una que otra casa. Más o menos dos horas más tarde oí al chofer que lanzó una imprecación que seguramente llegó a los oídos del mismísimo Jesucristo y la Virgen María se tiene que haber indignado. Eso anunciaba algo desagradable. Puse atención a mi observatorio, vi que el chofer golpeó con el puño de la mano derecha sobre el volante. Un brusco frenón nos sacudió y las llantas del coche rasparon la tierra.

—¡Corran! —se oyó que gritó el chofer.

Se escuchó el ruido de las portezuelas que se abrieron. En la cajuela nos miramos sin decir palabra. Sabíamos que el viaje estaba frustrado, pero no lo quisimos creer. Escuchamos el ruido de un coche que se acercó y frenó junto a nosotros. Por la reflexión del parabrisas vi todo claramente. Ahí estaba un coche grande de cuatro puertas de un color verde pistache. Era una patrulla de la Migra, pero no se lo dije a mis compañeros, pues de cualquier manera estábamos detenidos y no quería que dijeran que era "pájaro de mal agüero" por el chiste que quise hacer un rato antes.

La portezuela del coche recién llegado se abrió y se volvió a cerrar.

—¿Para qué corres, pendejo? —se oyó que alguien gritó en un español mal pronunciado. Cinco de los que iban en los asientos habían obedecido al chofer y se echaron a correr, sólo uno de ellos se había quedado sentado.

Unos pasos lentos y pesados se escucharon caminar cerca de nuestro transporte, luego se oyó el ruido de la llave introduciéndose por la cerradura. La tapa de la cajuela se abrió y ante nosotros, que se podría decir que veníamos casi en el suelo, apareció un anglosajón de pelo rubio que sostenía la tapa de la cajuela en lo alto. Era de gran estatura y lampiño, vestía un impecable uniforme verde oscuro y sostenía una pipa entre los labios.

Nos miró dedicándonos una sonrisa burlona y complaciente.

—Qué cómodos vienen —dijo divertido—. Salgan.

Cuando los tres habíamos salido de la cajuela, el agente nos ordenó sentarnos sobre la cola del carro sin bajar la tapa de la cajuela. El resto de los compañeros estaban parados a un costado y uno más que venía de regreso después de saltar la cerca de alambre de púas. Seguramente a él fue dedicado aquel "pendejo" que escuchamos antes.

Viendo el lugar en el que estábamos, era completamente imposible escapar. Todo era campo llano cubierto de pasto seco. Los pocos arbolillos que habían estaban sin hojas. Entre los compañeros lamentamos lo sucedido mirándonos a la cara y haciendo gestos con ademanes o movimientos de la cabeza. El único que faltaba era el chofer.

El agente iba y venía frente a nosotros sin prisa ni preocupación alguna. Caminaba dando pasos largos y acompasados y nos miraba de reojo como si se estuviera exhibiendo.

—¿Quién de ustedes es el chofer? —preguntó de pronto.

—Ninguno —contestaron tres voces al mismo tiempo.

El agente se fue hacia su patrulla y sacó un *walkie talkie*. Habló con alguien y después llegó a donde estábamos. Sus labios dibujaron una sonrisa triunfal, y preguntó:

—¿Dónde pensaban llegar?

—A Houston —respondió uno de los compañeros.

Después preguntó que cuánto íbamos a pagar.

—¿Para qué decidieron venir ahora? —preguntó divirtiéndose ampliamente— ¿por qué no pudieron esperar hasta el día de mañana, que es mi día de descanso?

—Déjenos ir —le dijo Juan, aventurando.

Como toda respuesta, el patrullero se rió.

—No, no es posible —contestó aún riéndose a punto de carcajada—, ustedes deben regresar a México y buscar un coyote más listo.

De pronto reaccionó o simuló cambiar de gesto.

—¿Todos son mexicanos? —preguntó recorriéndonos con mirada escrutadora—. ¡Tú, eres salvadoreño! —dijo sorpresivamente apuntando al predicador.

—Soy mexicano —respondió el predicador serenamente—. Soy más mexicano que Emiliano Zapata.

Después de un silencio prolongado el agente volvió a hablar.

—Si traen pistola, cuchillo, cocaína o mariguana, sáquenlo y me lo entregan.

Nadie contestó nada.

—Por fin —dijo el agente, quizás solamente por no estar callado— me van a decir quién de ustedes es el chofer.

Minutos más tarde llegaron dos vehículos más de la patrulla fronteriza. Uno era como el que había llegado primero. El otro era una *van*, una camioneta cerrada que los mojados conocemos como "perrera".

El agente que nos detuvo les indicó a sus compañeros la dirección hacia donde había escapado el chofer. En seguida aquellos agentes hicieron uso de sus aparatos de comunicación.

A nosotros nos ordenaron subir a la perrera en donde nos encontramos con ocho mojados más. En el interior de la perrera las ventanas estaban recubiertas con mallas de metal. La perrera se puso en movimiento.

Media hora más tarde estábamos ya en la oficina de inmigración de Hebbronsville. Eran tres construcciones de una sola planta en forma de u al lado de la autopista. En el centro, un patio pavimentado albergaba tres patrullas más.

Nueve de nosotros fuimos encerrados en una de las celdas de

uno de los edificios. En el interior había diez agentes más, la mayoría tenían la apariencia de ser méxicoamericanos que iban y venían constantemente de adentro hacia afuera. Dos de ellos estaban permanentemente detrás de sus escritorios.

Un agente de piel morena y de espesos bigotes se acercó a nuestra celda y nos recitó en rápidas palabras lo siguiente: "Están detenidos por haber intentado cruzar ilegalmente el país. Se les va a investigar, pero antes tienen que conocer sus derechos. Pueden no contestar a nuestras preguntas y solicitar la presencia de un abogado, y si no lo tienen, nosotros se los proporcionaremos".

Ninguno de nosotros pidió la intervención de un abogado, no tanto porque no necesitáramos de orientación, sino que no sabíamos para qué nos serviría. Sabíamos que habíamos entrado ilegalmente y que tendríamos que salir. Eso era todo.

Nuestra celda era de tres paredes de concreto, pero, la que daba hacia los escritorios era una malla de alambre. Dentro de la celda había mingitorios y un lavabo de concreto. Pasaron varios minutos antes de que nos llamaran uno a uno para hacer la declaración.

Las preguntas: ¿Cuántas veces has sido detenido por agentes de inmigración? ¿Has sido detenido alguna vez por la policía? ¿Dónde naciste? ¿Cuándo? ¿Cuál es el nombre de tus familiares? ¿De dónde eres? El agente que tomó la declaración también anotó mi descripción física.

Me extendió el formulario previamente contestado y me entregó una pluma indicándome que debía firmar al pie del párrafo que decía que yo salía del país por haber infringido sus leyes.

Al ir de regreso a mi celda descubrí que también habían detenido al chofer. Era de baja estatura y flaco. Su rostro ligeramente ovalado estaba manchado por el sudor que se le había secado y tenía impregnado por doquier granos de arena. Estaba esposado y guardado a dos celdas de nosotros. Estaba sentado sobre una silla y su cuerpo encorvado daba la impresión de que en cualquier momento se desplomaría por completo. Sus ojos profundamente tristes parecían ausentes, melancólicos. Me inspiró compasión. Era la imagen de un condenado.

Al verme, sus ojillos miraron rápida y disimuladamente hacia uno y otro lado, y al ver que ninguno de los agentes estaba mirando, para mi sorpresa, su rostro adoptó una expresión de absoluta tranquilidad, como dueño de sí mismo. Me hizo una señal llevándose el dedo índice de la mano derecha a los labios, y para ello tuvo que mover ambas manos por estar esposadas. Entendí que no debía decir nada acerca de él.

Yo moví ligeramente la cabeza para darle a entender que no me habían preguntado nada sobre él. Pareció convencido. Para mi admiración, aquel hombre inmediatamente volvió a presentar la misma imagen lamentable. Debería ser un actor de teatro.

Después de habernos interrogado, en orden de lista nos llamaron rumbo a la puerta, donde había otro agente que nos iba entregando la copia del papel que habíamos firmado.

—Y ¿esto? —preguntó Juan cuando le entregaron el suyo—, ¿es nuestro pasaporte?

—Sí, claro, es el pasaporte para tu país —replicó el agente disfrutando de la ocurrencia de Juan.

En menos de treinta minutos nos ordenaron descender de la perrera en la entrada del puente internacional de Nuevo Laredo. Pagamos diez centavos de dólar cada quien y caminamos en silencio sobre el puente. Mientras tanto, yo trataba de ordenar mis pensamientos. La pregunta era si debía o no cruzar nuevamente. Había tenido muchas complicaciones a lo largo de dos semanas y no esperaba que un nuevo intento fuera más fácil. La posibilidad de volver a casa me daba vueltas en la cabeza, pero también tenía en la cabeza la deuda con mi amigo, además ya estaba en la frontera.

—¿Qué vas a hacer, Juan? —le pregunté, pues entre nosotros era el que tenía más experiencia.

Él volvió ligeramente la cabeza mirándome con sus ojos cansinos por sobre los hombros y me dijo con aire de seguridad:

—Pues, ¿qué más? Cruzar otra vez.

A Houston

Ya en Nuevo Laredo me fui directamente a una caseta de teléfono y pedí una llamada de larga distancia. Hablé con mi amigo informándole de los acontecimientos.

Lo más lógico era que volviera a la casa de Juan Serna y esperara una segunda oportunidad, pero mi amigo me dijo que lo dejara pensar en otra posibilidad y que lo volviera a llamar más tarde; me había mencionado que me ayudaría a cruzar por un camino que él conocía.

Mientras llegaba la hora en que debía volver a llamar a mi amigo, me fui a comer a un céntrico restaurante. Con el hambre que tenía me creí capaz de engullir todas las órdenes que traía el menú, pero mi estómago se había contraído después de varios días de pequeñas raciones. Apenas hacía unas cuantas semanas que yo era capaz de comerme tres tortillas del tamaño de un disco de largo duración además de los platos de comida, pero esta vez me fue suficiente un pedacito de bistec bañado en salsa, un puñito de frijoles refritos y un par de tortillas hechas en máquina.

Cuando volví a hablar con mi amigo, me dijo que él mismo vendría por mí a la frontera. Me dio instrucciones de que debía trasladarme a la ciudad de Piedras Negras, Coahuila.

Tan pronto colgué el auricular del teléfono, me dirigí a la terminal de autobuses.

La ciudad de Piedras Negras era un pueblo más tranquilo que Nuevo Laredo. Todos los comercios estaban establecidos y casi no había puestos deambulantes que estuvieran ocupando la banqueta, sólo una que otra persona andaba en un triciclo ofreciendo sus mercancías.

54

Mientras aguardaba la llegada de mi amigo, me hospedé en un hotel que ocupé por unas cuantas horas porque tan pronto mi amigo llegó, nos fuimos hacia la periferia de la ciudad a un barrio con calles de tierra. Las casas más antiguas eran de paredes de adobe y techos de barro y las más recientes eran casas de paredes de tabique sin revocar techadas con láminas de cartón. Muchas de las ventanas sólo estaban recubiertas con retazos de hule o con pedazos de cartón. Los huecos que eran las puertas apenas si las tenían cubiertas con maderos mal armados. Mi amigo me dijo que el barrio no había cambiado, que tenía el mismo aspecto desde hace varios años y eso nos facilitó encontrar la casa que buscábamos. Nos recibió una señora alta y delgada que usaba unos lentes de cristales gruesos como fondo de botella. Dentro de la casa, sobre el piso de tierra, jugaban cuatro chiquillos con unos carritos de plástico.

Mi amigo preguntó por el esposo de la señora y ella le informó que no se encontraba, pero nos invitó a pasar a esperarlo, pues su esposo no tardaría en llegar. Nos ofreció para sentarnos un par de sillas de metal que tenían impresos en el respaldo el logotipo de una compañía de cerveza.

Poco después llegó el conocido de mi amigo. Era un hombre de alrededor de cuarenta años, alto y con apariencia más bien de gordo que de musculoso. Él y mi amigo se saludaron afectuosamente y mi amigo le dijo en seguida que necesitaba sus servicios.

El contacto de mi amigo era un "patero" y no un coyote. Su trabajo no era llevarme a Houston, sino sólo llevarme a cruzar el río. Acordamos que sería esa misma noche y le pagamos veinte dólares por adelantado.

Antes de volver al norte del río, mi amigo me dio el nombre, teléfono y número del cuarto del motel donde él se estaba hospedando. Yo me escribí la información en la palma de la mano mientras que la memorizaba.

Al entrar la noche me fui directamente a la casa del patero, quien ya me estaba esperando. Al salir me colocó un rollo de hule negro bajo el brazo. Al preguntarle, me dijo que era una cámara de llanta de camión que utilizaríamos como salvavidas en el río. A nuestras espaldas, antes de transponer el límite del patio a la calle oíamos que su esposa nos deseaba buena suerte y daba la bendición.

Las calles estaban en penumbras. Había postes del alumbrado público pero, o no tenían el bulbo o estaban fundidos. Tres o cuatro cuadras más adelante se acabó el caserío y nos internamos por una pequeña vereda entre arbolillos que no medían más de tres metros de altura y no tenían mucho ramaje. Atravesamos un potrero, luego otro tanto de monte. Brincamos varias cercas de alambre de púas hasta que el rumor del agua corriendo llegó a nuestros oídos, a cada paso era más fuerte.

Cuando llegamos a lo alto de una loma tuvimos a la vista el Río Grande, o más bien un trecho que serpenteaba en la superficie. En partes parecía tan quieto e inofensivo, en otras casi invisible y en partes se asemejaba a una ancha hoja metálica de superficie plateada, pero en las curvas, la manera de rumiar que cobraban sus aguas no era para acercársele siquiera. Guiado por el patero caminamos río arriba unos doscientos metros más hasta que llegamos a un lugar en el que el caudal era bastante ancho. Ahí, en la playa, el patero se puso a inflar la cámara de hule soplándole al pivote con la boca. La labor era cansada y yo tuve que ayudarle varias veces. Cuando consideró que ya la habíamos inflado lo suficiente, la taponeó con un pedazo de madero que él ya llevaba preparado.

Con mis zapatos y mi pantalón en la mano nos fuimos metiendo al agua. El patero también iba en trusa, su ropa la había dejado escondida entre unos matorrales. Primero caminamos hacia la corriente y antes de que el agua me llegara al pecho me montó al salvavidas. El patero se sumergió en el agua. Con un brazo iba jalando el salvavidas y con el otro braceaba. Todo fue tan fácil como cuando cruzamos el río de Nuevo Laredo. Al llegar a la orilla Norteamericana me volví a vestir. El patero después me guió por unos cañaverales hasta que llegamos a un camino de terracería y nos detuvimos a unos cien metros más adelante. Desde ahí me señaló a lo lejos una luz azulosa, la cual debía de usar como faro o punto de referencia porque a un costado de aquella luz estaba el motel en donde me estaban esperando.

Antes de despedirnos me recomendó que fuera cauteloso, que mirara hacia todos lados antes de seguir caminando y me deseó que Dios me acompañara en el resto del camino.

Con el afán de llegar lo más rápido posible, arranqué a la carrera entre la maleza tan rápido como me lo permitían mis piernas. La luz de un potente reflector a lo lejos, quizás en la punta de una torre regaba su luz sobre el terreno y eso me ayudaba y me perjudicaba. Me ayudaba porque más o menos sabía hacia dónde y por dónde correr pero me perjudicaba porque en caso dado yo sería fácilmente localizable.

Corría y corría, pero ir abriendo el pastizal a cada paso era como ir corriendo sobre arena. Me cansaba enseguida y dejaba de correr, pero a paso normal sentía que no avanzaba y que jamás llegaría. Tan pronto me sentía descansado volvía a correr. En partes aquella luz del reflector me hacía sentir vulnerable e inseguro y para evitarla corría agachado. No me detenía a buscar un camino más fácil, sino que iba directo hacia aquella luz azul cruzando matorrales, hondonadas y subiendo y bajado pequeñas lomas. Poco a poco aquella luz de reflector fue quedando a un costando, lo que fue un gran alivio.

Cada vez me sentía más cansado y tenía que respirar con la boca. Mi ropa se empapaba de sudor. De pronto sentí punzadas en las piernas. Primero no les presté atención, pero luego tuve que detenerme porque las punzadas no cesaban. Al palparme el muslo descubrí que tenía clavadas una infinidad de espinas de nopal. En algún momento crucé corriendo entre matas de nopal sin haberme percatado. He de haber tardado un buen rato arrancándome las espinas; unas eran tan largas como un alfiler y otras más pequeñas, lo que me costaba trabajo asirlas con los dedos. No sólo tenía espinas en las piernas sino que también en los brazos. En diferentes condiciones me habría quejado por la espinada, pero quizás porque el cuerpo estaba acalorado no sentía tanto dolor o también por el nerviosismo y el afán de llegar a mi destino.

Terminé de desespinarme y empecé a correr de nuevo. De nueva cuenta comencé a sudar. Llegué a sentirme agotado pero no me detuve, sólo aminoraba mis pasos para recuperarme y en seguida volvía a correr.

Casi recobraba mis fuerzas y el aliento cuando ante mí descubrí que estaba cerca de la autopista y la luz azulosa. Sobre la autopista vi las luces fugaces cónicas de los faros de los coches que iban y venían y se perdían a la distancia a gran velocidad.

Al estar a unos treinta metros de la autopista vi una luz roja y azul sobre el capacete de un coche estacionado exactamente por donde pensaba cruzar. Tenía a la vista también el motel donde me estaba esperando mi amigo. Me detuve y me escondí detrás de una mata de huisache. No podía distinguir si se trataba de una patrulla de la Migra o si era la policía. Me quedé esperando a que se moviera.

El carro se fue, pero para eso tuvieron que pasar varios minutos de espera, tiempo suficiente para que el sudor se me secara y el cansancio desapareciera, sólo me quedó una fuerte sensación de sed y los labios resecos.

Rápidamente corrí hacia la orilla de la autopista y en un momento que no había tráfico crucé la carretera con calma y tranquilidad, tal como debería ser para no despertar sospechas por si acaso la Migra estaba agazapada en algún rincón de la oscuridad. Tan tranquilamente como hubiera caminado por las calles de mi pueblo me fui directo al motel. Busqué el número del cuarto y toqué la puerta.

Sólo tuve que tocar una sola vez. Mi amigo abrió enseguida.

—¿Qué tal te fue? —preguntó mientras me hacía lugar para pasar.

—Un poco cansado, pero aquí estoy.

Me indicó que lo esperara en el cuarto mientras que él iba a checar el camino y que regresaría en treinta minutos. No debía abrir la puerta aunque alguien tocara y tampoco debía contestar el teléfono si sonaba.

Exactamente a los treinta minutos, regresó. Entró al cuarto sólo para decirme que debía abordar su carro inmediamente.

Ya en la autopista vi a mi amigo ligeramente nervioso. Me dijo que deberíamos llegar a cierto lugar antes de estar fuera de peligro y mencionó el nombre de un pueblo en inglés. Me siguió dando instrucciones. En caso de que nos llegáramos a encontrar con la Migra, yo debía decir que él me había levantado en la orilla de la carretera. Mi amigo fumaba un cigarro tras otro y no quitaba la vista del tablero de su automóvil.

Yo me sentía deshidratado y se lo hice saber. Él recordó entonces que había comprado un paquete de refrescos y los traía detrás en el asiento. Sin esperar a que me lo repitiera, busqué el paquete. Desprendí uno y me tragué el contenido en largos y desesperados tragos. No me fue suficiente uno. Dejé dos latas vacías antes de sentirme aliviado. Ya calmada mi sed, le di vueltas a la manija para bajar el cristal de la ventanilla y por ella tiré las latas vacías.

—¡Nunca vuelvas a hacer eso! —protestó mi amigo más asustado que molesto —¡Eso es un delito en los Estados Unidos! Aún estamos en zona de peligro y sólo por tirar basura nos puede detener la policía y otra vez te verás cruzando de regreso el río y yo visitando la cárcel.

Le pedí mil disculpas por mi ignorancia. Afortunadamente no había patrulla de policía ni de la Migra a la vista.

Los faros del coche iluminaban una carretera perfectamente conservada. Habíamos recorrido varios kilómetros y ningún bache nos había sacudido de nuestros asientos y tampoco había surgido la necesidad de volantear para salvar alguno.

—Ya estuvo —dijo de pronto mi amigo—. Estamos fuera de peligro.

Habíamos llegado a un punto en que las posibilidades de encontrarnos con alguna patrulla de la Migra quedaban atrás. La tensión nerviosa desapareció del semblante de mi amigo y hasta nos detuvimos un momento para comprar comida en un restaurante. Nos llevamos un par de sándwiches y papas fritas que fuimos comiendo en el camino.

La comodidad en el auto, la sed apagada, satisfecho el estómago, y el hecho de estar ya en los Estados Unidos y fuera de peligro creo que fueron los factores que me provocaron somnolencia, la misma que me fue invadiendo paulatinamente hasta que ya no lo pude controlar y en algún momento me quedé profundamente dormido.

Desperté cuando ya íbamos por las calles de una ciudad. Mi amigo me informó que estábamos ya en Houston. Después de doblar una esquina tras otra, lo de la frontera me pareció algo lejano, distante.

El distrito de Magnolia

Al día siguiente, mi amigo me prestó el dinero suficiente para alquilar un departamento en el distrito de Magnolia, no muy lejos del canal de navegación de Houston.

Por sesenta dólares semanales pude ocupar uno de los cuartos de una propiedad de forma rectangular de más o menos veinte pies de ancho por sesenta de fondo. Estaba rodeado en tres de sus costados por una malla de alambre excepto la parte que daba a la calle. Al frente había una construcción de madera cuyas paredes estaban pintadas de verde en mal estado. El techo tenía forma triangular y estaba cubierto con tejas verdes. Ésta parecía ser la única casa construida concienzudamente. Era la más antigua, pero también la más deteriorada. Las habitaciones que seguían hacia el fondo parecían haber sido construidas provisionalmente, eran más bien una sucesión de cubos con un hueco por donde entrar y otro hueco a manera de ventana. Esto hacía suponer que la parte de atrás debió haber sido un jardín y estacionamiento en sus mejores tiempos.

El cuarto que yo ocupaba estaba al fondo de la propiedad. Era una sola pieza. El piso estaba recubierto con linoleo cuadriculado de tal manera que aparentaba ser mosaicos rojos, y las paredes estaban cubiertas con un material plástico imitación madera. El techo era de lámina metálica. Contaba con dos ventanas, una de ellas estaba sin cristal, en su lugar habían colocado un retazo de hule fijado con cinta adhesiva. La única utilidad de estas ventanas era la ventilación porque no había nada importante que ver a través de ellas, salvo la pared trasera de la casa de eneguida.

Contaba con algunas comodidades. El baño era de regadera

con agua fría y caliente, una estufa de cuatro quemadores y un refrigerador. Me había provisto de una sartén y cuchara. Dentro del cuarto encontré un viejo colchón que me sirvió de cama. Mi amigo me había facilitado algunas sábanas.

El dueño del departamento era mexicano tenía alrededor de cincuenta años, era bajo, de tez clara y cara redonda. Su nombre era Anselmo Mendoza y me dijo que debía pagar la renta cada día domingo.

El barrio era netamente latino, por sus calles no andaba ni un sólo anglo. Las calles estaban bien trazadas, estaban pavimentadas y tenían áreas verdes que lucían descuidadas; en partes las plantas estaban demasiado crecidas y en otras ya no quedaba más que tierra. Las casas, en su mayoría eran de madera, aunque había algunas que tenían paredes de lámina. Todas tenían mallas mosquiteras en sus puertas y ventanas que presentaban un color café rojizo debido al óxido o un color plomizo donde habían sido reemplazadas. Muy pocas mantenían sus jardines arreglados. Casi todas estaban cercadas con mallas de alambre y se servían de los postes donde amarraban cordones, tendederos para la ropa. En algunas zonas no encontré diferencia alguna entre estas casas y las que vi en la frontera. Aquí y allá había niños jugando en los patios.

Tras la cerca de algunas casas paseaban perros de indeterminada raza, eran los únicos que prestaban atención a mi paso ladrando furiosamente desde detrás de la malla. Ladraban con tal ferocidad, como si estuvieran dispuestos a despedazar mis pies a dentelladas.

Unas cuatro cuadras de donde vivía estaban los comercios. Había taquerías que vendían helados y nieves de sabores, puestos de hamburguesas, panaderías, tiendas misceláneas que anunciaban también productos mexicanos. Las cantinas también abundaban, había una en cada esquina, muchas de ellas improvisadas en galeras de lámina de metal con nombres como "Lounge" antecedido por un nombre en español. Eran negocios muy pequeños como para imaginarme acudir a ellos a pedir trabajo. Había residuos de lo que había sido el boom petrolero no hacía muchos años, según me platicaba mi amigo. También había talleres o pequeñas fábricas cuyos anuncios decían especializarse en la fabricación de válvulas para la industria petrolera y talleres que reparaban máquinas diesel y motores eléctricos, pero todos ellos, o bien trabajaban a baja escala o estaban cerrados.

Una tarjeta de seguro social

La gente que encontraba en la calle eran latinos como yo, pero el hecho no me había causado ninguna clase de satisfacción porque algunos me habían preguntado que los orientara dónde y cómo encontrar trabajo. Eso significaba que el desempleo era alto y los recién llegados como yo, veníamos a agravar el problema.

Un día al pasar a comer unos tacos, el vendedor me dijo a dónde ir. Me explicó que para encontrar empleo necesitaba conseguir una tarjeta del seguro social, pero como era imposible en esos tiempos conseguirla legalmente, debía conseguir una tarjeta falsa. Los patrones nunca ponían mucha atención si la tarjeta era verdadera, ellos sólo querían una tarjeta con un número.

El taquero era parlanchín, no sé si por naturaleza o simplemente por matar el aburrimiento, pues no tenía mucha clientela que lo mantuviese ocupado. Dijo que los buenos tiempos habían quedado atrás: —Hubo un tiempo durante el cual los contratistas iban por las calles buscando trabajadores. Eso atrajo a mucha gente que venía a trabajar por temporadas. Los caseros vieron el negocio y convirtieron las recámaras en departamentos e incluso las personas que no eran caseros pero que tenían un espacio en su casa, acomodaron un colchón, y eso fue más que suficiente para tener inquilinos. Pero ahora la mayoría de esas casas están vacías. Sin importar que la demanda de trabajadores se vino abajo, los mojados han seguido llegando, en especial los de Centro América. En 1983 el huracán Alicia azotó a la ciudad y, aunque dejó muchos desastres, ayudó a aliviar ligeramente el desempleo porque después se necesitaron trabajadores para limpiar las calles quitando los árboles caídos y otras cosas que había que remover o reparar.

El vendedor detuvo su plática al verme afectado por su relato, pues ciertamente no era muy alentador.

—Pero, no te desanimes —dijo para reanimarme—. El futuro no es muy brillante, pero la ciudad continúa su vida. Hay gentes y negocios, no como en los años pasados, pero nosotros todavía estamos aquí, todavía estamos sobreviviendo. Si tienes paciencia, tarde o temprano encontrarás trabajo.

Después de pagar mi consumo, le pedí que me dijera dónde podía conseguir la tarjeta de seguro social.

El lugar era un lote de carros usados en un espacio de veinte por quince metros, más o menos, el cual había algunos quince carros estacionados, la mayoría con el frente hacia la calle y el precio pintado con grandes números blancos sobre el parabrisas.

Uno de los carros tenía el cofre levantado, y un hombre vestido con un overol manchado de grasa trabajaba sobre el motor: sólo se le veía de los pies a la cintura.

Lo saludé e inmediatamente le fijé cuál era el objetivo de mi presencia. Levantó la cabeza. Su cabello era negro, lacio y largo hasta los hombros. Me miró por un instante y después volvió a su trabajo, después me preguntó si traía el número del seguro social conmigo. Hablaba con un acento marcado.

—No lo traigo —contesté.

—¡Ah! —dijo —. ¿Tú quieres que te invente uno?

No le contesté, pues no sabía qué decir.

—Espérame un segundo —dijo luego de titubear un momento—. Ya casi estoy por terminar este "jale".

Tuve que esperar media hora, después dijo que lo siguiera hacia su oficina. Dentro de la oficina, entre herramientas, piezas de motores, y trapos sucios, un pequeño escritorio con superficie de fórmica sobre la que había una máquina de escribir grande, y al lado, una pequeña televisión. Para poder sentarse frente a su escritorio tuvo que hacer a un lado una caja que contenía tornillos y tuercas, luego sacó una tarjeta de uno de los cajones y la introdujo en el rodillo de la máquina. Preguntó mi nombre y lo escribió sobre la tarjeta, y después de pensar un momento con la vista hacia el techo de láminas tecleó de corrido nueve números.

—Son cinco dólares —dijo al momento que quitaba la tarjeta de la máquina.

Se los pagué. Le di las gracias y me fui complacido con mi falsa adquisición.

Ya en la calle contemplé mi tarjeta dándole vuelta una y otra vez entre mis manos tratando de descifrar inútilmente las palabras que traía impresas en inglés. Para salir de dudas, en una de las tiendas del barrio en donde vendían revistas, compré un diccionario de inglés-español.

Durante más de una hora estuve sobre una mesa de un puesto de hamburguesas buscando los significados de cada palabra. Cuando los descifré, no me sentí tan orgulloso como al principio. Lo que yo quería era una tarjeta para engañar a los patrones, pero aquella no funcionaría.

No lo podría hacer porque en la tarjeta lo decía con claridad, en una de las caras, en donde estaban impresos unos pilares en ambos extremos unidos por medio de unas líneas en forma de arco iris, en la parte superior de las líneas en arco decía: SOCIAL SECURITY. Del mismo modo y estilo que en las tarjetas legítimas, como lo comprobaría después, pero debajo de las líneas en arco, en letras más pequeñas decía: NO EXPEDIDA POR EL GOBIERNO DE LOS ESTADOS UNIDOS. Al reverso, enlistados, había tres incisos, tres aclaraciones. Uno de ellos decía: NO SE INTENTA CAUSAR DAÑO ALGUNO O FRAUDE EN CONTRA DE CUALQUIER CIUDAD, COMPAÑÍA O PERSONA. ¿A quién podría engañar con aquella tarjeta con semejantes aclaraciones? Desde luego que sólo a alguien como yo. Seguramente muchos otros mojados despistados pagaron cinco dólares para que también los engañaran, sin embargo, no tiré la tarjeta como debí haber hecho sino que la guardé en mi cartera con mis recuerdos de México, entre ellos, un billete morado de cien pesos.

Frases en inglés

Pasaron varios días sin resultado, no encontraba trabajo. Vi con desesperación que no era tan sencillo como lo había imaginado antes de hacer mi viaje a los Estados Unidos. Creí que sólo era cuestión de llegar, trabajar y cobrar dólares y regresar algún día, como mis paisanos, a mi pueblo manejando un lujoso automóvil o, cuando menos, con algo que mostrara mi esfuerzo. Me preguntaba si mis paisanos pasaron por las peripecias que yo estaba experimentando en Houston. Por un rato me asaltó la idea de que lo más inteligente era regresar a mi pueblo y seguir trabajando en el taller, porque allá, cuanto menos, tenía trabajo y en consecuencia no me faltaba dinero, pero tan pronto como estas ideas pasaron por mi mente las tuve que aplastar. No tenía derecho a resolver mi problema de esa manera. Tenía la deuda con mi amigo y tampoco tendría el valor de llegar a mi pueblo con las manos y las bolsas vacías. Por lo tanto, seguí caminando cuadra por cuadra y de negocio en negocio pidiendo trabajo.

Con la ayuda de mi amigo y el diccionario, tenía ya apuntadas un repertorio de frases en inglés. Por ejemplo, cuando llegaba al lugar a preguntar por trabajo si el que me atendía era un anglo, mi frase era: *"Excuse me, Sir I'm looking for a job"*. Si el lugar donde entraba era un restaurante, yo pedía trabajo como lavatrastes: *"Like dishwasher"* o si llegaba a un taller o almacén, debía decir, *"Like a helper"*. En mi repertorio también estaba preparado en el caso de que me preguntaran, *"Do you speak English?"* Yo contestaría: *"No, but I'm a good worker"*. Tenía las expresiones escritas en inglés y su pronunciación figurada en español. Cuando caminaba por calles solitarias aprovechaba para practicarlas en voz alta.

En el barrio circulaba un periódico en español que compraba cada mañana con la esperanza de hallar empleo en su sección de clasificados, pero no me habían informado nada que me hubiera servido. El periódico costaba veinticinco centavos y parecía más bien un periódico de provincia por las pocas páginas, con la mayor parte llena de fotografías. En una de sus páginas aparecía una especie de caricatura de un tal Antonio Eduardo Licón, con el título de Zopilote y Mr. Migra. Licón dibujaba a un mojado descalzo y desarrapado siempre probando varias maneras de burlar a Mr. Migra, un gringo, rubio y pecoso, que frustraba los intentos de Zopilote para entrar a los Estados Unidos. Una de la caricaturas, por ejemplo, mostraba a Zopilote confundido entre el ganado transportado en un camión de carga que estaba llegando al puente internacional. Zopilote había confeccionado una cabeza de vaca y Mr. Migra miró al interior del camión. Por la parte de arriba todo parecía normal, pero cuando miró abajo, sobre la plataforma, notó que una de las vacas no tenía pezuñas. Zopilote descalzo fue deportado nuevamente.

Abel

Un día al ir caminando por la calle a eso de las tres de la tarde, me topé con un colega mojado. Le comenté que andaba en busca de trabajo y él contesto que andaba en las mismas circunstancias, pero me informó que todas las mañanas iba a la estación de radio KLVL para escuchar un programa que se transmitía en español llamado "Yo necesito trabajo".

El nombre de mi nuevo conocido era Abel. Él era delgado y bajo de estatura, calzaba zapatos tenis, vestía un pantalón de dril ya deteriorado, una playera de algodón, una delgada chamarra azul deportiva y una gorra de nylon. Decía que tenía diecisiete años y que desde hacía tres había estado viviendo en los Estados Unidos.

Abel dijo que por las tardes era prácticamente imposible encontrar trabajo, así que me llevó a conocer el lugar donde se encontraba la estación de radio. El estudio era una sencilla construcción de paredes y techos de láminas, el interior estaba dividido en dos grandes salas o salones. Del techo sobresalían unas antenas y en la pared de enfrente estaba un letrero casi invisible que anunciaba: Estación de radio KLVL.

—Mañana hay que estar aquí antes de las diez de mañana —dijo Abel.

—¿Tú has encontrado trabajo viniendo a la estación? —le interrogué.

—Sólo trabajos temporales —explicó—. Hace tiempo que no he tenido una chamba. Estoy sobreviviendo gracias a unos amigos que sí tienen trabajo. Me dan un lugar donde dormir y comida.

—Yo llevó un mes sin trabajo —le hice saber—. ¿Tus padres

te dieron permiso de salir desde muy joven? —le pregunté cambiando de plática y pensando también en mi caso, porque a aquella edad, mis padres no me habrían permitido aventurarme a los Estados Unidos.

—Ellos son pobres, muy pobres —respondió mientras se jalaba la visera de la gorra y miraba al suelo como si el recuerdo de su familia lo ensombreciera—. Prometí ayudarles y por eso me dejaron venir.

Me contó que la primera vez había cruzado por El Paso, Texas con trescientos pesos en la bolsa. Por suerte un hombre de edad madura le dio trabajo en un rancho durante unos meses, después se unió a una caravana de mojados quienes se dirigían al estado de California para la temporada de las cosechas. Desde entonces, había recorrido varias partes de los Estados Unidos. Ya había estado en Washington, Colorado, Pennsylvania, Florida, Chicago, St. Louis y Fort Worth. Durante los tres años sólo había visitado a su familia una vez.

—En aquella visita, yo les dejé a mis padres todos mis ahorros —dijo Abel—. Les dejé siete mil dólares.

Abel me contó su historia con tal orgullo que me hizo sentir envidia. Llegar a casa con tal cantidad de ahorro era lo que yo también quería y, en ocasiones, no había podido dormir pensándolo, pero lo que parecía ser sólo un sueño para mí, también podría ser una fantasía de su parte.

—Cuando yo regrese a mi pueblo —dijo Abel nuevamente— me quiero ir en mi propio automóvil.

—¿Eso quiere decir que no piensas quedarte en los Estados Unidos? —pregunté.

—¡No! ¿Qué te pasa? No me gustaría vivir aquí —dijo torciendo los labios, como si Norteamérica le dejara un mal sabor en la boca—. Aquí, todos los que vez son drogadictos: los viejos y los jóvenes. En mi pueblo, no andamos con esas chingaderas. Allá, cuando mucho llegamos a ser borrachos de ocasión, pero nada permanente.

Íbamos caminando, y al pasar frente a un puesto de hamburguesas, el olor a frituras me recordó que hacía falta llevar algo al estómago. Le ofrecí pagarle una hamburguesa.

—No, mi amigo, yo no como en la calle —respondió— esas tortas de carne ve tú a saber de qué las hacen. Mis amigos me han dicho que las hamburguesas son de revoltura de carne desperdiciada. La muelen, la hacen torta, y ahí tienes tu hamburguesa. Lo que yo hago es comprarme unos huevos y chorizo y los cocino en la casa. De esa manera ahorro dinero. Una docena de huevos me dura dos días y no cuesta más que una hamburguesa. Si tú quieres, podemos comprar algo en la tienda, y lo cocinamos en la casa.

La idea de Abel no me pareció tan mala. Tres años en los Estados Unidos tenían que haberle enseñado a sobrevivir y también su idea me pareció apropiada a mi situación, pues mis recursos iban siendo cada vez menos.

La vivienda de Abel era una vieja casa con pintura blanca descascarada; el techo estaba cubierto con tejas y había sido parchado en partes con pedazos de lámina. Los marcos de las ventanas estaban podridos y las mallas rotas. La puerta delantera estaba ennegrecida por el uso constante y la madera estaba carcomida por las veces en que el portacandados había sido cambiado de lugar.

Adentro, dos camas metálicas de tamaño individual estaban colocadas junto a la pared y había un colchón en el piso. Las camas estaban sin arreglar. En el baño los grifos de la tina estaban oxidados y el gabinete empotrado en la pared tenía el espejo roto, partido por la mitad. De la regadera sólo quedaba el tubo que salía de la pared. La cocina estaba equipada con una estufa de cuatro quemadores. Carecía de lavabo y sus trastes los lavaban en el baño. Le pregunté a Abel si sus compañeros de cuarto eran sus familiares o eran del mismo pueblo.

—Uno de ellos es de Zacatecas —contestó—. El otro es de San Luis Potosí y yo soy de Chihuahua. Ellos ya vivían aquí cuando yo los conocí hace cuatro meses, el mismo tiempo que llevo sin un trabajo estable. Un día los encontré tal como yo te encontré a ti, y cuando vieron que no tenía dónde vivir me ofrecieron la oportunidad de quedarme aquí. Ellos son buenos amigos.

—¡Ándale, compañero! —dijo Abel mientras colocaba un par de platos sobre la mesa deteriorada que usaban a manera de comedor y repartía lo que había freído en partes iguales—. Pensemos que vamos a comernos un par de pollos cada quien.

—Unos pollos fracasados —comenté yo.

—¡Bah! es lo mismo, la cuestión es que matan el hambre.

Abel fue hacia el gabinete de la cocina y sacó un par de refrescos en lata.

—Allá en México somos pobres —dijo mientras comíamos—. Aquí seguimos siendo pobres y vivimos como pobres, pero qué tal cuando trabajemos por un tiempo, regresaremos allá con muchos dólares y vamos a parecer ricos . . . por cierto . . . ¿has visto las casas de los ricos?

—Solamente de lejos.

—Pues yo ya fui a trabajar en una de esas casas con un jardinero. Ahí todo es nuevo. Todo brilla. La alfombra, los muebles, las paredes, los adornos. En la cocina no vez una sola basura y creo que rocían perfume porque huele como tal.

—Me imagino que han de contratar criadas —comenté.

—Claro que sí, las sirvientas son siempre chamacas mexicanas o centroamericanas.

—A ver si tenemos suerte mañana en la estación de radio —le comenté cuando terminamos de comer.

—Sí, si no es un día, puede ser el siguiente —respondió con optimismo.

Haber platicado con Abel me levantó el ánimo. Él y sus amigos eran algo así como los pioneros de los mojados. Llegaron sin papeles a los Estados Unidos, y lo que es más difícil, sin parientes o un patrón que los esperara con trabajo disponible. Ellos se habían tenido que establecer por su propia cuenta. Abel llevaba tres años en este país y aún no se daba por vencido. Por ellos comprendí que encontrar acomodo puede tardar meses o quizás años y que mucho depende de la tenacidad y la suerte.

La estación de radio

Temprano por la mañana del día siguiente me fui a la estación de radio, donde un buen número de hombres y mujeres, entre los cuales no vi a Abel, estaban listos para escuchar el programa "Yo necesito trabajo".

A las diez en punto abrieron la puerta y todos nos dirigimos hacia el interior. Los primeros en entrar lograron tomar asiento en unas bancas de madera que estaban para tal efecto. La gente que no alcanzó asiento se quedó parada recargándose contra la pared y otros se acomodaron sentándose sobre el piso alfombrado. Éramos alrededor de cien personas. Entre nosotros estaba una mujer joven con un bebé en brazos.

A través de una bocina empotrada en lo alto de una de las esquinas, una voz en español dijo: —Amables y gentiles radioescuchas, a esta hora, como todos los días de lunes a viernes, les traemos su programa 'Yo necesito trabajo' con la intención de aliviar el grave problema de desempleo. Esperamos beneficiar al mayor número de las personas que están en nuestro estudio. Extendemos también la invitación a los negociantes, contratistas y las amas de casa para buscar a sus empleados a través de nuestro programa. Si usted necesita trabajadores, todo lo que tiene que hacer es llamarnos; aquéllos que necesitan empleo deben venir a nuestro estudio.

Después del preámbulo comenzó: —Se solicita una mujer para trabajo doméstico y cuidar un niño. ¿Salario? Ochenta dólares a la semana . . . Se necesita un panadero con experiencia para hacer pan mexicano. ¿Salario? Arreglo personal . . . Se necesitan meseras para un club. ¿Salario? Arreglo personal. Etc. . . .

A las diez con quince minutos cuando terminó el programa,

el de la voz dijo que los que estábamos en el estudio nos formá-
ramos en fila ante el escritorio atendido por la secretaria para
obtener los domicilios o teléfonos de los empleos que nos habían
interesado. Para mí no había nada.

Los que habían pasado información salieron con una hoja de
papel en las manos, luego los vi preguntarse entre ellos cómo llegar a los lugares anotados. Algunos andaban prevenidos y traían
consigo un mapa de la ciudad.

A media cuadra de la estación de radio, en una esquina, se
reunió la gente que salió sin suerte. Ahí se quedaron recargados
contra la pared recibiendo los débiles rayos del sol en aquella
esquina. Había un establecimiento que ostentaba un anuncio que
decía: "El Charro Club".

Me integré al grupo que se había reunido en la esquina. Eran
los que estaban sin trabajo. Casi todos se saludaban como si fueran viejos conocidos. Chanceaban alegres y no parecía preocu-
parles la falta de trabajo.

Entre ellos había uno a quien todos saludaban. Le llamaban
"Chespirito" como el cómico mexicano. El Chespirito era bajo de
estatura, ligeramente gordo y no podía sobrepasar los veinticinco
años de edad. Su aspecto no llegaba a ser completamente andrajoso, pero su ropa estaba sucia y cargaba un hatillo de ropa ama-
rrada con una cuerda la cual usaba como asiento en la banqueta.
Su semblante era alegre y jugaba a palabras con los demás.

Entre el grupo también había un hombre de unos sesenta y
cinco años de edad, vestido de gabardina negra, guantes negros,
un sombrero de fieltro también negro y una bufanda gris. La piel
de la cara era morena y sus bigotes recortados se estaban tiñendo
de canas. Su semblante parecía afectado de autoridad. Caminaba
erguido y con pasos medidos, y cuando hablaba, adoptaba un aire
de hombre que lo conocía todo.

Contaba que era jubilado y que ya no tenía necesidad de trabajar porque semanalmente recibía un cheque de parte del gobierno. Hacía muchos años había entrado a los Estados Unidos como
bracero. Dijo que había trabajado en la construcción, en las labores del campo, como limpiador de cristales en los edificios rasca-

cielos, de barrendero, de lavatrastes, y en otras muchas ocupaciones, mencionando cada una de ellas pausadamente como si al pronunciarlas recordara los momentos pasados en que las vivió.

Casi enfrente, en la esquina, existía un parque infantil con piso de tierra y diversos juegos construidos de madera, pintados de colores llamativos, pero el lugar parecía abandonado, acaso por el frío. Un par de jóvenes chicanos pasaban caminando en la acera opuesta. Vestían pantalones de mezclilla y camisas a cuadros sin fajar y tenían pelo negro y largo, amarrado con un paliacate rojo alrededor de la cabeza. El hombre de la gabardina negra los siguió con la mirada hasta que pasaron frente a nosotros.

—Cómo me duele la juventud actual —dijo refiriéndose a ellos—. En mis tiempos, nosotros paseábamos por los parques buscando siempre la manera de conquistarnos unas buenas nalgas —dijo, dibujando en el aire las formas de una mujer con sus manos—. Ahora no es así, nuestros jóvenes se pasean tratando de encontrar siempre la mejor mota.

Platicando con los demás me dijeron que en la esquina también era posible encontrar empleos temporales. Por muchos años había sido un lugar en que los desempleados se concentraban diariamente a partir de las seis de la mañana.

Los contratistas pasaban por los trabajadores que necesitaran.

Pero pasó el día y ningún contratista se asomó por la esquina y nadie fue contratado. Mientras tanto el tiempo pasó platicando y escuchando a los hombres de más experiencia dar consejos.

Decían que era mejor recibir el pago de contado y no en cheques, porque algunos contratistas pagaban con cheques de "hule" (sin fondos).

Recordaban también al huracán Alicia, que en 1983 muchos días después de su paso por la ciudad había dado empleo abundante a los hombres que asistían a concentrarse a la Esquina.

Ya para las tres de la tarde, el grupo de la esquina se había ido dispersando hacia diferentes direcciones. El Chespirito dijo que regresaría a La Misión, que era un lugar donde daban de comer y techo para dormir a los hombres sin hogar.

Un hombre de mediana edad llegó a la puerta del Charro

Club, le acompañaban dos hombres más pocos años más jóvenes. El primero abrió una pequeña puerta y los tres desaparecieron por ella. Minutos después se escuchó que regaban agua a presión y el ruido de un cepillo tallando el piso. Un poco más tarde llegó también un hombre andrajoso que entró por la misma puerta sin anunciarse, después le vi salir cargando una bolsa de plástico lleno de botes vacíos de cerveza.

El peruano

Temprano al día siguiente fui de nuevo a la esquina. Ahí estaban los mismos personajes que ya había visto. Pasaron las horas y nadie fue contratado. A las diez en punto nos trasladamos a la estación de radio. Ese día tampoco hubo nada para mí y regresé a la esquina donde éramos más de treinta.

Horas después llegó una camioneta con dos chicanos en el interior. El del volante jugaba con un cigarrillo sin encender en los labios. Su compañero lucía unos bigotillos ralos pero largos.

—¡Necesito cinco hombres para trabajo duro! —gritó el hombre del bigotillo cuando la camioneta se detuvo frente al grupo.

Inmediatamente, casi al instante, todos los que estaban dispersos corrieron a rodear la camioneta. Unos quince se habían encaramado ya a la parte trasera. Los que estaban rodeándola, preguntaban a grito: ¿Cuánto sería la paga? . . . ¿dónde era el lugar del trabajo? . . . y ¿qué clase de trabajo era?

Los chicanos apenas si prestaban atención a los gritos. El del bigotillo abrió la portezuela y se bajó de la unidad. Miró inquisitivo a los que ya se habían trepado a la batea y, señalando con la mano extendida, fue escogiéndolos: Tú . . . tú . . . tú . . . hasta que escogió a cinco.

—Los demás, ¡bájense! —ordenó.

Los que no fueron elegidos bajaron con desgano en contraste con la alegría de los escogidos.

Durante los días que estuve asistiendo a la estación de radio, veía pocas caras nuevas sumarse a los asistentes. En la esquina no había fallado un sólo día el hombre de la gabardina negra pero tampoco había visto que hubiera intentado trabajar alguna vez. A

El Chespirito tampoco lo veía correr cuando las camionetas llegaban en busca de mano de obra. Abel también a veces acudía a la esquina y al programa. Era una rutina.

Una mañana, entre la lista de empleo que el locutor leyó, dijo: "Se solicitan pintores de casa; sueldo, cinco dólares por hora". Yo no era pintor pero pensé que no sería tan difícil manejar una brocha untada de pintura y embarrarla en la pared. Cinco de los compañeros nos acercamos a la secretaria a pedir los datos. Nos entregó una hoja de papel donde venía anotado el nombre del contratista, la dirección y un número de teléfono. Uno de los cinco traía un coche y también un mapa de la ciudad. Extendió el mapa sobre el cofre del coche para localizar el lugar anotado, luego él y otro más abordaron el coche. Antes de que arrancaran me les acerqué para pedirles un jalón. Los otros dos hicieron lo mismo. Los que estaban dentro se miraron entre sí como preguntándose uno al otro sin pronunciar palabra alguna.

—Cinco dólares por cabeza —dijo el que iba al volante.

Yo acepté inmediatamente el trato, pero uno de lo compañeros, un hombre quien decía ser peruano, se quejó de que no traía dinero y pidió que lo llevaran gratis o que pagaría en caso de ser empleado.

Durante media hora recorrimos una autopista y después nos internamos por unas calles silenciosas hasta que llegamos al lugar. Era un complejo de casas nuevas tan extenso que no logramos ver el final. Mientras esperábamos al chofer que había ido en busca del contratista, vimos que unos quince hombres se preparaban para comenzar a trabajar, cada uno de ellos llevaba una brocha en una mano y un galón de pintura en la otra.

A unos cincuenta metros de distancia el chofer nos hizo una señal de que nos acercáramos. Llegamos a lo que era un estacionamiento en donde un anglo estaba sentado al volante de una camioneta van. Sin decirnos una sola palabra, hizo sonar el claxon por un largo rato, después se quedó esperando. Poco después llegó un méxicoamericano a quien el anglo le dijo algo en inglés.

El méxicoamericano miró hacia nosotros.

—¿Son pintores? —preguntó.

Todos contestamos que sí.

—Vamos a ver si es verdad —dijo.

Nos dijo que lo siguiéramos. Nos internamos por interminables pasillos. Al llegar a una de las casas que parecía ser ocupada como almacén, el méxicoamericano entregó a cada uno un bote de pintura y una brocha.

—Les voy a dar una hora para que me demuestren que son realmente pintores —dijo.

Después nos fue asignando el lugar de trabajo para cada quien. A mí me tocó pintar los marcos de unas puertas y ventanas. Casi seguro de mi habilidad como pintor comencé a realizar mi trabajo. Una vez vi pasar al méxicoamericano, quien seguramente ha de haber sido el mayordomo, mirando hacia donde yo estaba trabajando. Yo simulaba no percatarme de su presencia, quizás así pensaría que estaba absorto en mi trabajo y así ganaría puntos a mi favor. Estaba aplicando una pintura de color café a unos marcos cuyas paredes estaban pintadas de color crema. En uno de los brochazos las cerdas invadieron la pared crema y al no tener manera de limpiar la mancha utilicé mi pañuelo. A falta de reloj y sin saber si había transcurrido una hora di por terminada la tarea que me habían encomendado. Un minuto después llegó el mayordomo quien me ordenó bajar de la escalera. Le vi meter la mano en la bolsa del pantalón y sacar un fajo de billetes, de los cuales desprendió cinco dólares.

—Gracias por haber venido, pero no sabes pintar —dijo mientras me entregaba el dinero.

Y antes de que pudiera hacerle ninguna pregunta, se retiró llevándose consigo el bote de pintura y la brocha. Me hubiera gustado saber por qué diablos me había descalificado. Volví la cara hacia donde había estado pintando y no le encontré defecto alguno a mi trabajo. Me quedé con la duda de qué era no saber pintar. Me retiré con las manos dentro de las bolsas del pantalón. Más adelante el peruano me dio alcance casi corriendo; él tampoco había pasado el examen.

El peruano era un hombre bajo de estatura y flaco. Sus rasgos eran indígenas. Vestía desaliñadamente y traía puestas unas botas de vaquero más grandes que el tamaño de sus pies. Caminamos a lo largo de una avenida en busca de una parada de autobús o un lugar para comer.

—Qué mal nos trata la vida, ¿no? —venía diciendo el peruano.

Yo no contestaba ni hacía comentario alguno a su queja. No tenía ganas de platicar después de haber perdido la oportunidad de trabajar, pero él seguía repitiendo: "¡Qué mal nos trata la vida!"

Llegamos a un lugar en que vimos pintado en la pared de un restaurante de comida china un anuncio que decía: "*All-you-can-eat* $2.60". Yo entré al restaurante y el peruano entró tras de mí. Cumplí al pie de la letra lo que ofrecía el anuncio. Agarré un amplio plato y lo llené de arroz frito y un poco de guisado de cada recipiente a nuestra disposición.

Una bonita joven oriental de largo cabello negro, trenzado a media espalda salió de detrás de las vitrinas de cristal que protegían los recipientes de los guisados. Nos miró amablemente con unos ojos negros juguetones que adornaban una carita redonda de tez clara y de pómulos ligeramente prominentes. Sin cambiar su expresión masculló algo que me pareció era inglés, no entendí ni una sola palabra, pero deduje que nos estaba dando la bienvenida. Nosotros éramos los únicos clientes en aquel amplio y espacioso restaurante. Le sonreí para ocultar mi ignorancia, ella se dio por comprendida o al menos eso fue lo que creí y se dio vuelta. Saqué mi libreta de apuntes y busqué la manera que debía utilizar para pedir algo de tomar. Después la llamé.

—*Can we have some ice tea?*

Yo había aprendido a tomar té frío con mi amigo porque era barato y no tenía gas.

—*Sure* —respondió la joven—. *Big or Small?*

—*Big one* —dije enseguida.

El peruano quedó sorprendido y me preguntó que cómo le había hecho para aprender a hablar inglés. Le enseñé mi libreta y él se propuso hacerse una igual en la primera oportunidad.

Mientras comíamos, el peruano me contó que hacía seis meses que había salido del Perú y había cruzado toda Centroa-

mérica ilegalmente. En Nicaragua fue encarcelado por los sandi-
nistas durante quince días. Después llegó a México y en el estado
de Veracruz trabajó como peón de albañil hasta que pudo reunir el
dinero necesario para pagarse el pasaje a la ciudad de Matamoros,
una de las fronteras con Estados Unidos. Cuatro veces cruzó el
Río Grande por sus propios medios y trató de tomar el tren que lo
internaría al país del norte, pero las cuatro veces fue apresado por
la Migra. Para su fortuna pudo engañar a los agentes haciéndoles
creer que era mexicano y solamente lo deportaron a Matamoros.
El quinto intento fue su suerte, entonces abordó un tren y viajó
escondido en uno de los vagones sin siquiera preocuparse del destino que llevaba el ferrocarril. De esa manera llegó a Houston.
Una vez en la ciudad, se hizo amigo de unos mexicanos que le
permitieron quedarse con ellos. Hace tres meses que el peruano
no ha podido encontrar trabajo.

A la hora de pagar la cuenta, a la joven oriental le entregué lo
que correspondía a mi consumo y se quedó esperando de pie junto
a la mesa para que el peruano hiciera lo mismo. Al mirarlo me di
cuenta de que no tenía intención de pagar nada. Se empinó el vaso
de cristal en el cual sólo quedaban unos cubitos de hielo y se
entretuvo moliéndolos ruidosamente.

—Paga tu cuenta —le inquirí.

—Hermano, no tengo dinero —me dijo humildemente—. No
he trabajado y no tengo dinero. Si vos lo pagaras por mí . . .

—Eso me lo hubieras preguntado antes de sentarte a comer
—le reprendí ligeramente molesto—. ¿Qué tal si yo no trajera
para pagar lo que tú consumiste? La joven tendría que llamar a la
policía.

Pagué su cuenta mientras le pregunté por los cinco dólares
por la hora que había trabajado como pintor y me dijo que se los
había quitado el dueño del coche que nos había traído.

Mientras seguíamos caminando por la avenida, el peruano iba
repitiendo una y otra vez la misma historia que ya le había escuchado decir, luego me preguntó si podía darle la oportunidad de
hospedarse en mi cuarto mientras que encontraba trabajo. Le
mentí diciéndole que me encontraba en la misma situación.

—¿Qué mal nos trata la vida, no? —le escuché decir nuevamente—. Cualquier día de estos me voy a ir a España. Ahí la
gente ha de ser más civilizada. Aquí son ignorantes, no saben que
para que un hombre sobreviva ha de necesitar ayuda.

—Tienes razón —le respondí.

Yo no estaría dispuesto a irme a España, pero reconocí que lo
que el peruano estaba diciendo, era la lógica del mojado: Si la
suerte no le es favorable en un lugar, probablemente sería mejor
en otro. Para el peruano, quizás ir a España era como ir a cualquier otro lugar, pero yo soy mexicano y si cualquier día decido
que la aventura en los Estados Unidos es una tontería, mi país está
a sólo un viaje en autobús.

Al llegar al centro de la ciudad me despedí del peruano. Él
estaba buscando quien lo ayudara a sobrevivir, pero yo no estaba
en las posibilidades de darle auxilio.

Siguiendo el consejo de otros mojados, me planté en los esta-
cionamientos de las grandes tiendas de ferreterías, jardinerías,
madererías, etc., esperando que los compradores necesitaran de
un ayudante. Me planté en la entrada, pero después de un par de
ocasiones vi que el intento era en vano. Nadie pidió mis servicios,
ni siquiera como cargador de las mercancías que compraban.

De tal palo, tal astilla

Pasé otro día en el estudio de la radio KLVL y nada. Tampoco hubo nada en la esquina. Al medio día mis intestinos comenzaron a recordarme la obligación de alimentarlos. En la bolsa de mi pantalón tintineaban algunas monedas. Eran moneditas de uno, cinco y diez centavos. No las había gastado porque con ellas no se podía comprar nada. Eran inservibles, pero tampoco se me había ocurrido tirarlas. Pesaban ligeramente en el fondo del bolsillo de mi pantalón y eso me daba cierta sensación de que aún no me encontraba, como quien dice "Sin un centavo en la bolsa". Cuando las miré me acordé de mi padre en Ciudad Juárez, Chihuahua. Me contó que él y dos paisanos más habían pagado por adelantado el servicio de un coyote para que influyera con las autoridades de contratación como braceros a Estados Unidos.

Tres días después de haberle pagado al coyote, a mi padre se le ocurrió comprar el diario solamente para tener algo que mirar mientras pasaban las horas de espera frente a las oficinas. Una fotografía que vio en la sección policíaca lo puso nervioso. Llamó a sus compañeros y miraron la fotografía de un cadáver que yacía en el suelo. Le reconocieron inmediatamente, pero buscaron la posibilidad de un posible error, pero no había duda. Era la fotografía del coyote y su nombre estaba escrito al pie de la foto. La noticia decía que tres puñaladas lo habían enfriado para siempre en la zona de tolerancia.

El dinero que tenían ya no les alcanzaba para pagar el servicio de otro coyote y mucho menos les alcanzaba para regresar a nuestro pueblo. Muy pronto se les acabó el dinero con qué pagar la renta del cuarto de la pensión en que se hospedaban. A la dueña, al verlos desamparados, se le ablandó el corazón y les dio la oportunidad de ocupar un rincón en el zaguán de su casa. Su dieta se fue reduciendo hasta llegar a tortillas con chile en vinagre. En una ocasión sólo pudieron compartir un miserable pan blanco seco, al cual, para no desperdiciar un sólo migajón y para que les tocara en partes iguales, lo cortaron con una navaja de rasurar. Uno de los compañeros de mi padre cayó enfermo a los pocos días. Algo que había comenzado con fiebre se agravó hasta que la enfermedad le impidió levantarse.

Encontraron trabajitos esporádicos. Dado el estado en que se encontraban el trabajo más difícil fue cargar tierra a paladas hasta un camión.

—¡Cuántas estrellitas veíamos a cada palada de tierra que levantábamos! —nos contó mi padre después.

Un tendero les facilitó unos huacales de fruta que ellos fueron cargando recorriendo las calles de la ciudad y pregonando su mercancía a voz en cuello.

—Éramos la estampa real del mendigo —comentaba mi padre con un dejo de sonrisa porque nos lo estaba contando mientras estábamos en casa, los seis hermanos y mi madre sentados en derredor del fogón de la cocina.

—Los tiempos malos —comentaba mi madre quejándose.

Ella sabía de los pasajes de la aventura de mi padre y odiaba la sola mención de el norte.

—Algunas veces corríamos con suerte —siguió narrando—. Nos acercábamos a los autobuses que transportaban a los que ya estaban contratados como braceros y no faltaba alguno que supiera de nuestra situación. "Nosotros ya vamos a algo seguro" —les decían, y les dejaban la ración que ellos recibían como lonche para el camino al mismo tiempo que les deseaban que mejorara su suerte. Se abría una ventanilla ofreciéndoles la ración de comida, y enseguida otra y otra, hasta que no podían incluso tenerlas en las manos.

—Nos deseaban suerte los que ya se iban —decía mi padre—.
Y nosotros envidiábamos la de ellos.

Tiempo después llegó la respuesta a los telegramas que estuvieron mandando a sus familiares y mi padre regresó a casa.

Mojados

Al pasar frente a un taller mecánico, vi a un grupo de cuatro latinos platicando despreocupadamente. Delante de cada uno de ellos había unas loncheras abiertas y trastes de plástico que contenían restos de comida. Entré al taller para preguntar por trabajo, me contestaron que en el taller no había vacantes y que tampoco podían informarme dónde encontrar.

—Están escasos los "jales" —contestó uno de ellos—, pero hay que buscar camarada, algo se ha de encontrar.

Ya había aprendido que "jale" significaba "trabajo" en el lenguaje méxicoamericano de la misma manera que "refinar" quiere decir comer.

—Hubieras llegado unos minutos antes —dijo el otro—. Cuando menos te hubiéramos invitado a "refinar".

Otro de ellos buscó su lonchera y sacó tres tacos de huevo y frijoles en tortillas de harina y me los ofreció enseguida.

—¿Por qué no vas a la iglesia de la Virgen de Guadalupe? —comentó uno de ellos—. Según he escuchado, ahí ayudan a los mojados a encontrar "jale".

La iglesia quedaba a pocas cuadras. Era una enorme construcción de ladrillo rojo. Las puertas eran de caoba y había un gran jardín de césped y flores al lado de un amplio patio pavimentado. Al acercarme, vi que era bien grande. Detrás de la iglesia y al lado había otras construcciones del mismo material. El lugar estaba silencioso, parecía desierto, excepto por un hombre que por su vestidura no parecía ser el portero o algo por el estilo. Era un hombre de mediana edad que estaba de pie, recargado contra uno de los postes de metal tubular que sostenían el techo de asbesto. Su aspecto era tranquilo, tenía ambas manos completamente refundidas en las bolsas del pantalón y las piernas cruzadas. Calzaba unos viejos zapatos tenis que hacía tiempo fueron blancos amarrados con agujetas de diferente color. Era alto, delgado, vestía un deteriorado pantalón color beige mucho más grande que su talla, una camisa color morado demasiado ajustada, y le rodeaba el cuello, tapándole hasta debajo de la nariz, una bufanda del mismo color que el pantalón.

—¿Es verdad que aquí ayudan a los mojados? —le pregunté.

—Sí —escuché que contestaba detrás de la bufanda.

Miré las múltiples puertas y no vi ningún letrero o algo que me dijera a cuál de ellas dirigirme.

—En qué forma ayudan —le volví a preguntar.

—Regalan ropa usada. A veces, comida y ayudan a encontrar trabajo cuando hay oportunidad —le oí contestar nuevamente con la voz que filtraba la bufanda y me di cuenta de que su acento no era mexicano y se lo hice saber.

—Soy cubano —respondió—. Soy ex-piloto de la Fuerza Aérea cubana —explicó imprimiendo a su voz un tono de orgullo, quizás para que yo me hiciera una idea diferente de él a pesar de su indumentaria—. Pertenecí a la cuadrilla de patrulleros de Cuba.

—¿Cómo llegaste a los Estados Unidos? —quise saber.

Dijo que los Estados Unidos eran una obsesión para él y su profesión le facilitó el viaje. En uno de sus vuelos de reconocimiento cambió de dirección y fue a aterrizar en el aeropuerto de Nueva York.

Pensaba que bajaría del avión cubano y subiría a un avión norteamericano, pero se equivocó al respecto. Lo recibieron con la boca de varios cañones apuntándole y dispuestos a dispararle. Fue interrogado severamente, luego guardado tras las rejas de la cárcel. Tiempo después fue puesto en libertad, en completa libertad. Sin nada, lo dejaron en la calle.

Desde entonces había trabajado como lavatrastes, barrendero, lavacoches, mesero, ayudante de jardinero . . . etc. Su nave cubana le daba nostalgia. Estaba arrepentido, quería regresar a Cuba, pero sabía que Fidel Castro no lo aceptaría. No estaba conforme con su suerte. Su orgullo le dictaba que era mejor no trabajar si había de hacerlo en cosas simples, pues él era piloto.

—¿Dónde puedo pedir ayuda? —le pregunté al final.

Me señaló una escalera de metal que conducía a una segunda planta.

Arriba había un cuarto chico dividido en tres piezas con el piso alfombrado. Los calentadores de gas estaban trabajando y el clima era acogedor en la sala. Había un sillón cómodo para mí sólo mientras que era el huésped en la sala de espera. No había nadie a la vista y no me molestaba esperar. Adjunto al sillón había una mesita de patas de aluminio y tapa de cristal, sobre ella había revistas. La que estaba encima tenía una portada que mostraba la fotografía de Reagan levantando la mano derecha con la palma extendida como si saludara. Su esposa Nancy lo tenía cogido del brazo. No me interesó hojear ninguna de las revistas, preferí disfrutar del cálido ambiente. En un rincón de la sala había una caja de cartón llena de ropa usada, pero tampoco me llamó la atención. El pantalón y chamarra de mezclilla que había comprado al llegar a Houston me eran suficientes porque a esta clase de ropa no se le nota la mugre tan fácilmente.

Una hoja de cristal dividía la oficina de la sala, donde sólo había espacio para un escritorio y su silla. No había libros ni libreros, sólo un montón de papeles sobre el escritorio. Al otro costado la pared era de concreto y una puerta de *triplai* que estaba cerrada. Del otro lado de la puerta se escuchaban voces femeninas que conversaban en inglés.

Al abrirse la puerta de *triplai,* apareció una mujer de estatura alta y de unos treinta y cinco años de edad, vestida con un traje de color verde suave. La falda, larga hasta las pantorrillas; la blusa, cerrada hasta el cuello y rematada con una orla de encaje al igual que en los puños de las manos. Usaba cabello corto y agarrado sobre la nuca. No obstante su vestimenta, no lograba ocultar su cuerpo esbelto y bien formado. Su piel morena me dijo que era latina.

—Perdón —dije, dirigiéndome a ella—. ¿Es aquí donde ayudan a los mojados?

Pareció sorprendida por mi pregunta, clavándome una mirada que amenazaba con tornarse hostil.

—¿Mojados? —dijo repitiendo para sí misma como si fuera una palabra desconocida.

Unas leves arrugas se le dibujaron en la frente y sus ojos pasearon por las paredes como si esperaran encontrar ahí la respuesta, luego su mirada aterrizó sobre mí, pero los había abierto ya en redondo como si le costara trabajo verme y sus labios estaban apretados. Sentí su mirada recorrerme de pies a cabeza.

—¡No! —contestó tajante y fría—. Aquí no hay mojados.

Sin comprender exactamente su actitud, confuso, sólo acerté a darle las gracias y volví a bajar las escaleras de metal.

El cubano seguía en la misma posición, sólo que con la barbilla clavada en el pecho aprisionando la bufanda. Le expliqué la conversación y él me hizo ver mi error.

—Trabajador indocumentado, es el término correcto —me dijo.

¡Aleluya!

Por la tarde, cuando el sol se había ocultado y después de un infructuoso día, para mí era difícil regresar a mi cuarto y lo hacía sólo cuando me había convencido de que no tenía ningún otro lugar a dónde ir. Cuando me era posible, siempre evitaba regresar a mi cuarto viajando en autobús urbano, de preferencia lo hacía a pie y siempre trataba de llegar por diferentes calles del barrio.

Una noche, casualmente pasé cerca de un templo que estaba a pocas cuadras de donde yo vivía. Era un templo de protestantes, construido de paredes de ladrillo rojo y techado con láminas. Al ir caminando en medio de la oscuridad, me llamó la atención que el estacionamiento estuviera iluminado por un reflector y que estuvieran llegando coches con familias enteras.

No tenía prisa por llegar a mi cuarto. Decidí quedarme a ver qué era lo que hacían. Adentro, el salón era grande y estaba lleno de bancas de madera de cedro finamente terminadas. Formaban dos filas, una a cada extremo de las paredes, y dejaban un espacioso pasillo cubierto con una alfombra roja que iba a dar exactamente al púlpito, que era un entarimado de madera de unos cincuenta centímetros más alto que el resto del piso del salón. Ocupé un asiento que estaba cerca de la puerta, y todos los que iban entrando, me saludaban como si ya nos conociéramos. Antes de que el salón se llenara, me habían saludado ya cerca de cuarenta grupos. Todos ellos de la misma manera: "Buenas noches, hermano".

A su tiempo, detrás del púlpito los músicos comenzaban a desperdigar notas con sus instrumentos electrónicos cantando canciones de alabanza.

Cuando el salón se había llenado, un hombre se puso ante el micrófono. Los músicos callaron sus instrumentos y con ellos el público se quedó en silencio en sus asientos. Sólo un pastor, jefe de la congregación, podía inspirar aquel respeto y era el que comenzaría el culto. Era un hombre de estatura media a quien la calvicie le había ya despejado toda la parte superior de la cabeza y vestía pulcramente un traje azul. Comenzó a hablar dirigiéndose al público de una manera paternal, enumerando las cualidades del Señor. De entre los presentes se escuchaban esporádicos gritos de "¡Aleluya!" mientras el pastor seguía hablando y hablando. Al poco rato vi que algunos levantaban los brazos abiertos hacia el cielo, cerraban los ojos, echaban la cabeza hacia atrás y algo mascullaban entre labios. Otros mantenían las palmas de las manos sobre el pecho, de pie, casi inmóviles, cerrando también los ojos y la cabeza echada hacia atrás. Cada uno oraba a su manera. Después, algunos se hincaron y, apoyando la cabeza contra el respaldo de la banca de enfrente, lloraron convulsionados. Los gritos de "¡Aleluya!" cada vez se hacían más frecuentes a lo largo y ancho del salón. El pastor, mientras tanto, no cesaba de hablar y hablar. Su voz fue adquiriendo más energía poco a poco y sus manos por ratos apuntaban hacia sus ovejas y luego apuntaban hacia lo alto.

Hubo un momento en que su sermón llego al clímax y sus palabras eran ininteligibles, un tanto por la rapidez con que las pronunciaba y otro porque las bocinas emitían sonidos ensordecedores y el público gritaba, "¡Aleluyas!" Algunos sollozaban y otros proclamaban "¡Gracias, Señor¡" a viva voz junto con los gritos del pastor y los instrumentos que los músicos volvían a tocar frenéticamente.

De pronto el pastor dejó de hablar y con él cesaron los ruidos, sólo quedaron en el aire las manos de los penitentes, que de rodillas sobre la alfombra, avanzaban lentamente hacia el entarimado con los brazos extendidos a lo alto. El pastor dejó el púlpito yéndose a plantar al pie del entarimado. Cerró los ojos manteniendo la cabeza ligeramente echada hacia atrás, lo que le daba un aire de profunda concentración. Los penitentes, al llegar donde él se encontraban, se colocaron de rodillas en derredor y él, extendiendo el brazo derecho, fue posando la mano sobre la cabeza de cada uno de ellos, siempre moviendo los labios.

Pasado el éxtasis, un anunciador dijo que uno de los hermanos pasaría al micrófono para contar de qué manera El Señor se había manifestado en su persona. Al estrado subió un joven que vestía una camisa más ancha que su delgado cuerpo. Contó que en la tarde del día anterior se le estaba haciendo tarde para llegar a la cita con una familia que recién había recibido al Señor en su hogar. Antes de acudir a la cita debía cambiarse de camisa, pero la única que tenía limpia estaba sin botones. Desesperado, volvió a colocar la camisa en el closet y se puso a buscar entre el resto de su ropero alguna otra que le sirviera. Todas estaban sucias, luego resignado a llevar una camisa sin botones fue por ella a su guardarropa.

—¿Qué creen, hermanos? —preguntó al público con los ojos brillantes de alegría y la boca estirada por una sonrisa—. ¡La camisa tenía ya los botones puestos!

Como respuesta, el público entero se desató en gritos de ¡Aleluyas!

Luego le tocó el turno a una mujer de mediana edad. Contó que unos días antes se encontraba sumamente afligida porque no tenía el dinero para pagar la renta del departamento en que vivía. A la siguiente mañana, mientras que su marido se había ido a trabajar, ella se fue a lavar la ropa a la lavandería del barrio. Dijo que depositó la ropa en el interior de la máquina, le vació una medida de jabón, introdujo una moneda de veinticinco centavos por la ranura, y la máquina comenzó a girar.

Algo la había distraído un momento y había olvidado cerrar la tapa de la máquina, y cuando se volteó para bajar la tapa, vio que un par de billetes de cien dólares salieron flotando.

El público volvió a estallar en ¡Aleluyas! ¡Gloria, Dios!

Al final del culto, se me acercó un hombre de baja estatura, de cara redonda y de pelo corto.

—Hace un buen rato que lo he estado observando, hermano

—dijo—. Y no he visto que se sume usted a nuestro culto. Nuestro templo está abierto para todos aquéllos que deseen y sientan la necesidad de acudir al Señor en busca de ayuda.

—Sólo me he acercado para ver cómo le hacen ustedes —le respondí.

—¿Acaso usted profesa otra religión?

—No, no profeso otra religión. Me he acercado aquí para preguntar si puedo encontrar ayuda. Me encuentro sin trabajo y ya no tengo dinero para pagar la renta del cuarto donde vivo.

—¡Dios te ha enviado a nosotros, hermano! —exclamó el hombre ante mi confesión—. ¡Nadie más que Dios te pudo haber mandado a nuestro templo y . . . bienvenido seas! En tus ojos veo la aflicción —siguió—. Una aflicción que te embarga el alma, pero, deja de afligirte porque por algo has llegado a nosotros. El Señor te ha enviado, y no podemos rechazar algo que Él nos ha mandado. Aquí hay suficiente espacio para que puedas descansar, aunque no tan cómodamente, pero lo importante es que lo hay. También aquí no te faltará comida, siempre hay algo que llevarse a la boca. Debes saber que El Señor es justo en todo lo que hace, a veces castiga pero nunca olvida dar de comer. ¿Has aceptado a Jesús como nuestro único Salvador? ¿Lo has aceptado en tu corazón? —interrogó.

Yo no supe qué contestarle y él entendió inmediatamente. Confesó que hacía dos años él también había estado alejado de Jesús.

—¡Imagínate! —dijo—. Antes, yo quería ser boxeador. ¡Imagínate, nada más! Había yo escogido una carrera en la que había que golpear a la gente, y eso, al Señor no le gusta. Un día alguien me habló de la Palabra de Dios y entonces me di cuenta de mi error.

Durante más de treinta minutos aquel hombre me estuvo hablando acerca de su conversión, citándome constantemente largos párrafos que ya tenía aprendidos de memoria de una manoseada Biblia que sostenía entre sus manos.

—Si estás dispuesto, yo te puedo ayudar para que Jesús, nuestro Salvador more por siempre en tu corazón —me propuso apremiantemente.

—No sé cómo se hace —respondí.

—Ya me he dado cuenta de que no sabes hacerlo, pero precisamente te ha conducido a nosotros para que te mostremos el camino y la manera en cómo seguirlo. Ponte las manos en el pecho —dijo casi ordenando—. Inclina la cabeza y repite conmigo.

Obedecí sus indicaciones y repetí cada palabra de todo lo que me estuvo diciendo. Al final, se retiró unos cuantos pasos y me observó atentamente al rostro, de la misma manera que haría alguien que considerando terminado un trabajo, lo observa a cierta distancia, luego, la sonrisa y la satisfacción iluminaron su rostro, y con las manos aún pegadas al pecho, exclamó:

—¡La aflicción se ha borrado de tu rostro hermano! y en tus ojos ahora veo la tranquilidad, una tranquilidad que solamente se ve en los corazones donde reina Jesús.

Yo también estaba satisfecho de que él se sintiera contento con su obra.

Dentro del salón ya no había nadie aunque se escuchaban voces detrás de la pared de donde estábamos. El individuo, con una expresión de orgullo por su labor, me condujo hacia el patio del templo.

Al transponer una puerta me vi ante otro amplio salón de piso de concreto. Había unas literas pegadas a la pared y algunos colchones tendidos sobre el piso sobre los que había unas sábanas no muy blancas y cobijas color café. A mitad del salón había una larga mesa de madera con una banca a cada lado. Detrás de otra puerta, al fondo, estaba la cocina equipada con dos estufas de cuatro quemadores cada una y un mueble de metal largo y amplio adosado a la pared que servía como lavatrastes. Los utensilios de cocina pendían de unos clavos en la pared y muchos platos, vasos, ollas y sartenes estaban amontonados sobre la plataforma de una mesa de madera de doble nivel.

Al regresar al salón donde estaban las camas, encontramos a un par de individuos. El primero era de unos cincuenta años de edad, o al menos eso aparentaba a juzgar por su cabello blanco completamente encanecido aunque la piel de su rostro aún no presentaba las arrugas que corresponden a esa edad, el hombre era delgado y medianamente alto. El segundo le reconocí inmediatamente, era el que había subido al púlpito con el cuento de los botones.

—El resto de los hermanos llegan más tarde —me dijo el ex-aspirante a boxeador—. Aquí puedes permanecer mientras encuentras trabajo. Así han venido muchos, y a nosotros no nos importa si son ilegales o no. Se han estado por algunos días y después se han ido, bien a otros lugares o han encontrado trabajo. Hoy nuestros huéspedes son pocos, otras veces son tantos que nos vemos obligados a conseguir colchones prestados, así que . . . aquí te dejo hermano y te recomiendo no faltar al culto de mañana.

Ocupé un lugar en una de las bancas de madera, acompañando a los individuos que estaban platicando. Al acercarme, interrumpieron un momento su conversación para saludarme. Como era nuevo, la atención de ellos cayó sobre mí, preguntando que de dónde venía, cómo me llamaba, que cómo me había ido . . . en fin, todo lo que es uno capaz de preguntar cuando se está de ocioso. Después el joven del cuento de los botones contó lo suyo. Él, al igual que el ex-aspirante a boxeador, era predicador que se dedicaba a tocar puertas de casa en casa buscando almas que salvar. Él dijo haber formado parte de un grupo de pandilleros compuesto de pachucos en su barrio. Le gustaban las peleas callejeras, y para probarlo se desabrochó la ancha camisa para mostrar una cicatriz que le cruzaba diagonalmente del hombro a la cintura. Esa herida estuvo a punto de llevarlo al otro mundo, si no hubiera sido por la ayuda de los hermanos de aquella misma congregación, quienes lo encontraron y lo llevaron al hospital. Hubiera muerto abandonado, porque sus compañeros de pandilla lo habían dejado solo. Después se convirtió en predicador y tenía planes de irse a México a enseñar "La Palabra".

El hombre de pelo blanquecino no era predicador, pero también había ya comenzado a hacer sus prácticas conmigo. Yo no tenía prisa por hacer nada, estaba contento por haber encontrado un lugar donde no tenía que pagar renta y tendría comida gratis. Por lo tanto era todo oídos con ellos. El del pelo blanco era de Zacatecas, y de la misma manera que yo, había llegado hacía un mes al templo.

El ex-pandillero se fue a la cocina para preparar una jarra de café, mientras tanto mi interlocutor me estaba contando también la manera en que Dios se le había manifestado. Dijo que, trabajando en una construcción, un carro lo había prensado contra otro carro que estaba estacionado . . . y lo hubiera reventado si en esos momentos no se hubiera acordado de Dios.

—En ese momento vi el cielo —dijo.

A mí me dio curiosidad por saber cómo era el cielo, y se lo pregunté.

—El cielo son puras calles y casas de cristal completamente iluminadas —respondió.

—¿No habrá sido el golpe que te hizo ver estrellitas? —me atreví a decirle, puesto que él todavía era un principiante o más bien, aspirante.

—¡Sí, claro! Fue el golpe, pero ¿tú no sabes que Dios tiene sus propias maneras de hacerle a uno ver la verdad?

Ya no lo contradije, más bien le pregunté la edad. Me sorprendió escuchar que aún no cumplía los cuarenta años.

—Entonces, ¿por qué tienes el pelo blanco?

—Eso es otra historia —dijo— nada parecida a la que te acabo de contar. Fue algo que me pasó y que no deseo que a nadie le pase, ni a mi peor enemigo. Mi pelo era negro antes de aquel suceso, del cual hace ya cinco años.

En esos momentos, llegó el ex-pandillero y colocó una taza de café frente a cada uno de nosotros.

—Todos me toman por un anciano —dijo el hombre de Zacatecas después de darle un sorbo a su taza de café—. ¿Te puedes imaginar en qué forma me gané cien dólares y mi pelo blanco?

Mi silencio le dijo que no.

La víbora

Comenzó a contar que cinco años antes, él cuidaba de un rancho ganadero en el condado de Lubbock, Texas. En el rancho había dos casas de madera. Una de ellas estaba bien construida y tenía una estufa de gas, un refrigerador, un calentador de agua y los muebles necesarios. La otra era solamente una galera sin puerta y con piso de tierra. Él acostumbraba a dormir en la galera durante el verano y sólo ocupaba la otra en la época de frío.

En la galera dormía en una especie de litera que él mismo había construido. Eran tres tablas sobre un par de caballetes, una colchoneta y unas sábanas.

—Llegué una vez casi entrada la noche a mi galera —siguió contando—. Cansado luego de haber luchado por inmovilizar a un becerro para aplicarle una inyección. Antes de tenderme a dormir me había tomado mi acostumbrado café caliente y bien cargado. No sé cuánto tiempo estuve acostado sin conseguir conciliar el sueño con la sábana tapándome hasta la cara. De pronto, me pareció escuchar un ruido muy leve, parecido al ruido que hacen las vacas al resoplar cuando en el suelo encuentran una hierba que no es de su agrado, pero tenía la sensación de que aquel ruido se había producido muy cerca de mí. Agucé el oído mientras trataba de recordar detalladamente cada una de las cosas que tenía conmigo en la galera, aunque de antemano sabía que no tenía nada que pudiera producir aquel extraño ruido. Estaba apenas cavilando cuando, de repente, volví a escuchar el mismo ruido. Un escalofrío me recorrió por todo el cuerpo y fue a agolparse en mi cuero cabelludo. Me incorporé de la cama con rapidez pues tenía la intención de sorprender y descubrir el origen de aquel ruido, pero no vi nada y tampoco escuché nada más. Todo estaba en completo silencio. La luz de la luna se filtraba a través de los intersticios de los maderos de la pared y ofrecía una tenue claridad. Ahí estaba la cafetera en el fogón, las brasas que, encendidas bajo las cenizas centelleaban de vez en cuando. Por un momento tuve la intención de bajar de la cama e investigar si alguien merodeaba fuera de la galera, pero una inexplicable sensación de inseguridad me hizo desistir. Francamente, tenía miedo. Sentía la cabeza hinchada y los cabellos como los de un puercoespín. Hay que tomar en cuenta que llevaba dos años en el mismo lugar y era la primera vez que algo me hacía sentir miedo. Me quedé escuchando mucho tiempo, a la expectativa, sin atreverme siquiera a mover la cabeza por temor a no escuchar la procedencia de aquel ruido, si es que se producía nuevamente. Movía solamente los ojos de un lado a otro, pero nada volvió a interrumpir aquel silencio, ni siquiera el viento movía la hierba de afuera.

—Traté de convencerme de que había sido una simple pesadilla, pero el argumento no me sirvió porque yo sabía perfectamente de que aún no había dormido. Al final culpé a mi imaginación, no obstante, seguía sintiéndome extrañamente nervioso.

—El cansancio me venció ya cuando la madrugada había avanzado. Desperté a las cinco de la mañana, tal como era mi costumbre. Pero en esa ocasión no me levanté. Permanecí acostado hasta que el sol se había colocado muy alto. Todavía estaba tratando de hallar la explicación de mi comportamiento la noche anterior, mientras me inclinaba para buscar mis botas debajo de la cama descubrí un rastro que venía de la puerta y hacía curvas hasta debajo de mi cama. El cuerpo se me volvió a enchinar mientras que me estaba diciendo que un reptil me había visitado la noche anterior. Al ver que había dos rastros, uno de la entrada y el otro de la salida. Había quedado a salvo de un piquete de víbora. Tres días antes había barrido el piso y por eso no había mucho polvo y podía determinar lo ancho de los rastros. Un reptil, una serpiente, una culebra o lo que haya sido, era la primera vez en mi vida que había dormido con un animal de esa naturaleza debajo de mi cama. Me fui al trabajo y no puedo decir que me olvidé del incidente. Las historias que había escuchado de personas mayores corrían por mi cabeza. Muy vagamente creía recordar que alguien me había dicho que "Cuando una culebra encuentra un lugar cómodo para dormir, regresa". Aquella frase estuvo repitiéndose como un eco en mi mente, hasta que me pareció ver los labios secos del anciano al decirlo. Para mi desgracia, aquel recuerdo me robó la tranquilidad.

—No era nada agradable imaginarme dormido con semejante bicho debajo de la cama. Por ratos estaba decidido a irme a dormir a la otra casa. Luego me reproché al sentirme asustado por una simple viborilla que se había atrevido a entrar a mi galera sin mi consentimiento. Abandonar el trabajo fue una idea que ocupó mi mente por una fracción de segundo, pero la rechacé inmediatamente. Cuando llegó la tarde estaba firmemente decidido a dar un ejemplar castigo a la criatura que me había robado el sueño. Debía matarla. Con tal decisión, ya en mi galera, preparé una buena cantidad de café bien cargado y a la mano, un palahierro. ¡Un certero golpe en la parte que fuera la pondría fuera de combate! Me puse a esperar. Me sentía nervioso y las manos me sudaban, pero aquello era normal, estaba esperando matar, no a un ratón, sino a un ser que se arrastraba sobre el suelo y que bien podía ser ponzoñoso. Tenía la tranquilidad del bateador esperando el tiro del picher.

—Mis ojos estaban atentos en la entrada. El viento no soplaba y permitía escuchar cualquier ruido anormal. La luz de la luna me ofrecía la visibilidad necesaria. Me pareció estar exagerando mi comportamiento y me dije que quizás había creído algo que no era posible ni cierto y que posiblemente tampoco había escuchado decir o si lo había escuchado, podría haberse referido a otra clase de animal. Estuve tentado a abandonar mi posición e irme a dormir, sin embargo, tenía miedo.

—El tiempo se alarga cuando uno está esperando algo —me dijo mientras que daba pequeños sorbos a su vaso de café.

—Había distraído mi atención —prosiguió— por un par de segundos sobre el fogón en el que las brasas brillaban rojizas en derredor de la olla de café y que seguramente la tenían conservando a una buena temperatura. Cuando al voltear hacia la entrada, ¡lo que estaban viendo mis ojos me dejó paralizado! Un grito de terror se ahogó en mi garganta y me dejó con la boca abierta. Mi sangre pareció atorarse en el corazón que latía presuroso y desesperado. La cabeza comenzó a pesarme y sentía el pelo erizado.

—Casi cuarenta centímetros de animal habían aparecido en la entrada. La cabeza era más grande que el puño de mi mano cerrada y lo seguía un cuerpo escamado de por lo menos ocho centímetros de ancho y que se iba ensanchando más a medida que entraba a mi galera. El palafierro lo tenía en la mano, pero aquella aparición me había dejado peor que una estatua. La bestia, porque no podía llamarla de otra manera volteó hacia un lado y hacia otro y cuando pareció reparar en mi presencia sentí su filosa mirada sobre mí. Me taladró y estremeció completamente. Un sudor copioso me humedeció el cuerpo entero cuando me imaginé que avanzaba hacia mí.

—Pero no. Se arrastró tranquilamente como quien entra a su casa. Ante mis ojos desorbitados, vi aparecer poco a poco su cuerpo escamado y pinto café, negro y gris, grueso, macizo, como indestructible, de alrededor de siete pies de largo. Ya debajo de mi cama, luego de un ligero reconocimiento, lentamente se fue recogiendo hasta que sólo quedó un bulto de forma circular. Cuando tomé conciencia de mi palafierro ya era tarde e inútil. La bestia se hizo rosca exactamente debajo del caballete que estaba construido como una V invertida y para el colmo de mis desgracias, su cabeza quedó hacia donde yo estaba. ¡Como si aquel terrible animal presintiera que yo le atacaría pero que al mismo tiempo sabía que su mirada vigilante me mantendría congelado! Aquéllo fue un rudo golpe a la valentía que yo ostentaba al principio. Todo lo que acerté a hacer fue sujetar mi palafierro con las dos manos para ayudarme a hacer acopio de fuerzas y valor para que no fuera a perder el sentido. Aquellos ojos fulguraban siniestros y dominantes en medio de la tenue claridad.

—Nunca antes había conocido semejante engendro y mucho menos en mi habitación, clavándome su fría mirada mientras que yo temblaba de pies a cabeza. Me pregunto ahora, ¿cuánto faltó para que yo corriera la suerte de los pobres pájaros que, ya hipnotizados, caminan hacia la víbora que los espera con la boca abierta? Mi pala fue en ese momento como una rama que me salvó de caer al abismo.

—La noche avanzó y nunca supe si aquella bestia dormía o estaba despierta porque ellos no cierran los ojos como el ser humano. Me fui recobrando muy lentamente. Me puse en guardia. Mi jarra de café seguramente conservaba el calor suficiente que mi cuerpo necesitaba gracias a las brasas, pero no tuve el valor de servirme nada. Las largas horas con la mirada pendiente sobre aquel animal me provocó mareos momentáneos creyendo ver que se movía y avanzaba hacia mí. Una sacudida de mi cama me puso alerta cuando comenzaba a clarear la mañana.

—Lo vi estirar parte del cuerpo con tal precisión que en momentos me pareció una espada al desenvainarse. Se disponía a marcharse y estiró el resto del cuerpo rumbo a la puerta. Tan pronto su cabeza traspuso el umbral, me incorporé y alcé mi palafierro. Un dolor agudo me atacó en la parte posterior de mis rodillas en donde sentí que se me desgarraban las cuerdas, había estado largas horas en la misma posición. Me sobrepuse al dolor y logré descargarle un fuerte golpe con el canto de mi palafierro con la esperanza de acabar con ella de una sola vez. Mi arma rebotó como si hubiese golpeado sobre una pelota de hule. El cuerpo entero de la bestia se estremeció, luego de una contorsión me vi frente a ella. Entonces me sentí perdido, que mi hora había llegado y perdí la poca calma que había logrado conservar. Tiraba palazos sin ton ni son, no tanto para matarla, sino para mantener su cabeza lejos de mí. La mayoría de las veces sólo llegué a golpearla con la parte plana de mi arma que no le causaba ningún dolor o daño. En cambio ella estaba enfurecida y resoplaba de coraje. Sentía su saliva salpicarme la cara mostrándome su boca abierta y podía ver la hilera de finos dientes amenazantes y la lengua sacudiéndose dentro de la boca, pero yo no tenía tiempo de ponerme a temblar. Yo tiraba palazos rechazando aquella cabeza feroz. Algunas veces logré asestarle golpes en la cabeza que la hacía rebotar contra la pared, pero ella reaccionaba igual que un resor te. Sentía también el resto de su cuerpo azotarme las piernas. Ligeramente me acuerdo que gritaba palabras incoherentes como si estuviera peleando con algún otro ser humano pero no sé si estaba insultándola o le estaba pidiendo clemencia. En uno de sus movimientos llegué a tropezar con su cuerpo que sacudía ferozmente en el piso, y caí de espaldas quedando con medio cuerpo fuera de la galera. ¡Hay que ver cómo el miedo es capaz de paralizar el cuerpo, como también lo puede dotar de una extraordinaria agilidad! Te diré que tan pronto como me sentí derribado fue más bien como si hubiera caído sólo para rebotar como pelota y ponerme de pie, moviéndome tan rápido como nunca podré hacerlo otra vez.

—¿Qué tiempo duró todo aquello? No lo sé. ¿De qué forma pensaba matarme? Tampoco lo sé. Se desplazaba perfectamente con la cabeza a dos pies de altura y el resto sobre el suelo moviéndose con la presteza de un hombre caminando sobre sus dos pies. Cada vez que conseguía desequilibrarla, recobrada su posición por medio de una fuerte y rápida convulsión y era entonces cuando me azotaba con su largo cuerpo y más de un par de veces me vi derribado. Una vez recibí un fuerte latigazo en el antebrazo, que me durmió el puño con la que tenía asida la pala. Su grotesca cabeza estuvo a pocas pulgadas de mi cara y, si no es por el mango de mi palafierro, fácilmente se hubiera prendido de mi cuello, eso era lo que pretendía. En un movimiento desesperado por retirarla de mí, le largué una patada que hubiera sido completamente inútil si no hubiera chocado contra la pared de la galera. La tenía exactamente con el pie presionándole el cuello contra la pared y por momentos casi lograba escurrírseme y con grandes dificultades pude forzar mi brazo golpeado, y sobreponiéndome al dolor logré colocar el filo de la pala contra su cuello. Mientras que la tenía así, yo era víctima de feroces fuetazos, pero reuní fuerzas y apoyando un pie sobre el ala de mi palafierro, hice presión.

—Poco a poco, los siete pies de bestia dejaron de agitarse. En su boca abierta dejó de moverse la lengua.

—Ya la había vencido. Yo estaba bañado en sudor y tierra. Jadeaba agitadamente como si en cualquier momento fuera a reventar. Reía al ver aquella bestia tendida a mis pies y me corrían las lágrimas por las mejillas, me escurrían los mocos de la nariz. Me estaba volviendo loco. Largo rato la estuve contemplando hasta que decidí quemarla. Junté leños, les rocié gasolina y les prendí fuego.

El hombre encanecido quedó ensimismado en sus recuerdos.

—Tardé muchos días en el hospital con el cuerpo hinchado y amoratado —susurró.

Lo interrumpí, —Y ¿los cien dólares?

—Ese mismo día llegó el dueño del rancho y vio a lo lejos la cabeza de la serpiente que había quedado tostada, pero daba la impresión de que aún estaba viva. El patrón corrió a su camioneta y sacó el rifle. Estaba apuntándole cuando le advertí que ya no había nada de animal a quien matar, pero me tomó por necio y yo le aposté cien dólares en contra.

Aquélla fue la explicación y causa del cabello blanco.

Domingo de renta

Más tarde llegaron los demás refugiados. Siete en total, todos ellos centroamericanos. Entre todos preparamos la cena.

Al siguiente día, la misma rutina, pero no fui al culto, y cuando encontré al ex-boxeador, me dijo que no me había visto entre ellos. Yo pretexté haber llegado muy cansado de buscar trabajo.

—El Señor tiene paciencia —me dijo a manera de reproche.

En la Esquina estaban los mismos personajes de siempre. El Chespirito, con su misma e inconfundible gorra cada vez más sucia y el hombre de la gabardina negra. Ambos, tal parece se habían dispuesto a terminar sus días allí. El Chespirito cada día iba de la Esquina a la misión. Por ratos me parecía ya un demente, pero lo más seguro es que simplemente se había peleado con el trabajo. El de la gabardina seguramente no encontraba la manera de pasar el tiempo y seguía contándole a cada nuevo desempleado su decepción por la juventud actual. Al verlo me recordaba a uno de mis paisanos que andaba por la misma edad y que al igual que él había entrado a los Estados Unidos en la época de la bracereada. Pero mi paisano nunca arregló su residencia legal en el país y tenía que pasar largas temporadas en los Estados Unidos y viajando por tiempos para estar al lado de su familia que vivía allá en el pueblo. El hombre de la gabardina seguramente tenía sus hijos, y por la manera en que se expresaba de la juventud actual, me imaginaba que sus hijos no habían de ser muy diferentes a los que veíamos caminar sobre la acera frente a la Esquina. Seguramente tenía casa propia, pero no una residencia de lujo porque él vivía en el mismo barrio latino. Quizás la Esquina era su refugio y le ayudaba a estar en contacto con la gente del país que un día había dejado atrás.

Mi paisano había dejado de viajar a los Estados Unidos cuando su edad le dificultó encontrar trabajo en los restaurantes de Los Ángeles. En el pueblo se pasaba la vida pegado a la botella y a menudo no era capaz de llegar por sí solo a su casa; sus hijos tenían que ir por él ya que nunca faltaba alguien que les avisara donde se había quedado tirado.

Durante el tiempo en que mi paisano estuvo viajando de mojado a los Estados Unidos, le fue posible mantener a sus hijos en la escuela. Dos de sus hijas eran profesionales y daban clases en la escuela primaria, y su hijo era técnico agropecuario. Lo que antes había sido una humilde casita de madera ahora era una moderna construcción de concreto de dos plantas. Su familia cocinaba con estufa de gas, se bañaban bajo regadera que contaba con calentador de agua, tenían sus aparatos tocacintas, tocadiscos, televisión a color y otros productos extranjeros. Todo ganado cuando trabajaba como mojado.

Si mi paisano ahora no dejaba las cantinas, me parecía a mí que sí había cumplido con su deber de padre de familia y no le afligía ya nada en la vida. Sus hijos nunca dejarían de ir por él después de sus borracheras y nunca le faltaría dinero que gastar mientras su familia no le quitara el vicio.

Me parecía que yo prefería tomar el ejemplo de mi paisano que la experiencia del hombre de la gabardina que había decidido vegetar en la Esquina.

Al siguiente domingo, en vez de estar sentado en las bancas del templo, me fui al cuarto para esperar al dueño de la casa y comunicarle que ya no ocuparía su departamento. Eran cerca de las diez de la mañana cuando llegó a bordo de su pickup, venía abrigado con una gruesa chamarra de algodón con borrega, una boina y bufanda.

—Don Anselmo, hoy no le pagaré la renta —le informé— sólo voy a entregarle la llave del cuarto.

—Y eso, ¿a qué se debe? —preguntó sin prestarme mucha atención—. Y ¿dónde piensas vivir?

—Estos últimos días me la he pasado en el templo.

—¿Te vas a volver predicador? —preguntó con sorna.

—¿Cuál predicador? La cuestión es que yo entré mojado a este país y aún no he encontrado trabajo. En el templo tengo un lugar donde dormir, comida y en ocasiones la gente llega con cajas llenas de ropa usada.

—Con que mojado, ¿eh? . . . y sin trabajo —dijo mientras miraba pensativo a lo largo de su propiedad—. ¡Qué cantidad de mojados han llegado últimamente! . . . la mayoría viene de Centroamérica.

—Yo soy mexicano —le aclaré.

—Así que ¿vienes llegando de México? —preguntó, pero en realidad pensaba en algo diferente—. Por cierto, ¿cómo están las cosas allá? Me gusta preguntar porque yo también soy mexicano aunque viva aquí en los Estados Unidos . . . ¿Cómo es que la gente que está en México viene hacia el norte —volvió a decir como meditando—. Yo, que vivo aquí, quisiera irme a vivir otra vez a México.

El casero sacó una cajetilla de cigarros de la bolsa de la chamarra. Me ofreció uno y después sacó el suyo.

—Nosotros no venimos aquí por gusto, venimos a buscar trabajo para mejorar nuestra situación económica allá en nuestros pueblos. El único problema es que no es tan fácil como yo lo había creído. Desde que llegué a Houston, sólo he trabajado una hora como pintor de casa.

—Ayuda bastante estar consciente de que no vas a encontrar la vida servida en una bandeja de plata tan pronto como has llegado —dijo Don Anselmo—. Eso cuesta y hay que buscarlo. ¿Quién me puede decir que cuando llegues a tener mi edad no llegues a cobrar rentas, no sólo de un par de puertas como yo, sino de un condominio entero?

—Es un chiste muy gracioso —le respondí.

—¿Quién lo sabe? Nadie, pero todo puede suceder.

Don Anselmo enarboló una sonrisa y rió casi en silencio, emitiendo apenas un débil quejido.

—¿Quién lo creyera? —se dijo a sí mismo—. Anselmo Mendoza dando buenos consejos a un extraño y que se los toma para bien. Ya quisiera que mis hijos lo tomaran de la misma manera.

El señor Mendoza volvió a quedar pensativo. Encendió otro cigarro invitándome también. Dijo en seguida que tenía otra propiedad en donde vivía con su familia, su esposa y cuatro hijos, y ahí mismo atendía un pequeño negocio de frutas y legumbres. Él llegó a los Estados Unidos durante la época de la bracereada y trabajó durante dieciséis años en un rancho en el oeste de Texas.

Con la ayuda de su patrón había logrado arreglar sus documentos para obtener la residencia legal y en el año de 1970 se trasladó a la ciudad de Houston. Durante el tiempo que había trabajado logró ahorrar nueve mil dólares y con ellos pudo comprar una casa en el distrito de Magnolia.

El Sr. Mendoza dijo que había trabajado siempre muy duro. Había trabajado en la industria de la construcción durante el día y como portero-velador durante las noches. En sus días libres o cuando el trabajo en la construcción era poco, se iba en su *station wagon* hacia el norte del estado a comprar frutas y legumbres. A su regreso las ofrecía en el barrio casa por casa y en los restaurantes pequeños. Su negocio fue creciendo hasta que ya no tuvo que ir de puerta en puerta sino que tuvo su establecimiento.

En su pueblito natal en Chihuahua había mandado a construir una bonita casa de concreto. Sus paisanos allá en el pueblo lo creían un hombre rico y le llamaban: "Anselmito, el millonario".

El Sr. Mendoza se reía por la creencia de sus paisanos, pero su voz cambiaba radicalmente al volver a hablar de sus hijos.

—Muchas veces me he preguntado —dijo con la expresión del hombre que sufre una gran pena—, ¿quién es el que le ha hecho tanto daño a mis hijos? ¿Soy yo, por ser de carácter débil? ¿Será mi esposa que los ha consentido toda la vida? O ¿será este país? No lo sé, pero el hecho es que me los han perjudicado mucho.

Me contó que sus hijos, excepto el menor que contaba con doce años y el único que había nacido en Houston, habían dejado la escuela. Habían aprendido el oficio de mecánico, pero sólo trabajaban cuando querían.

—El hijo menor —dijo don Anselmo—, parecía mostrar que seguía los mismos pasos de sus hermanos mayores.

Se quejó don Anselmo de que cuando él había tratado de reprender a sus hijos, siempre le rezongaban hablando en inglés, una lengua que él nunca había logrado dominar y su esposa, en vez de ayudarle a corregirlos, había reaccionado siempre defendiéndolos a sabiendas de que no estaban en la razón.

Don Anselmo contó entonces uno de los incidentes. En una ocasión al llegar a su casa con la camioneta llena de mercancía vio que sus hijos estaban cómodamente sentados en la sala mirando la televisión. Él comenzó a descargar las cajas y costales para el almacén del negocio. Ninguno de ellos movió un sólo dedo para ayudarle. En esos momentos uno de sus clientes llamó ordenando cierta cantidad de mercancía. Después de haber tomado nota de la orden regresó a seguir su trabajo mientras que sus hijos continuaban frente a la televisión. Molesto, fue a reprocharles su insolencia y ellos, sin responderle una sola palabra, abandonaron la sala y se fueron a refugiar a sus recámaras.

—Muchas veces he estado arrepentido de haber venido a los Estados Unidos —dijo don Anselmo—. En México, al menos en el campo, donde la gente es humilde, mis hijos habrían crecido como hombres de provecho, hombres útiles y no lo que son ahora. He intentado que estudien pero prefieren la vagancia que ir a la escuela.

El Sr. Mendoza miraba a lo lejos con una expresión ausente mientras que las arrugas de la frente se le hacían más profundas.

—¡Me voy a ir a México! —dijo de pronto, como si en ese instante hubiese encontrado la solución—. Me voy a ir a México; voy a vender todo lo que tengo y me voy a ir con mi esposa. Ellos, si quieren seguir disfrutando de comodidades, tendrán que comenzar desde abajo.

Caminó hacia la camioneta y pareció olvidarse del asunto de la renta. Cuando ya estaba al volante y dispuesto a irse, me entregó una tarjeta, diciéndome al mismo tiempo que me emplearía en su negocio mientras encontraba un trabajo mejor.

—No he estado esperando otra que un empleo desde que llegué a Houston —le respondí— y si usted quiere comienzo a trabajar hoy mismo.

—Hoy es domingo —dijo—. No es de cristianos trabajar los domingos, o acaso ¿tú no eres cristiano? Mañana te espero en mi casa.

Temprano en la mañana me presenté en su casa. Estaba sobre un terreno de algunos quince por treinta metros de largo. Tenía tres construcciones y un patio de tierra. Al fondo del terreno había una galería techada con láminas y el piso de tierra estaba manchado de aceite y aquí y allá había partes de motores. Al lado de la galería había una casita que parecía estar vacía, era pequeña, como de cinco por cinco metros y tenía un segundo nivel al cual se llegaba por medio de una escalera hecha de madera. La tercera construcción era una casa más grande, y era donde vivía el Sr. Mendoza y su familia. Al frente, hacia la calle, en algo que parecía adosado a la pared de la casa, estaba el establecimiento de frutas y legumbres.

Mi trabajo era fácil: tenía que ayudar a levantar cajas y costales de mercancía, escoger los productos en buen estado y apartarlos o bien limpiar el local. Mi primer día de pago fue el siguiente sábado; don Anselmo me pagó cien dólares.

Así pasaron, una, dos, tres semanas. Mi única diversión era ir a bailar a los clubes nocturnos, allí bailaba con las "ficheras" que cobraban un dólar por canción.

Después de un mes de trabajo en la frutería, había ganado unos cuantos dólares, pero a pesar de ello Houston significaba para mí una ciudad sin esperanza. Le había perdido la fe. Mi amigo tampoco había podido encontrar un trabajo para mí a pesar de sus intentos. Tampoco podía esperar que don Anselmo siempre me diera el trabajo, más bien yo entendía que me había empleado por razones humanitarias y no porque realmente necesitara un ayudante. Tenía el ejemplo de gentes como El Chespirito que arrastraba su miseria cada día a la Esquina alimentándose con la comida que le regalaban en la misión. La mujer con el niño en brazos me dio la impresión de que asistía a la estación de radio no tanto para buscar trabajo sino que para protegerse del frío. Abel, a pesar de su determinación seguía sin un trabajo estable. El viejo de la gabardina seguiría visitando la Esquina y terminaría sus días nostálgico de su juventud y añorando México, sólo la actitud del peruano me había parecido más sensata, no iba a vivir en Houston, pero tampoco iba a irme a España.

Le hablé de mi plan a mi amigo.

—En este caso, no te puedo culpar —me dijo.

Cuando le comuniqué a don Anselmo que tenía el plan de irme, el día del pago me dio un día extra.

—Quizás uno de estos días voy a ir a México —me dijo—. Aunque sólo sea de vacaciones.

—Entonces, yo también le puedo dar un buen consejo.

—¿Cuál es? —preguntó.

—Lleve bien guardada la cartera.

San Antonio

En Houston escogí ir a la ciudad de San Antonio. Cuando llegué, aún me restaban cien dólares. El cielo de San Antonio estaba limpio de nubes y el sol brillaba pero no hacía calor. Sabía que lo primero que debía hacer era buscar un lugar para hospedarme, pero antes de eso, me fui a sentar un rato en las butacas de la sala de espera en la estación de autobuses. Los asientos tenían adaptado un pequeño aparato de televisión. Deposité veinticinco centavos en la ranura según las indicaciones, pero el aparato no funcionó y se tragó mi moneda. Me conformé con fumarme un cigarro.

El ruido de los juegos electrónicos se escuchaba por toda la sala al igual que los gritos de los jugadores. Un chicano que estaba sentado en el asiento contiguo hacía comentarios en inglés hablándole a la pantalla del televisor de su asiento, hablaba como si los actores le escucharan. A través de los parlantes de la sala alguien anunció la próxima salida de un autobús, primero en inglés, luego en español.

Al salir a la calle, encontré que frente a la salida había una fila de coches de alquiler estacionados junto a la banqueta.

—¿Para dónde lo llevamos, joven? —me preguntó un latino de grasosas papadas desde el interior del taxi.

Miré hacia un lado y otro. Había una multitud de anuncios comerciales, eso me hizo saber que estaba en el centro de la ciudad. Caminé hacia la esquina y exactamente frente a la estación de autobuses estaba un hotel, pero parecía muy elegante y no me atreví siquiera a preguntar por el precio de los cuartos.

Regresé hacia el taxista.

—Necesito encontrar un lugar dónde hospedarme —le dije.

—Súbase —respondió—. Ahorita lo llevo, nada más dígame dónde queda.

—No conozco dónde queda, necesito encontrarlo.

—Pues ahorita le ayudo a encontrar uno.

—¿Cuánto me va a cobrar? —pregunté.

—Siete dólares.

"Siete dólares" repetí para mí mismo. Volví a mirar a lo largo de la calle buscando algún otro anuncio que dijera "Hotel". Siete dólares me parecían exagerados. No era la primera vez que ocupaba un taxi, pero nunca había pagado arriba de tres dólares.

Cuando me fui a la estación de autobuses de Houston, me había plantado frente al tablero de destinos y precios. Había calculado que después de pagar el pasaje, me quedaría cuando menos una semana de subsistencia conformándome con hamburguesas y pollo frito. Los siete dólares significaban exactamente un día de alimentación.

De la sala de espera salió un anglo arrastrando consigo una maleta. El taxista latino se dirigió a él hablándole en inglés. El hombre blanco le dio las gracias pero no se detuvo. En la acera de enfrente llegó un coche que se detuvo bruscamente y de él bajó una joven mujer rubia, alta y delgada que corrió apresurada hacia el hombre blanco recibiéndole con efusivos besos y abrazos.

—Súbase, paisano —insistió el taxista al verme indeciso—. Ahorita lo llevo.

Se me ocurrió que aquel hombre, siendo latino, posiblemente podía ser como la mayoría de los taxistas mexicanos, quienes al ver que uno no conocía la ciudad, veían la oportunidad de cobrar más de la cuenta. Aún faltaban muchas horas para que terminara el día y tuve la esperanza de ahorrar mi dinero.

—Gracias —le respondí— primero voy a caminar un rato.

Entre los transeúntes, vi no sin cierta sorpresa de que yo no era el único que había elegido la ciudad de San Antonio. Mojados iban y venían.

Nos reconocíamos inmediatamente, tan fácil como si en la frente cada uno tuviera un letrero que dijera "Mojado". Quizás era porque la mayoría proveníamos del campo y teníamos un estilo de andar de tal manera que las piernas estaban acostumbradas a encontrar siempre altibajos en el camino. Podían ser también los adornos de los cinturones: las hebillas siempre eran herraduras o cabezas de caballos lo mismo que los bordados en las bolsas traseras del pantalón, en las solapas de la camisas y los sombreros. En algunos más que en otros había podido notar una ligera actitud reservada como el que no estaba en su propio terreno. Con algunos nos saludábamos con un movimiento de cabeza como diciéndonos "¿Qué tal, compañero, por aquí andas también?"

Los establecimientos comerciales estaban en sucesión a lo largo de muchas cuadras. Al voltear una de las esquinas tuve a la vista la torre de San Antonio que era una columna de concreto más alta que muchos de los edificios y que sostenía un mirador circular. Después la gente me platicaría que algunos se habían arrojado desde lo alto estrellándose contra el piso. A estas personas suicidas seguro les había sido familiar la leyenda de Ícaro quien quiso alcanzar el sol volando con unas alas de cera. Cuando Ícaro se fue acercando al sol, sus alas se derritieron y tuvo que regresar a la tierra muy en contra de su voluntad. Sin embargo, aquéllos que habían saltado desde la torre, ciertamente le superaron la idea: Después de golpearse contra el pavimento, pudieron llegar no sólo al sol sino que al más allá.

Un canal de agua serpenteaba en medio de la ciudad, era algo que quizás antaño había sido un arroyo y que los san antonianos arreglaron haciendo un caudal de concreto con andadores a los lados en medio de una variada y espesa vegetación. Le llamaban El Paseo del Río.

No muy lejos del centro me encontré con un hotel que lucía económico o más exactamente, viejo y descuidado. Tan pronto di unos pasos para entrar en lo que podría llamarse la recepción, me llegó a la nariz un olor rancio. En una esquina, tras de un opaco cristal empotrado sobre un viejo mueble de madera se asomó una cabeza ya de poca cabellera que se irguió al verme llegar. Su rostro era descolorido y flaco.

—Yes, ¿señor? —preguntó mirándome a través de unos anteojos cuyos cristales de aumento desfiguraban engrandeciendo sus ojos.

Pregunté por los cuartos y la cabeza me dijo que había disponibles a cinco dólares al día. Sacó una libreta del cajón del mueble y la colocó enfrente. De la bolsa de la camisa desprendió una pluma y me preguntó el nombre. El olor rancio del ambiente no me tenía muy convencido y le pedí primero ver los cuartos. Decepcionado, dejó la pluma sobre la libreta y me señaló las escaleras más al fondo de la recepción. De alguno de lo cuartos se escuchaban las voces de una pareja que platicaba a intervalos. Varias de las puertas estaban abiertas. Al parecer, además de aquella pareja no había más inquilinos. Me asomé al interior de uno de los cuartos y, a pesar de la luz del foco, el ambiente parecía seguir en penumbras. La estructura de la cama era de metal barnizado que aún brillaba y el colchón estaba cubierto por una sábana percudida. El colchón parecía deforme como si le hubiesen extraído el relleno. En la pared del baño había un espejo cuya superficie estaba opaca.

Al bajar, encontré al anciano todavía con la libreta en la mano listo para apuntar mi nombre, pero le informé que no ocuparía el cuarto. El anciano no respondió, se concretó solamente a sumirse nuevamente tras del viejo mueble.

Pasé por los Holiday Inn, Hilton Inn y otros parecidos en cuyas entradas estaban los bien uniformados y atentos botones dispuestos siempre a conducir al cliente de la mejor manera. Los clientes llegaban y ellos corrían a ellos aún antes de que bajaran del coche, saludaban amablemente y se inclinaban en señal de humildad. El cliente sin bajar del carro les abría la cajuela, los botones cargaban con las maletas y con la misma presteza regresaban con pasos cortos y forzados hacia la entrada.

Me imaginé el precio de los cuartos, seguramente me habrían vaciado en un sólo día lo que tenía calculado para una semana. Finalmente, después de haber andado más cuadras me encontré con un hotel, nada lujoso, pero sí bastante limpio. El precio era de cuarenta dólares semanales.

El West Side

Como en Houston, comencé a recorrer las calles en busca de trabajo. Mi esperanza residía en los restaurantes como lavatrastes. Una vez, al ir sin rumbo, llegué a internarme en el barrio latino o el West Side como era conocido. Más tarde aprendería que las dos expresiones significaban la misma cosa. Aquí en San Antonio, cada color de piel tenía su propio punto cardinal asignado: el North Side era para los blancos; el East Side, para los negros; el West Side, para los morenos. Con el cuarto punto cardinal, el South Side, no podía decir lo que había pasado exactamente. Podía ser que también pertenecía a los morenos, pues ellos eran la mayoría, pero también podía ser que en esa parte era donde los diferentes colores se habían ido mezclando.

El barrio latino era una sucesión de casas de madera, algunas más viejas que otras. Las casas estaban a punto de derrumbarse, y sólo el ruido de aparatos electrónicos encendidos y voces que se escuchaban desde la calle revelaban que estaban habitadas. Otras casas estaban bien conservadas, cuidadosamente pintadas, con jardín de césped, flores y arbolillos bien podados. A lo largo de la calle, frente a cada casa había un coche estacionado aunque muchos de ellos estaban inservibles.

El sonido de una música en alto volumen me llegó a los oídos y al buscar su procedencia tuve ante mi vista a un coche antiguo, quizás de los años cincuenta, y la canción era de la misma época. Aquella música se escuchaba aún más alto que el sonido del motor. El coche antiguo era lujoso, brillante y raramente pintado. A primera vista parecía un coche que venía envuelto en llamas desde la parte del frente hasta la mitad. En la tapa de la cajuela llevaba pintada una esbelta mujer indígena, de pechos y piernas firmes. Ella iba caminando sobre unas rocas en contra de un viento fuerte que ondeaba su negra y larga cabellera a manera de una bandera en la punta del asta. Sobre el cristal trasero llevaba pegada una calcomanía que representaba el rostro de un latino con un sombrero abombado negro sobre su cabeza, lentes negros y bigote negro a la mexicana con las puntas crecidas casi a la manera oriental de los monjes. El coche tenía los rines cromados e iba casi arrastrándose sobre el pavimento de la calle. Un chicano de pelo corto y bien peinado hacia atrás iba al volante del vehículo acompañado por una joven mujer morena con el rostro cubierto de maquillaje, cuya mirada iba fijada hacia el frente. El viento se introducía por la ventanilla abierta juguetando con su cabellera.

Tiempo después me encontraría con individuos de características similares. Ellos eran los llamados *Low Riders,* los de los carros viejitos pero buenos, los de la música viejita pero bonita *Oldies but goodies.* La vestimenta de algunos me recordó a la foto de mi abuelo que mis padres guardaban en un marco encristalado colgado en la pared de la casa. Él tenía el mismo tipo de corte de cabello: corto y peinado hacia atrás. El pantalón era holgado en la cintura, de pliegues y angosto en la valenciana. Llevaban la camisa cerrada hasta el cuello, algunos usaban tirantes elásticos. La única diferencia la hacían los rudos huaraches de mi abuelo al lado de los brillantes zapatos de charol de los *low riders.*

El avance de la tecnología había convertido en obsoleto al ferrocarril tal como el tractor a los bueyes. En el West Side las vías estaban tendidas como una multitud de líneas paralelas inservibles, abandonadas, al igual que los edificios que en algún momento funcionaron como las oficinas de ferrocarriles. Una de las construcciones que había sido para oficinas estaba cubierta casi completamente por hierbarajos, y de lo que habían sido puertas quedaban sólo los boquetes abiertos. En el interior no había nada, excepto escombros y cacas secas de perros.

A un costado, una sola construcción de doble planta ocupaba toda una cuadra, muchas de sus puertas tenían los cristales rotos y los habían sustituido por delgados maderos clavados horizontalmente, con un aviso débil de que estaba prohibida la entrada. En aquellos restos de edificios funcionaban dos hoteles, uno a cada extremo de la cuadra; en la primera planta de ambos funcionaban *lounges* (cantinas).

Cuando entré a una de las cantinas, los únicos clientes eran un par de latinos de unos cincuenta años de caras enrojecidas que estaban sentados sobre unos altos bancos de madera frente a la barra, cada uno de ellos contemplando calladamente sus botes de cerveza. El cantinero también era un latino, casi de la misma edad quien, a pesar de su gastada ropa, trataba de aparentar limpieza en su vestido.

—¿Qué le sirvo, joven, una *beer?* —preguntó mezclando inglés y español.

—Sí —le respondí— quiero una bien fría.

Ocupé uno de los bancos de madera. El cantinero exageró la frialdad de la cerveza y me sirvió una botella en cuyo interior nadaban algunos pedazos de líquido cristalizado.

Los latinos platicaban un inglés mezclado con español. El cantinero presumió su destreza en el oficio cuando uno de los viejos ordenó otra cerveza. El cantinero sacó una botella de cerveza de la nevera que estaba en un extremo de la barra, la destapó y colocándola sobre la barra la empujó de un tirón con la mano. La botella se deslizó unos tres metros sobre la barra y se detuvo casi exactamente frente al cliente, enteramente de pie y sin haber derramado una sola gota. En un rincón estaba la rocola, en espera de que alguien le depositara una moneda, con sus luces centelleantes que parecían desesperadas por comenzar a cantar.

La segunda cantina era mucho más amplia que la primera. Una media docena de mesas de billar ocupaban la mayor parte. Sus clientes tenían el mismo aspecto que los del primero. Entre ellos estaba una mujer extremadamente flaca, de piel y cabello maltratados. Estaba sentada con las piernas cruzadas y sus huesudas manos convergían entrelazándose sobre las rodillas. Se podía adivinar, al verla de perfil, que había sido bonita en sus mejores años. Vestía un pantalón de tela barata y una playera de algodón de color negro. Uno de los clientes, al pasar cerca de ella, le rodeó la cintura con una mano, le dijo algo al oído, mientras que con la otra mano le abarcó sus descarnadas nalgas. Ella quedó indiferente.

Una joven mujer de mejores carnes que vestía un ajustado pantalón blanco y un grueso suéter de algodón pasó frente a la cantina. La vi caminar contorneando rítmicamente las caderas. Miré hacia arriba y el anuncio que decía "Hotel" tropezó con mi vista y por un momento estuve tentado de entregarle a la joven el dinero que me quedaba en los bolsillos, pero luego recordé que debía sobrevivir. Le di alcance y la saludé deseándole buenas tardes y le dije también que nos veríamos algún día. Ella no pareció tomarme en cuenta. A lo alto de aquel lugar, en forma de un arco, habían construido el puente de una avenida que sostenían unos gruesos pilares de concreto. El puente se erigía de un extremo a otro como si intencionalmente hubiera tratado de evitar aquel olvidado lugar con sus vías de prostitutas y de bares.

El sueño

Durante algunos días viajé en los autobuses urbanos completamente al azar. Simplemente me plantaba en la parada y abordaba al primero que pasara. Algunas veces me llevaban a barrios de casas nuevas y lujosas, presumiblemente barrio de blancos; ahí todo estaba en silencio, lejos del barullo del centro. Al no ver el objetivo de bajarme, seguía de largo. Otras veces llegaba a los barrios pobres. Por ratos estuve a punto de preguntar por alguna misión como donde se refugiaba El Chespirito en Houston, pero recobraba mi espíritu que me decía que la ciudad era grande y que aún había muchos lugares que no había visitado.

Un día al amanecer desperté sobresaltado. Con gran alivio descubrí que seguía en la misma cama, cubierto con las mismas cobijas y en medio de las mismas cuatro paredes color crema del cuarto del hotel. Había tenido un sueño en el cual llegaba a mi pueblo en tales condiciones que me dejaron espantado.

Había visto cruzando la avenida principal y por pura suerte no me había cruzado con ninguno de mis paisanos quienes seguramente me hubiesen increpado a preguntas de que si había llegado del Norte. Lo más preocupante en el sueño era la manera en que había hecho el viaje. Mi equipaje era solamente un hatillo de ropa y un hambre atroz que me devoraba los intestinos y producía un escandaloso ruido que temí fuera a delatar mi presencia, además del pesado fargo de la pena al sentirme fracasado en mi viaje a los Estados Unidos. De buena gana hubiera dado la media vuelta y vuelto a intentar mi suerte, pero en el sueño estaba ya cerca de la casa de mis padres. Ante mí estaban las paredes de adobe rojizo amarillento y los techos de lámina. A un lado estaba la casa principal y por el otro la cocina. Todo estaba en silencio. En el patio de tierra no estaba ni siquiera el perro que sería el primero en anunciar mi presencia. Un humo blanco salía constantemente por la chimenea de la cocina y en movimientos bamboleantes se elevaba hasta confundirse con el aire. Esa era la señal de que mi madre estaba haciendo las tortillas. Eran alrededor de las once de la mañana. Estaba seguro de que se encontraba en la cocina por que yo conocía muy bien sus actividades diarias, pues toda la vida había sido de la misma manera. Se levanta a las cinco de la mañana para lavar el nixtamal que había hervido la noche anterior, luego se lo llevaba al molino que se encontraba en el centro del pueblo. A su regreso encendía el fogón de la cocina y ponía a hervir el agua en la jarra de barro para que mi padre tomara su café antes de irse a trabajar y para mis hermanos quienes tenían que ir al campo a atender los animales antes de irse a la escuela. Después de eso tenía que preparar el almuerzo para llevárselo a mi padre y para que hubiera qué comer cuando mis hermanos regresaran de la escuela. Después se ponía a hacer la limpieza y enseguida a hacer las tortillas.

Estaba llegando a la casa de mis padres, pero no sentía ninguna clase de alegría como debiera ser. Mis intestinos rugían y crujían como si estuvieran exprimiéndose. Iba caminando a paso lento, como quien va llegando a un lugar desconocido, pero la verdad era que no quería llegar. En la entrada de la casa los pinos que flanqueaban el camino ya habían crecido, las plantas estaban en flor y la mata de caña de azúcar detrás de la llave de agua había aumentado.

El pequeño taller de carpintería estaba silencioso, posiblemente no había pedidos o mi padre se había ido a trabajar al campo. De pronto escuché mi nombre. Al instante reconocí la voz de mi madre. Me había visto llegar. De inmediato ella cruzó la puerta de la cocina corriendo para recibirme y repetía mi nombre con la alegría pintada en el rostro. Caminaba de prisa mientras secaba sus manos con su mandil manchado con masa de maíz. Yo también estaba sonriendo, pero no sabía dónde diablos meter mis manos vacías. Yo también apuré mis pasos para encontrarla. Me recibió con un abrazo mientras repetía mi nombre y decía que se sentía feliz de verme de vuelta en casa.

—No pude traerle nada, Madre —le estaba diciendo tratando de justificar el miserable bulto que llevaba bajo el brazo, pero ella hacía caso omiso de mis explicaciones, sólo estaba feliz de verme en casa. Entramos juntos a la cocina y ahí percibí un olor quemado. Mi madre había dejado una tortilla sobre el comal y ésta se estaba carbonizando.

—No pude traerle nada, Jefa —seguía yo tratando de explicar—. La Migra me detuvo y no pude traer nada.

Estaba diciendo aquellas mentiras a mi madre cuando desperté del sueño. Me incorporé de la cama y recorrí la vista por todo el cuarto, lentamente, como alguien que acababa de llegar después de una larga ausencia. Miré a través de la ventana encontrándome con la luz matinal de los rayos del sol que se había ya asomado entre los altos edificios.

—Era sólo un sueño —me dije en voz alta—. Ya es hora de salir a la calle y seguir buscando trabajo.

La imprenta ·

Una tarde, de regreso a mi cuarto luego de otro día de buscar trabajo, llegué junto a un edificio que más bien parecía sólo una enorme caja de concreto. A un costado había varios coches estacionados y se escuchaba un sonido ruidoso que provenía del interior. Me acerqué y me asomé a través de una amplia entrada cuya cortina de acero estaba levantada. El ruido que yo había escuchado lo producían dos hileras de máquinas trabajando en vertiginosa revolución. En el techo había, distribuidas, varias claraboyas. Se trataba de una imprenta.

Había una gran cantidad de rollos de papel de más de un metro de diámetro apilados uno sobre otro formando altas columnas que llegaban hasta el techo. Aquí y allá había montones de paquetes de papeles ya impresos. Una docena de hombres uniformados de azul iban y venían junto a las máquinas, gritaban, se hacían señas; algunos dando órdenes, otros obedeciendo; en la camisa llevaban dos parches a la altura del pecho. Uno decía el nombre de la compañía y el otro el apellido del trabajador. Un par de montacargas se desplazaban por los pasillos transportando rollos de papel y paquetes de papel ya impreso. En el aire flotaba un polvillo que era producto de todo aquel movimiento.

Me senté a mirar desde el umbral de la entrada.

Un joven apareció jalando un carro de mano sobre el que traía un tambo grande lleno de papeles manchados de tinta. Le vi avanzar trabajosamente hacia la salida, rumbo al basurero, que era un enorme cajón de metal colocado en el estacionamiento. Al llegar junto al basurero, descansó un momento. Miró hacia el gran cajón que era más alto que su estatura y después al tambo lleno de basura como midiéndolo. El joven era de baja estatura, flaco y la melena de cabello negro le caía hasta los hombros. Lo vi luchar en su intento por levantar el tambo hacia la boca del basurero y trató de colocarlo sobre uno de sus hombros, pero el peso lo hizo tambalearse y el tambo fue depositado otra vez en donde estaba. Lo escuché insultar al tambo e intentar de nuevo, pero no le dio resultado. Por último se dio por vencido y decidió ir vaciando la basura poco a poco, agarrando lo que sus manos lograban coger. Me ofrecí a ayudarle. Me miró extrañado y, sin decir nada, aceptó mi ayuda. Entre los dos alzamos en vilo el bote de desperdicio y fácilmente lo vaciamos al cajón.

—¿Eres mojado? —preguntó después de haberme dado las gracias por la ayuda prestada.

—Sí —dije yo—, ando buscando trabajo.

—Hace falta un barrendero. Ahorita yo soy el único, y el trabajo es para dos —dijo quejándose.

—¿Dónde puedo preguntar? —quise saber.

Me señaló el lugar donde estaban las oficinas.

Al entrar por una puerta de cristal, me encontré ante un largo pasillo con piso de mosaico. Entré en la primera puerta que encontré abierta. Había dos escritorios, tras de los cuales trabajaban dos mujeres jóvenes tecleando sobre unas máquinas de escribir. Una de ellas era rubia y ligeramente gorda, la otra era un poco más delgada y de piel morena.

Saludé para llamar la atención. La rubia que estaba más próxima a la puerta, alzó la vista y preguntó en inglés, en qué podía servirme. Eché mano de mi vocabulario de inglés diciéndole que andaba en busca de trabajo y que alguien me había dicho que necesitaban un barrendero. Todo lo que conseguí fue que la rubia quedara boquiabierta. Obviamente no me había entendido y yo me quedé mudo. Busqué atraer la atención de la otra secretaria, porque el color de su piel me decía que hablaba español o cuando menos debía comprenderlo. Las dos secretarias se miraron mutuamente mientras que yo me quedé callado y nervioso. Se dijeron algo en inglés y por la forma en que me miraron quizás pensaban que yo andaba extraviado.

—¿Le puedo ayudar en algo? —preguntó por fin la morena hablando un perfecto español, sacándome de apuros.

—Busco trabajo —dije— supe que necesitan un barrendero.

—Espere un minuto —dijo la morena.

Dejó su escritorio y se fue por el pasillo donde la vi desaparecer por otra puerta.

La rubia reanudó su tarea. Yo estaba nervioso. Me hacía ilusiones. Me dije que así se conseguían las cosas; así, de repente, cuando uno menos lo espera se encuentra lo que estaba buscando. Por ratos la rubia alzaba la vista y me sonreía, quizás para calmar mis nervios. Yo daba pasos a uno y otro lado, usaba mis dedos a manera de peine y me los pasaba sobre la cabeza, miraba al piso, al techo o al escritorio vacío de la morena.

Minutos después la vi aparecer desde el fondo del pasillo. Busqué mirarle al rostro tratando de averiguar la clase de noticia que traía, pero no vi ninguna clase de señal en su expresión. Pero después de todo, por qué iba ella a preocuparse por mi estado de ánimo, yo sólo era alguien que había llegado a preguntar algo y ella estaba cumpliendo con su trabajo, nada más. Al verla caminar por el pasillo me dio la impresión de que estaba desfilando o modelando su ajustado pantalón de mezclilla y su playera con el rostro de Michael Jackson al frente. Al pasar ante otra de las puertas abiertas, alguien le dijo algo porque ella volteó, sonrió, pero no se detuvo. Su andar era un tanto sugestivo y la mayor parte de su belleza se había concentrado en sus grandes senos de los cuales Jackson pendía bamboleándose y bailando como un títere a cada paso.

Al llegar a la oficina me anunció que me entregaría un formulario que debía llenar. Me señaló una silla mientras que ella fue al cajón de su escritorio y sacó una hoja amarilla que me entregó.

Ambas caras de la solicitud estaban llenas de preguntas en inglés y en español. No tenía domicilio pero sí hice uso de la tarjeta falsa del Seguro Social que había adquirido en Houston. Después de darle vuelta una y otra vez a la hoja, busqué ayuda con la morena. Ella revisó los datos que ya estaban anotados.

—¿Cuándo quieres comenzar a trabajar? —preguntó, con un

tono indiferente.

Para ella aquellas palabras eran como cualquier otra cosa, pero a mí llegaron como un eco que hacía mucho tiempo imaginaba escuchar.

—¡Inmediatamente! —fue mi respuesta.

La mota

En la imprenta llegué a ocupar el lugar del "Vampiro", ese era el sobrenombre de aquel a quien le había ayudado a vaciar la basura. A él lo designaron al puesto de "cachador" de los papeles que ya impresos salían como vomitados a gran velocidad de la máquina.

Los compañeros de trabajo me dieron la bienvenida, exigiéndome comprar un paquete de doce cervezas que nos tomamos después de las horas de trabajo. A sus preguntas, les respondí que yo era del estado de Oaxaca.

—¿Oaxaca? . . . Oaxaca . . . ¡El estado de la buena mota! —exclamó Javier, un chicano a quien apodaban "El Bueycito" cuyo hermano mayor era conocido como "El Buey".

Ambos aseguraban haber trabajado como coyotes en la ciudad de Nuevo Laredo hasta que dejaron de disfrutar de la simpatía de la policía mexicana. El Buey fue detenido y guardado algunos meses en la cárcel y allí aprendió a hablar como mexicano. Al llegar de regreso entre los chicanos usaba continuamente la palabra "buey", que en nuestro vocabulario significa un insulto menor que sustituye al nombre propio. Por ejemplo, se dice: "Oye, buey; Que tal, buey; Sí, buey; No, buey; Órale, buey" y palabras por el estilo, y a causa de eso los chicanos le apodaron como "El Buey" y a su hermano menor "El Bueycito".

—¿Tú siembras la mota? —preguntó Javier.

Cuando le contesté que no, ellos rieron incrédulos.

—Pero si tienes cara de marihuano —volvió a decir Javier.

Todos celebraron su observación.

—Pero es que no hay necesidad de sembrarla —les contesté

mintiendo para satisfacer su curiosidad—. Allá, sembrarla es vérselas con los traficantes, pero si tú llegas con los campesinos, van y sacan un manojo de un costal y te lo entregan, y no hay necesidad de estar fumando semillas como lo hacen ustedes.

—Aquí, la bolsita nos cuesta veinte dólares —dijo George Sánchez, el jefe de nuestro grupo—, y sólo es una onza.

—Allá, el kilo nos cuesta quinientos pesos.

Todos comenzaron a hacer sus cálculos transformando los pesos mexicanos a dólares y los kilos a libras y al ver que la marihuana salía costando poco menos de treinta dólares la libra, todos se prometieron ir algún día a Oaxaca a comprarla.

—Y eso no es nada al lado de los hongos alucinógenos de María Sabina en Huatla de Jiménez —les seguí diciendo para impresionarlos aunque yo no conocía aquel pueblo y mucho menos a María Sabina.

—María Sabina —dijo emocionado Javier, que al parecer era el que tenía más experiencia con cuestiones de drogas—. La reina de los hongos.

Javier ya había "viajado" con los hongos. Él y un amigo suyo se habían puesto totalmente fuera de la realidad con ellos. Lo último que él recordaba de aquel episodio era que su amigo intentó tirarse desde lo alto de un puente creyendo que los árboles de abajo le estaban hablando.

Los compañeros escuchaban su historia entusiasmados e hicieron vagos planes para viajar a Oaxaca.

—Solamente, hay que cuidarse —les previne—. He sabido de algunos gringos que han ido a Huatla de Jiménez y se han internado en la montaña buscando los hongos por su cuenta. Uno de ellos murió por haber comido hongos venenosos, otro se despeñó en una barranca y un tercero fue mordido por una víbora de cascabel. Todo por no consultar con María Sabina.

Mi cuarto

Tan pronto como me fue posible, abandoné el cuarto del hotel, pues ahí se estaban quedando con la mitad de mi salario semanal. Conseguí instalarme en un pequeño cuarto propiedad de una pareja de ancianos con los que acordé pagar la cantidad de cincuenta dólares mensuales. No era una gran suma. El cuarto sólo tenía como muebles una cama para la cual la dueña me facilitó un par de sábanas blancas y un cobertor, una mesa que antaño formó parte de un lujoso tocador con su respectiva silla y un guardaropa que estaba empotrado en la pared. Las paredes del cuarto estaban recubiertas con tablaroca y la pintura que seguramente había sido blanca era ahora de color amarillenta y las filtraciones de lluvia habían manchado las esquinas de un color café sucio. El piso estaba cubierto por una vieja alfombra. Un par de ventanas de tipo guillotina me ofrecían un panorama hacia dos calles.

La casa estaba construida en una esquina. Toda la propiedad estaba rodeada por una cerca de tela de alambre. La casa era de dos plantas, hecha completamente de madera, repintada de color blanco y situada en medio de un amplio jardín cubierto de césped y dos imponentes nogales.

Los ancianos vivían en la primera planta, pero al señor apenas si le había visto en las veces que el sol se asomaba, que era cuando su esposa, ya mayor de sesenta años, lo sacaba perfectamente abrigado al zaguán, en donde él permanecía sentado sobre una silla mecedora observando a su esposa realizar sus actividades domésticas. Por las noches, ellos se encerraban y no se oía más que el murmullo de la televisión o algún ruido esporádico. No había cruzado palabras con ellos mas que para los saludos de formalidad, salvo cuando tomé el cuarto. La anciana me había preguntado el nombre.

—¡Virgen Santísima! —exclamó al escucharlo, llevándose las palmas de las manos a la altura del pecho—. Apenas ayer, un hombre que se llamaba igual que usted se disparó un tiro en la cabeza.

Mi desdichado tocayo había vivido en la casa contigua. Era una casa vieja casi abandonada y que al morir mi tocayo, se quedó sin dueño, porque aquel hombre no tenía parientes a quien heredarla, no tenía a nadie. Ni siquiera un perro que le ladrara.

—¡Qué coincidencia! —fue todo lo que pude contestarle a la anciana.

—Seguramente el estado se va a quedar con la propiedad —dijo por último.

La tranquilidad de la casa y el aspecto desolado de mi cuarto me hacían sentirme deprimido, por lo que decidí comprar algunos posters para la pared. Sobre la cabecera de mi cama lucía una morena cuyo cuerpo parecía haber sido dibujado o cincelado, ella era alta y delgada con muslos redondos y caderas nacientes de una cinturita de hormiga. Era solamente una fotografía, pero ahí la tenía sobre la cabecera de mi cama, mirándome desde cualquier ángulo y dedicándome su inextinguible sonrisa.

En otra pared coloqué el dibujo de una calavera vestida de mezclilla, que montada sobre una motocicleta iba cruzando un cementerio en medio de la noche. En ancas traía a una mujer morena de brazos enplumados y extendidos hacia arriba, formando para ambos una especie de aureola. Sus pechos, grandes y redondos, los traía al descubierto y sus ojos grandes brillaban entre la oscuridad. Estos viajeros nocturnos más que sobre la tierra iban nadando sobre una neblina morada bajo un cielo azul oscuro. El resplandor de la luna se asomaba detrás de una nube negra, adornando de un color plateado el cuerpo de la mujer.

En una tercera pared tenía la fotografía de una mujer vaquera blandiendo diestramente una reata de lazar.

La mujer en la calle

Una noche, al terminar mi turno de tres de la tarde a once de la noche, y después de tomar algunas cervezas con mis compañeros en el patio del estacionamiento, me fui hacia mi cuarto, caminando como lo hacía usualmente, pues de mi cuarto al trabajo sólo mediaban unas ocho cuadras.

Dos cuadras antes de llegar vi a una mujer parada a media calle toda vestida de negro. La calle estaba en penumbras pero aún así pude apreciar que no se trataba de una mujer vieja, cuando mucho tendría unos treinta años de edad. Al pasar cerca de ella escuché que estaba llorando en continuos suspiros. Era baja de estatura y un poco entrada en carnes. La calle estaba desierta, salvo alguno que otro coche que pasaba de vez en cuando. Yo iba a seguir de largo, cuando escuché que me llamó a su lado.

—Lléveme con usted —me dijo para mi sorpresa en un tono casi suplicante.

Quedé perplejo ante su ofrecimiento. Puse más atención sobre ella. Su cara era redonda y el pelo, largo hasta media espalda, lo tenía alborotado y revuelto. No era bonita, pero tampoco fea. Me estaba proponiendo que la llevara conmigo, y viendo el asunto de buena manera, muy pocas veces había tenido la suerte de que una mujer pidiera irse conmigo y menos aún que lo pidiera con lágrimas en los ojos. Mi cama era de tamaño individual, pero ella no estaba demasiado gorda y yo tampoco. Vivía sólo y en la mente me pasaron las veces que había tenido que pagarles a las chamacas que se alquilaban por la calle del ferrocarril debajo del puente y ahí estaba con una mujer que voluntariamente pedía irse conmigo.

—Pues, vámonos —le respondí.

—No, pero no así nada más —dijo susurrando.

—Bueno, aquí traigo unos cuantos dólares, ¿dime cuántos vas a querer?

—Yo no soy de ésas —dijo protestando ligeramente.

—Vivo ahí —dijo señalando una casa que estaba exactamente frente a nosotros—. Tengo un carro, una televisión, estéreo y ropa que quiero llevarme. Ayúdame a sacarlos y me voy contigo a dónde sea.

La proposición no era mala, pero yo sabía que entrar a una casa y sacar cosas era algo que no debía hacerse, era arriesgado aún bajo el consentimiento de quien vivía ahí.

—Quiero dejar a mi marido —dijo aclarando la situación— y ahorita no está en casa.

Le vi sacar de la bolsa del pantalón un manojo de llaves; me dijo cuáles eran del carro y cuáles de la casa.

—Yo no entro a la casa —le dije—. Si quieres venir conmigo, hazlo tal como estás ahora y olvídate de las cosas.

Como toda respuesta, ella siguió insistiendo en llevarse sus cosas asegurando que su marido no estaba en casa. Me negué a hacer lo que estaba pidiendo y proseguí mi camino.

—¡Por favor! —dijo casi rogando, alcanzándome y tomándome del brazo—. Ándale, aquí están las llaves.

Comencé a dudar. Me dije que solamente ella conocía su casa y quizás sabía lo que estaba haciendo. Ella no sólo me estaba sujetando del brazo, sino que me estaba jalando hacia la casa y yo me dejé conducir imbécilmente. Me entregó las llaves y volvió a decirme cuál era la de la puerta y cuál la del carro. Rodeamos un pasillo en forma de U y llegamos a una puerta de malla. Ella me ordenó accionar la llave en la puerta. La puerta se abrió y al mirar al interior, no había nadie.

—Espérame un ratito mientras que recojo mis cosas —me dijo mientras se iba al cuarto contiguo.

Abrió el guardarropa y sacó prendas de vestir que iba amontonando sobre la cama. Por ratos me miraba sin dejar de mover las manos y vi que había dejado de llorar y por la expresión de sus ojos podía entender que seguía diciéndome que la esperara.

Yo me encontraba parado junto a la puerta sin lograr explicarme mi osadía. Estaba haciendo algo indebido.

Inesperadamente se abrió la puerta y ante mí se apareció un hombre con los ojos muy abiertos por la sorpresa, parecían enormes canicas que le bailaban en las cuencas. Sin esperar más, me lanzó un golpe directo a la mejilla. Trató enseguida de sujetarme por el cuello y gritando algo como "¿por qué había entrado a su casa?" El individuo no era más grande que yo y vi que también parecía asustado. De un sólo tirón le obligué a soltarme el cuello y le devolví el saludo que me había dado al llegar. Mi puño también hizo blanco en su mejilla. La mujer volvió a estallar en llanto y no respondió a las preguntas que él le había hecho. Cuando el individuo comprendió que no podría conmigo, saltó hacia la cocina y metió desesperadamente las manos en el lavabo, revolviendo ruidosamente las cucharas y tenedores sin quitarme la vista de encima. De repente vi que empuñaba un largo cuchillo cebollero de unos quince centímetros de largo.

Al ver aquéllo, abrí la puerta y de un salto libré los cuatro escalones que había frente a ella. El suelo estaba mojado y al caer mis pies resbalaron y me desplomé. Me levanté al instante y continué mi camino de huida. Al voltear vi que el individuo corría tras de mí blandiendo el puñal que brillaba entre la calle mal iluminada. Corría tras de mí gritando que lo esperara, pero yo no tenía nada que platicar con aquel enorme puñal y seguí corriendo tan rápido que casi volaba. Pronto llegué ante el portón de la casa. La velocidad que llevaba me permitió entrar sin abrir la reja. Busqué a mis espaldas al individuo y no lo encontré.

Mientras subía los escalones iba buscando las llaves de mi cuarto y entré sin prender las luces. Me senté en la cama jadeando y después miré a través de la ventana. No había pasado ni un minuto cuando vi venir dos coches desplazándose lentamente por la calle por la que había llegado corriendo, cada uno de ellos con cuatro pasajeros adentro mirando hacia uno y otro lado de las aceras.

En el segundo coche, uno de los ocupantes, con una linterna en la mano iba alumbrando las sombras detrás de los arbolillos que había en los camellones. Entendí que el individuo, al no poder darme alcance y considerando que a pie yo no llegaría muy lejos, había regresado a pedir auxilio a sus vecinos. Pasaron una y otra vez, de arriba abajo y volvieron a pasar, siempre lentamente, pero no me encontraron; después ya no los vi más.

Me tendí sobre la cama. La calavera motociclista pareció mirarme burlonamente.

Un carro

Mientras llegaba la hora de relevar al turno saliente en la imprenta, los compañeros gastábamos el tiempo platicando en el estacionamiento.

Una tarde, al llegar al trabajo, George y El Vampiro ya estaban en el estacionamiento y tranquilamente se encontraban fumando dentro del coche de George. El Vampiro era el cuñado de George. Después llegó Juan, un chicano alto y gordo, de unos veinte años. Enseguida llegó Javier, El Bueycito, a bordo de una vieja carcacha.

—¿Qué onda esos locos? —saludó como habitualmente lo hacía—. No se la estén quemando solos, rólenla con los amigos.

Javier bajó de la vieja carcacha después de haberla estacionado y caminó hacia donde nosotros estábamos. Traía un semblante alegre.

—Ya me compré una troquita, esos locos —dijo, y se quedó esperando a que también nosotros participáramos de su alegría.

—Ya era tiempo, cabrón —le contestó George socarronamente—. Yo creí que pensabas morir dentro de esa carcacha y que te enterraríamos con ella . . . Y, ¿qué vas a hacer con ella? ¿La vas a yonquear?

Javier no contestó a la pregunta, sino que volvió la vista hacia el viejo vehículo como si George le hubiera recordado que debía pensar qué hacer con él.

—Mi carruchita —dijo con cariño, como si hasta ese momento cobrara conciencia y estuviera pidiéndole perdón por haberla sustituido.

Regresó al lado del carro y le dio una palmada sobre el dete-

riorado capacete negro que ya estaba despellejado en partes. Le
miró las múltiples abolladuras sobre su dorada carrocería, unas
más hondas que otras por los cuatro costados, luego caminó en
derredor sin dejar de mirarlo.

—Si este carrito hablara —se dijo, y después nos miró a nosotros—. Si hablara, les contaría historias, esos locos, muchas historias. Cuántos mojados no transportamos con ella desde Laredo
a Houston, a Dallas o aquí en San Antonio. Siempre potente,
siempre fuerte. Siempre corriendo y como si nada. Hemos corrido al parejo con patrullas de policía de caminos, cargando mojados y ellos sin sospechar nada. Yo al volante, sudando frío hasta
empaparme, pero nunca me detuvieron.

—Ese mueble está bien para ti —me dijo George—. Si sigues
a pie, es más fácil que la Migra te eche el guante.

—Es cierto, ese loco —intervino Javier, quizás atisbando la
oportunidad de una mejor ganancia de lo que le darían en el tiradero—. Te vendo mi mueble, está feíto pero es de aguante. Doscientos dólares, y es tuyo.

Respecto a la Migra que había mencionado George, me tenía
sin cuidado, pues ya llevaba algunos meses caminando del trabajo a la casa y de la casa al trabajo y hasta la fecha no había vuelto a ver a los uniformados verdes desde que nos detuvieron la primera vez que tratamos de cruzar la frontera. Si bien tenía la
obsesión de hacerme de un vehículo, pero no era para inmediatamente, además que el aspecto de aquella vieja carcacha, no era
muy atractivo. Costaba imaginarla en sus buenos tiempos. Pon-
tiac, de cuatro puertas y de ocho cilindros; carrocería de color
dorado con un sinnúmero de raspaduras y abolladuras. El capacete despellejado; el cofre ya no cerraba bien. Los asientos negros,
aunque parecían cómodos, estaban manchados de líquidos que se
vertieron y secaron. A través de algunas roturas de la tela, la
esponja comprimida luchaba por seguirse liberando. En el tablero
todo funcionaba excepto el radio, cuyo lugar estaba vacío. Sólo
había que asomar la nariz a la ventanilla para percibir el olor a
mugre mezclado con el tiempo.

—Cuando mucho te daría cien dólares —le dije a Javier, tratando de esa manera que él retirase su oferta.

Para mi sorpresa, Javier extendió el brazo derecho hacia mí con la palma abierta hacia arriba.

—Dando y dando y pajarito volando —dijo mientras que metía la mano izquierda en la bolsa del pantalón y sacaba las llaves.

—No me rajo —le contesté.

Saqué mi cartera. Conté cien dólares y se los puse en las manos.

—Debes calar el carro —recomendó George.

No tenía mucho caso aquella recomendación. Primero, porque ya estaba hecha la transacción. Segundo, porque me constaba que el carro funcionaba, durante un buen tiempo le había visto entrar y salir del estacionamiento de la imprenta. Tercero, yo no sabía calificar un buen funcionamiento respecto a uno malo y tampoco sabía manejar. No obstante, con la ayuda de Javier y George, hicimos aquel trabajo por algunas calles aledañas a la imprenta.

Cuando al fin Javier se despidió de su mueble, me informó que en la guantera estaban los papeles. Que el motor tiraba un poco de aceite y me recomendó que constantemente le agregara un aditivo especial. Que antes de sacarlo a la calle debía ponerlo a funcionar cuando menos unos quince minutos para restarle la emisión de humo en la calle porque eso iba contra la ley y que me podía costar una infracción. Por último dijo que las llantas delanteras estaban un poco lisas y que debía tener cuidado para manejar en la temporada de lluvias.

No obstante al estado del carro, por el sólo hecho de sentirme propietario de él, me hizo experimentar una sensación de contento. A decir verdad, el vehículo no lo necesitaba. La distancia que me separaba de la casa al trabajo siempre la había recorrido a pie, lo mismo que de la casa al supermercado o de la casa al centro de la ciudad, además de que los autobuses del servicio urbano siempre eran puntuales como las manecillas del reloj. Pero me sentía contento, quizás por el hecho de emular a los norteamericanos entre quienes no había conocido a uno sólo que no fuera propietario de un coche.

El Vampiro, aquel individuo enclenque que ganaba el mismo sueldo que yo, había cambiado de carro un par de veces desde que yo había entrado a trabajar a la imprenta. George, el jefe de nuestro equipo, tenía un carro para el diario y otro para pasear con su familia los fines de semana. Después de todo yo no tenía por qué estar decepcionado del carro. Encendía al primer contacto. El acelerador funcionaba a la perfección de la misma manera que los frenos, y sin que tuviera que moverme del volante podía subir y bajar a mi antojo los cristales de las ventanillas con sólo accionar unos botones que tenía a mi lado y su carrocería de gruesa hojalata me hacía sentir seguro como si fuera manejando un tanque.

Un día antes de la celebración de *Halloween* recibí una carta de mis padres. Ellos se encontraban bien y no tenían ninguana noticia, aparte de que una de las vacas había parido un bonito becerro. En la carta me recordaban que ya se estaba acercando la fiesta de Todos los Santos, que comprendían que no podía estar con ellos en la fiesta y se conformaron con desearme que la pasara bien.

Lo mejor que se me ocurrió fue contestarles con una larga carta mencionándoles mi trabajo en la imprenta; les platiqué también de la novedad que tenía estacionada frente a la casa donde vivía y les hice saber de mi nostalgia por la fiesta del pueblo.

Cómo no habría de extrañar el Día de Todos los Santos. Al imaginarlo, casi estaba escuchando el acompasado repicar de la campana desde la torre de la iglesia, mientras que sobre las calles de tierra la gente iba subiendo y bajando muy despacio siguiendo la cruz que iba sostenida por alguien que, por la seriedad que requiere la ceremonia, parecía una estatua andando. Atrás de la cruz, el cantor, con su libretilla en mano iría rezando el Padre Nuestro una y otra vez, llevando el compás con los pasos. A un lado lo iría acompañando el encargado de portar el recipiente del agua bendita quien, al llegar ante cada puerta, sumergiría la amarillenta flor de muerto, cempoaxochill, para trazar una cruz con el agua bendita. Atrás lo seguiría la procesión de gente que gustaba acompañar a la cruz en su recorrido por todas y cada una de las casas del pueblo. Todos tenían la obligación de guardar el debido respeto por la celebración y estaba estrictamente prohibido jugar o reírse.

Para encargarse de guardar el orden y la seriedad iba "Tah Rueda", o sea, el señor Juez de las llaves de la iglesia, apoyado por sus ayudantes que iban armados del "Yetih Shquia", que era una especie de fuete hecho con el miembro del toro debidamente curtido y arreglado en forma de trenza. Era un efectivo castigo para el desorden, pero también era motivo de diversión para los acompañantes de la cruz que siempre trataban de provocar a alguien más para que fuera castigado. Cuando eso sucedía, la mano que sostenía el fuete se elevaba para después descender silbando al cortar el aire, enseguida se oía el chasquido al chocar contra la espalda del individuo en cuestión. Este individuo podía acusar a alguien más, pero el vigilante no consentiría si no veía o escuchaba algo digno de ser amonestado. Esto me hacía pensar en mi amigo Iginio quien estaba enamorado de una de las jóvenes del pueblo pero que no se había atrevido a hacérselo saber aunque ella lo estaba esperando. En la fiesta de Todos los Santos, la cruz pasó a la casa de la joven, e Iginio, que había seguido la cruz expresamente hasta su casa, se hizo castigar varias veces sólo porque ella estaba presente, para demostrarle de esa manera que él era realmente muy macho. Un día después Iginio andaba con la espalda amoratada y la joven, aprovechando la oportunidad, se ofreció a curarlo.

Luego de haber rezado frente al altar de la casa, los anfitriones obsequiaban a los acompañantes de la cruz con copas de mezcal, chayotes cocidos, naranjas, chicles, en fin, todo lo que la familia tuviera voluntad de dar.

Después, el encargado de portar la cruz volvía a encabezar la procesión hacia la siguiente casa. El cantor se cansaba y tenía que ser sustituido por otro, de la misma manera que el portador de la cruz. También los acompañantes de la procesión se cansaban y llegaban a quedarse borrachos, pero siempre había alguien que los sustituyera. Cuando la cruz visitaba todas las casas volvía a ocupar su lugar en el altar de la iglesia, y ahí se quedaba hasta el próximo año.

En la casa de mis padres, el altar estaría bien adornado con flores de muerto, flores de moco de guajolote, flores de diente de ratón, con racimos de plátanos de todas las especies, naranjas, limas, dulces, mezcal, tortillas, mole rojo, tamales, galletas, refrescos, agua, chocolate, cervezas, las grandes piezas de pan de forma humana y en el centro, el pollo debidamente alineado. Todo en derredor de las imágenes de los santos del altar familiar para que los muertos llegaran en el día y la hora señalados para saborear suficientemente de todo ese manjar, porque no habría atención para ellos sino hasta el próximo año.

Durante una de las fiestas, platicando con mi abuela le preguntamos si en verdad los muertos regresaban ese día a visitar la casa en donde habían vivido en vida. Como respuesta, la abuela nos contó el caso de una hija que le había hecho la misma pregunta a su madre que estaba agonizando. La hija, llena de pena y dolor le decía a su madre que la esperaría el día de los difuntos, pero le pedía a su madre que cuando llegara, se le manifestara de alguna manera. Por fin madre e hija acordaron que sería mediante una sacudida que ella le daría a la mesa de la cocina. La madre murió y fue enterrada. El día de los difuntos la hija se esmeró lo mejor que pudo para adornar el altar y exactamente a las doce de la noche le pidió a sus familiares que la dejaran sola. Contó mi abuela que aquella mujer vio llegar a su madre al frente de una fila de espíritus y que cada uno de ellos sostenía una vela en la mano. Tal como habían acordado, su madre sacudió la mesa para demostrar su presencia. Luego, al salir, cada uno de los espíritus entregó su vela a la hija. Al amanecer del día siguiente, los familiares de la hija la encontraron muerta en la puerta de la casa y las velas que le habían entregado, se habían convertido en huesos.

—¿Por qué murió la hija? —le había preguntado a mi abuela.

—Su madre se la llevó para que no siguiera sufriendo —fue

la respuesta de mi abuela.

Mientras que la fiesta en el pueblo duraba dos o tres días y que además eran días en que no se trabajaba, aquí no era un gran acontecimiento. Le llamaban *Halloween,* o sea "El día de los espantos". Durante ese día se trabajaba normalmente y por la noche la gente se disfrazaba de brujo, mago, jorobado, pirata, en fin, se vestían de cualquier manera para parecer espantajos, luego, se reunían con los amigos para bailar y tomar cerveza. Es una celebración un tanto simple y fría a mi manera de ver. Los niños por su lado, también se disfrazaban, luego en grupos se iban por las calles tocando puertas, coreando *Trick or Treat*, que es algo así como decir "Dame dulces o te hago una maldad". En las casas se proveían de buena cantidad de dulces para dar a los niños. Esa noche del *Halloween* me la pasé con la dueña de la casa repartiendo dulces. Ella me contó que en ocasiones los niños sí habían hecho maldades cuando no les daban dulces, rompiendo los cristales de las ventanas o rayando las paredes.

Me contó, además, de cómo había llegado a establecerse en los Estados Unidos. Ellos son del estado de Querétaro, de donde ellos habían emigrado hacía cuarenta años. Su esposo había llegado a Texas en calidad de bracero y tuvo la dicha de que su patrón le pudo arreglar la residencia en los Estados Unidos; poco después había ido por su esposa a Querétaro.

Desde entonces, sólo una vez, en el año de 1965, había ido a visitar su pueblo por la muerte de su padre. Tenía parientes, pero ellos ya no sabían de ella ni ella de ellos.

—Ahora —dijo ella— no falta mucho para que a nosotros también nos llegue el turno de descansar para siempre.

—Usted aún está fuerte —le contesté— solamente para no afirmar lo que ella había dicho.

—Que va, ya nos toca. Mi esposo en cualquier rato se despide y yo también. Todo lo que hemos hecho ha sido comprar la casa y ahora pensamos venderla. La única condición que vamos a exigir a quien se la vayamos a vender es que nos deje vivir aquí mismo alquilando hasta el final.

—¿Le ha gustado Estados Unidos? —le pregunté para hacerla cambiar de conversación.

—Pues, ya no sé que decirle exactamente, porque uno se acostumbra a vivir en donde uno puede ganarse la vida y de lo que yo recuerdo de mi pueblo, allá éramos pobres y aquí no somos ricos pero cuando menos nos hicimos de nuestra casa y criamos a nuestros hijos, eso es todo lo que el Señor nos ha permitido hacer.

Grupos de niños pasaban frente a la casa y ella metía la mano en una y otra bolsa entregándoles un puño de dulces surtidos a cada uno. Algunos pasaban acompañados de sus padres.

—Pobres inocentes —dijo la señora al verlos alejarse con su regalo entre las manos—. Los padres ahora siempre acompañan a sus hijos por temor de que los vayan a envenenar, como ha pasado otros años. Ha habido gente enferma de la cabeza que les han agregado veneno o alfileres a los dulces, y algunos niños murieron por eso. De repente han surgido locos aquí en los Estados Unidos —dijo ella.

La mesera

Era sábado por la mañana, luego de un sueño que se había llevado el cansancio de la semana de trabajo y un baño en la tina durante casi una hora, me puse tras el volante de mi automóvil y comencé a recorrer las calles de San Antonio sin rumbo determinado, dispuesto a gastar el fin de semana de la mejor manera posible. A la hora en que los intestinos reclamaron la necesidad de alimentos, regresé a la fonda donde acostumbraba comer diariamente. Es una fonda pequeña a sólo dos cuadras de la casa. Antes de que me sirvieran la comida me había tomado ya un par de cervezas, y Paty, la mesera del restaurante a quien ya incontables veces había invitado a salir a pasear conmigo pero que siempre se había negado, me sugirió que no tomara tantas cervezas. Ella era bajita de estatura, de grandes ojos y largas pestañas.

—¿Por qué he de mantenerme sobrio si no tengo a quien cuidar más que a mi mismo y a mi carcacha? —le contesté insinuándole por las veces que la había invitado a pasear.

A ella solamente le dio por sonreír y continuó su trabajo.

—Me compré un carro —le dije aunque ella ya me había visto subir y bajar del auto.

—No sabía que era tuyo —contestó sin interés.

—Está feíto, pero es de aguante —le dije repitiendo las mismas palabras de Javier.

—Es grande —le volví a decir mientras ella colocaba los cubiertos frente a mí—. He de parecer un fantasma manejando tras el volante.

Ella se rió de mis palabras porque sabía hacia dónde estaba tratando de llegar.

—Me gustaría que tú ocuparas un lugar a mi lado para que lo llenaras con tu alegría y de tu belleza —dije insistiendo.

Ella volvió a sonreír y se justificó diciendo que le daban miedo los carros.

—Te entiendo muy bien. Yo y mi carro tenemos un parecido en lo feo, pero te aseguro que tenemos un gran corazón. Posiblemente después vaya a comprar otro carro, pero por ahora, con ése me siento contento.

—No es por eso —explicó—. Tengo que trabajar y cuidar a mi madre que está enferma.

—Espero que tu madre se cure pronto.

—Gracias.

Siempre el final era el mismo.

La policía

Poco después me vi manejando por las calles de un barrio residencial donde, por la quietud que reinaba en las bonitas casas adornadas con vistosos jardines y por las calles sin un sólo rastro de basura, parecían más bien deshabitadas. De cuando en cuando me encontraba con coches en sentido contrario y estos se veían conservados impecables y brillantes. El problema comenzó cuando descubrí tras de mi carcacha un coche patrullero. Por el espejo retrovisor vi a sus ocupantes. Eran hombres blancos pulcramente uniformados. Sus ojos parecían mirar severamente a mi carcacha, o al menos esa fue la impresión que me dio la mirada llena de autoridad bajo la gorra. Di vuelta en la siguiente esquina con la intención de que ellos siguieran su camino, pero ellos hicieron exactamente lo mismo que yo había hecho, y siguieron detrás de mí conservando la misma velocidad. Evidentemente era a mí a quien estaban vigilando y eso me puso nervioso. Cuidé de la velocidad que marcaban los anuncios y en cada vuelta cuidé también de usar bien las direccionales para no darles un sólo motivo de infracción. A la vista, las placas estaban actualizadas, las luces funcionaban perfectamente y el humo del escape no era tan visible en esos momentos. Seguramente sabían que estaban siguiendo a un mojado. Somos netamente reconocibles, tanto como si aún nos estuvieran mirando cruzar el Río Grande y las gotas de agua no se nos terminaran de secar. Después de tres cuadras seguían detrás de mí, quizás esperando un error de mi parte para detenerme. Si eso pasaba, descubrirían que andaba sin licencia de manejo, sin aseguranza para el carro y mucho menos aseguranza para mí. Tan pronto como descubrí que me encontraba cerca de una autopista, enfilé hacia ella tratando de no mostrarles que estaba nervioso. Cuando vieron que tomé el carril que me desembocaría a la autopista, dejaron de seguirme. Cuando se borraron en el retrovisor de mi auto, respiré aliviado, pero me sentí como un perro a quien otro más grande lo había expulsado de su territorio.

El incidente me puso a pensar en mi situación. Era claro que legalmente no me estaba permitido andar maniobrando el volante de mi carcacha por las calles de la ciudad, pero qué mas da ¡Si era el mismo derecho que me permitía andar en los Estados Unidos! Pisé el acelerador con más fuerza como para reafirmar mis pensamientos, pero era solamente una manera de recobrar el valor que me había hecho vacilar y sudar unos momentos antes, cuando los policías andaban detrás de mí.

Sin saber cuánto tiempo llevaba recorriendo en la autopista vi en los letreros que decían que iba rumbo al norte. No era mi intención salir de San Antonio, pero al ver que aún era temprano y que no tenía que volver a trabajar sino hasta el lunes por la tarde, seguí adelante. Por ratos estuve tentado a regresar a San Antonio para seguir insistiendo con Paty, pero estaba seguro que tampoco ese día conseguiría nada. Puse a funcionar el tocacintas que llevaba en el carro y le coloqué un casete.

El *low rider*

La cinta contenía la música de los cincuentas que le gustaba a los *low riders*. El casete lo había comprado un día después de que había ido a una de las cantinas del centro de la ciudad. Aquella noche la maloliente cantina estaba atestada de clientes. Todas las mesas estaban ocupadas. En la pequeña pista de baile, entraban y salían las parejas que se movían al compás de la música que brotaba de la rocola. Llegaron entonces dos parejas de chicanos que primero miraron el ambiente desde la entrada y luego uno de ellos se fue a la barra a comprar cerveza para él y para sus compañeros.

El otro se fue directo hacia la rocola y depositó algunas monedas por la ranura y se puso a oprimir algunos botones. Eran pachucos y estaban vestidos como quien se dirige a una fiesta. Las canciones en español dejaron de escucharse y comenzaron a oírse unas melodías en inglés con un ritmo pegajoso y romántico. Me gustó la canción y me fui al aparato buscando encontrar el nombre de la canción que estaba sonando. Lo encontré: era "*Sixteen Candles*". Las dos parejas de pachucos se pusieron a bailar abriéndose un lugar en la pequeña pista. Un minuto más tarde uno de ellos había desaparecido y a su pareja la vi recargada contra la pared con una lata de cerveza en la mano tarareando la canción mientras movía rítmicamente la cabeza.

Ella tenía puesto un vestido negro de seda que le cubría hasta las pantorrillas y una cintilla de la misma tela mostraba perfectamente su delgada cintura y el comienzo de sus caderas. Su rostro ligeramente afilado estaba cubierto de maquillaje, la luz negra que reinaba en el local le daba un aspecto salvaje. Su cabellera era larga hasta la espalda y estaba peinada hacia atrás, abultándosele en la frente.

"Sixteen Tons" estaba sonando después en la rocola y había visto que ella seguía sola junto a la pared moviendo el cuerpo como queriendo bailar. Me le acerqué y le extendí la mano en señal de invitación. Sin objeción alguna y sin decir una sola palabra, caminó conmigo y nos hicimos lugar en la pista. Al lado teníamos a la otra pareja de pachucos bailando. Yo miraba al pachuco y trataba de imitar sus movimientos. Tenía las manos bien refundidas en las bolsas laterales del pantalón y movía la cabeza como estirando el cuello como un gallo al ir caminando. Luego erguía la cabeza un poco hacia atrás, sacaba la barbilla y adelantaba el pie derecho, moviendo solamente la rodilla. Después movía la cabeza y los brazos como un boxeador que estaba buscando un descuido en la guardia del contrincante, haciendo gestos con los labios y de repente haciendo ademanes que haría un director de orquesta.

—*Are you a Low Rider, man?* —preguntó mi pareja.

—*¡Yep!* —le contesté.

Me había hablado en inglés pero había alzado la voz por sobre el ruido de la música y aquella frase me parecía conocida.

—*All right!* —le escuché exclamar ante mi respuesta.

Quizás fue porque yo estaba tratando de imitar al pachuco o también pudo haber sido por la camisa de cuadros que llevaba sin fajar, mi pantalón kaki y mis zapatos choclos bien lustrados.

—*You like blues?* —volvió a preguntar mientras que sus ojos brillaban y sus labios se estiraban formando una amable sonrisa.

Volví a emitir el mismo ruido de la primera vez.

—*Oldies* —fue todo lo que pude decir, porque ya lo había visto escrito en algunos carros de *low rider.*

—*Right!* —contestó ella.

El disco terminó y cuando ella volvió a su lugar, el ausente ya había regresado. Ella lo tomó del brazo y salieron juntos de la cantina.

La vida nocturna en Dallas

Unas horas después estaba ante las puertas de Austin, pensé en tomar cualquiera de las salidas a la ciudad pero estaba indeciso. Allá a lo lejos se veía una torre blanca con su gran reloj. Seguramente fue desde esa torre donde un fulano había subido con sus rifles y se había puesto a matar personas así nada más porque sí, según me había contado mi casera.

Mientras duró mi indecisión me vi con rumbo a la ciudad de Dallas. Me detuve un par de veces. Una para cargar gasolina y otra para saborear unas piezas de pollo del Coronel Sanders que por cierto no estaban tan sabrosas como me sabría un caldo de pollo en mi pueblo con sus debidos condimentos. Además, antes de comer el pollo mi madre nos mandaba a todos los hermanos a que fuéramos al gallinero, y quien lograra atrapar a la gallina que ella había designado para sacrificar, le tocaba comerse la pechuga. La diversión era en grande, máxime cuando en el gallinero había algún gallo que defendía furiosamente a sus gallinas repartiendo picotazos.

Ya era de noche cuando llegué a la ciudad de Dallas. Me interné por la ciudad desconocida. Al igual que en San Antonio, había también grandes construcciones antiguas entre los altos edificios rascacielos.

Por pura casualidad llegué debajo de un puente de concreto, del cual no vi la manera de salir porque se encontraba en penumbras. Cuando a un costado descubrí un estacionamiento que ya albergaba a varios carros, me fui hacia él y me estacioné en el primer espacio vacío. Sin bajar del carro noté una vieja casona envuelta en penumbras y un letrero de neón que decía "*Starck*

Club". Me sentía un poco cansado y ya no tenía ganas de seguir rodando. Después de descansar un momento me acerqué al club.

Era como llegar a una caja de ruido. Una música estridente retumbaba por todos lados. En la entrada estaba un joven delgado y alto. Me dijo algo en inglés, pero por el ruido no le entendí absolutamente nada y me quedé parado completamente convertido en un signo de interrogación. Al notarlo, el portero extendió los diez dedos de las manos muy cerca de mi cara para que los pudiera ver muy bien.

—¡Ah! . . . . ¡Diez dólares! —dije al fin.

—*Yes,* diez dólares —repitió tratando de hablar en español.

Adentro había una amplia estancia de forma rectangular. Era más o menos treinta metros por quince y en el centro había un hueco de forma cuadrada protegido por un barandal que iba a dar a un piso inferior al cual se llegaba por medio de unas escalinatas. En los extremos había cortinas que pendían del techo y dividían el espacio en pequeños privados, los cuales estaban amueblados con un sofá cómodo y una mesita de centro. A un costado estaba la barra y junto a ésta, la cabina del encargado de poner la música.

Después de haber pagado reparé en el precio, que me pareció elevado, pero, ya estaba adentro y yo era uno de los primeros clientes. Me compré una cerveza y me fui a uno de los sofás. El lugar, si no era un lugar para ricos, sí para gente con mejores ingresos que un obrero.

Los clientes comenzaron a llegar, eran hombres y mujeres jóvenes luciendo ropa de buena tela aunque muy extravagante. Entre los que llegaban, algunos traían el cabello pintado de rojo, otros de color verde, y otros aun de color morado; vi cabelleras enmarañadas, arreglos despeinados a propósito y peinados como cresta de gallo. Las mujeres usaban blusas largas de colores encendidos, anaranjados, verde limón, amarillo canario, pantalones muy ajustados al cuerpo y el cabello también a la manera de los hombres.

—Heme aquí entre la onda Punk —me dije a mí mismo.

Entre ellos había también los que venían vestidos formalmente. Saco sport, corbata, el cabello corto y peinado. A otros era difícil distinguirlos de entre las mujeres porque también usaban pantalones de colores chillantes, lo mismo que el cabello y la línea de las cejas delineadas, la única diferencia era que el pecho era completamente plano.

Grande fue mi sorpresa, cuando entre aquella clientela aparecieron un hombre y una mujer de mediana edad vestidos con un mandil rojo, una escoba en una mano y un recogedor en el otro. Caminaban sin prisa escudriñando el piso; eran de piel morena y bajos de estatura.

Me pregunté si habría en todos los Estados Unidos un sólo lugar en donde los mojados no hayamos llegado. Me imaginé que hasta en la misma Casa Blanca serían mojados los que hacían la limpieza.

Al club siguió llegando gente de la misma apariencia. No había un sólo minuto de silencio. Un disco tras otro mantenía la estancia llena de constante ruido. El hueco que daba al piso de abajo era la pista de baile, pero no eran parejas de hombre y mujer solamente, sino que había parejas que estaban bailando hombre con hombre y muchos bailaban solos en las escaleras. No había límite a la extravagancia. Al momento entraron al club un par de jóvenes vestidos con *shorts* ajustados y chalecos de piel, cortos hasta arriba del estómago y portando brazaletes con chapetones en los biceps y en las muñecas.

—¡Quiubo paisanos! —saludó el latino que yo había visto con el recogedor y la escoba.

Su acento no era mexicano, más bien centroamericano. Más tarde me dijo que era de San Salvador.

—¿Qué sabes de la guerra que hay en tu patria? —le pregunté.

—De la guerra sólo sé lo que he visto en la televisión —respondió—. No sé nada pues hace tiempo que salí, pero la guerra no deja trabajar a gusto. Ha de seguir igual creo yo.

—Y, ¿de parte de quién estabas cuando vivías en San Salvador?

—¡De parte de nadie! Por eso me vine a los Estados Unidos —respondió el salvadoreño y se fue tal como había llegado empuñando sus herramientas de trabajo.

Al club entró otro latino más, gordo, de vientre abultado y al que el alcohol ingerido ya no le permitía caminar en línea recta. Cuando encontró a la primera dama a su paso, extendió ante ella la mano invitándola a bailar y ella no lo aceptó; siguió recorriendo el salón hasta dar la vuelta completa. Nadie quiso ser su pareja, por fin terminó por recargarse contra el barandal observando a los que estaban bailando en la pista.

Cuando me llegó la hora de ir a los sanitarios, seguí encontrando particularidades extravagantes. Sobre las puertas había unas letras proyectadas desde una pared opuesta. En una decía FEMME y en la otra, HOMME. No eran palabras en inglés y tampoco español pero tenían un parecido con el español. Estaba ocupado en vaciar las cervezas que ya había ingerido al mingitorio, cuando al voltear a un costado, vi que una mujer joven se encontraba recargada contra la pared. Mi primera reacción fue que me había equivocado de puerta, pero después de una rápida mirada en derredor, caí en la cuenta de que una mujer no podía usar los mingitorios empotrados en lo alto de la pared. Era ella la que estaba en el lugar equivocado. La tenía yo a un metro de distancia, pero ella no parecía darse por enterada de mi presencia. Le miré al rostro y su mirada parecía perdida, pudiera ser que ella ni siquiera sabía que se encontraba en el sanitario.

Al salir, me detuve un instante en el pasillo frente a aquellas puertas y vi que por la puerta que correspondía a las mujeres salieron dos hombres sin ninguna clase de inhibición. Curioso, empujé ligeramente la puerta y estuve esperando que en cualquier momento surgiera una voz para prohibirme la entrada, pero nadie dijo nada. Adentro reinaba un bonito espectáculo: media docena de mujeres blancas se encontraban en lo que parecía ser la antesala de los baños adornado con un par de mullidos sofás sobre la pared, a lo alto había una televisión mostrando la imagen de una piscina. Algunas descansaban sobre los sofás y otras estaban ante los espejos del tocador. Esperé gestos de sorpresa ante mi presencia, pero al igual que la joven que vi en el sanitario de hombres, éstas estaban indiferentes, seguían peinándose o retocándose el maquillaje.

Yo tomé asiento en uno de los sofás y prendí un cigarro. Una de las que estaban frente al espejo se levantó completamente la falda para acomodarse la pantaleta mostrando un par de piernas largas bien torneadas de delicada piel blanca y unas trémulas nalgas redondas. La joven terminó de acomodarse la pantaleta, después se desabrochó la blusa, y ante mi vista emergieron un par de senos blancos de regular tamaño con pezones rosados.

—Ayúdame a ponerme la crema —le dijo en inglés a la que estaba a su lado y le puso entre las manos un pequeño frasco.

La otra obedeció y comenzó a darle masajes en la espalda. Se dijeron algo entre ellas pero no era por mi presencia. Al concluir el masaje, ella volvió a colocarse la blusa y sus senos quedaron nuevamente escondidos bajo la delgada tela. Se volvió hacia el espejo, se alisó el cabello, luego, las dos caminaron parsimoniosamente hacia la puerta de salida.

—Trabajas en un lugar muy atractivo —le comenté al salvadoreño al pasar junto a mí en una de sus vueltas en busca de basura en el suelo.

—Pues sí, hombre —contestó el salvadoreño— Eso es cosa de todos los días, pero ni creas que se les despierta la sangre, por sus venas sólo corre cocaína. Nada más mírales la cara.

—Bueno, cuando menos tienes para mirar —le volví a decir—. Una de entre cien ya te habrás conquistado, ¿no?

—No, qué va —dijo con enfado—. Aquí, para conquistar a una mujer hay que parecer mujer, y si traes una bolsita de cocaína, cualquiera de ellas se te abre de piernas, hermano.

—Pero ese polvo es caro, hermano, si tan sólo un tanto de la punta de mi dedo meñique, cuesta lo que yo me gano en una semana de trabajo . . . imagínate.

Una joven de unos dieciocho años, de pelo rubio, largo y enmarañado, vestida con un blusón verde que le llegaba hasta las caderas y de mallas color rojo carmesí, ofrecía el aspecto del cual me hablaba el salvadoreño. Ella estaba de pie frente a un pilar de concreto que iba del piso al techo, mirándolo con expresión ausente, perdida, más allá o más acá o en ninguna parte. De pronto, comenzó a contonearse muy sensual y muy lentamente hurgando con sus dedos su alborotada cabellera siguiendo el ritmo de la música; quizás después de pensarlo profundamente había decidido por fin darle el "Sí" al pilar y en esos momentos era su pareja y comenzaban a bailar. Ella, con la mirada fija sobre el pilar, se le fue acercando poco a poco hasta que con sus manos fue tocando su redonda superficie balbuceando algo entre labios hasta que lo rodeó completamente con sus brazos, cerró los ojos y pegó la mejilla, muy suave y muy dulcemente, abriendo las piernas y dejándose resbalar poco a poco hasta que sus sentaderas llegaron a posarse en el piso. Ahí quedó doblada sobre sí misma moviendo la cabeza de un lado a otro cada vez más y más despacio hasta quedar completamente inmóvil.

Dos horas después de haber entrado al club, no me quedó otra que dar por bien empleados los diez dólares que había pagado por la entrada sólo por la novedad en los sanitarios. Me fui, ahí no conseguiría a ninguna mujer.

Regresé a mi coche y nos fuimos rodando por las calles desconocidas, recorriendo a veces en redondo las cuatro calles de una manzana. Unos minutos después me encontré con un anuncio pegado en lo alto de una pared con las letras que decían "TOP LESS". Ahí estacioné mi carcacha.

Tan pronto empujé la puerta de muelle me llegó a la nariz un fuerte olor a ambiente enrarecido de humedad vieja y humo de cigarro. Junto a la puerta había un letrero que decía que había que pagar dos dólares por entrar. Debajo del letrero había una ventanita enrejada parecida a una taquilla de cine, y por ella deslicé dos billetes de un dólar.

La clientela era completamente diferente que la que había en el Starck Club. Había negros, blancos y morenos; varios de ellos aún vestían el uniforme del trabajo parecido a los que me habían dado en la imprenta. El lugar estaba atestado de gente. Tuve que pararme de puntas y estirar el cuello para localizar una mesa vacía. Cuando la localicé, tuve que ir pidiendo permiso a cada paso y los clientes tuvieron que recoger sus asientos y pegarse a las mesas para hacerme lugar. Al fondo y pegada a la pared estaba la barra, al otro extremo había un entarimado como a un metro y medio más alto que el piso, adornado con una multitud de foquitos de colores de luz parpadeante.

De pronto, un redoble de batería se dejó escuchar como si pidiera al público que guardase silencio, luego, la melodía de un saxofón que por ratos hacía silencios para darle oportunidad a que la batería dijera lo que tenía que decir. Era la introducción porque enseguida surgió la voz de un cantante. Las luces de colores comenzaron a centellear con rapidez. *"All Right!"* Gritaron algunos clientes. Se escucharon después agudos chiflidos y más gritos de *"Good, good!"* mezclado con aplausos. No era para menos. Comenzaba la variedad.

Una esbelta mujer de color apareció sobre la pista y se deslizó por el perímetro con movimientos provocativos. Bailaba tan suavemente con contorneos rítmicos que me pareció creer que la música brotaba de su cuerpo en movimiento y no de los músicos. Levantó sus delgados brazos en lo alto, sobre la cabeza para luego bajarlos lentamente tocándose los hombros y empujando las cintillas del sostén.

Primero el izquierdo, luego el derecho; se abrazó los pechos con ambas manos y después con un sólo brazo porque el otro brazo se movió hacia la espalda y muy despacio desabrochó el brasier que aventó luego a un costado. Con un seno en cada mano la morena se deslizó por la orilla del entarimado ofreciendo sus pechos al público. Uno de los hombres se levantó de su asiento y trató de tocarlos con la boca sacando la punta de la lengua, pero ella, con un ágil movimiento se puso fuera de su alcance y se fue a situar al centro de la pista. Sin dejar de contonearse sus dedos acariciaban sus pezones mientras entre sus labios asomaba la punta de la lengua y entrecerraba los ojos. Los dedos fueron bajando por el estómago, luego sus dedos jalaron una cinta que desató el bikini y éste, cayó al piso dejando el cuerpo de la morena completamente al descubierto. Sus manos jugaban sobre sus caderas y sus movimientos simulaban una copulación. Se acercó a la orilla de la pista poniéndose en cuclillas frente a uno de los clientes que estaba boquiabierto. Sin quitarle la vista de encima aquel cliente sacó un billete que colocó en una cinta elástica que le rodeaba la cintura. Caminó unos pasos y dio la espalda al público y poco a poco se fue doblando hasta que sus manos tocaron el piso. La sala estalló en un sólo aullido cuando ella comenzó a mover las caderas de un lado a otro. Recorrió nuevamente la orilla de la pista y la cinta elástica se fue llenando de billetes. Cuando la música terminó, recogió sus mínimas prendas y desapareció de la pista con la misma agilidad con que había aparecido.

Después del show en el entarimado, las luces en el perímetro de la pista se apagaron y el local se volvió a llenar de música. Una puerta lateral se abrió de par en par y dio paso a un grupo de mujeres jóvenes también de color que bailando completamente desnudas se dispersaron por los pequeños espacios que había entre las mesas.

Luego de observar cual era el objetivo del ritual, hice lo mismo. Desde lejos escogí a una de las bailarinas y en el momento en que logré captar su atención, con el dedo índice le hice una señal llamándola a mi lugar. Ella llegó como si la hubiera impulsado un resorte. Sin decir una sola palabra se encaramó a mi mesa y comenzó a contornearse. Levantaba una pierna, levantaba la otra, se ponía en cuclillas y su mirada iba de una cintilla que le rodeaba un muslo a mi cara.

Entendí el mensaje y coloqué un billete de un dólar en la cinta. La piel del muslo estaba tibia. Siguió bailando irguiéndose completamente y girando sobre sus pies muy juntos, parecía una muñeca viviente de caja musical. En su momento, volvió a pasear la mirada de la cinta a mi cara y yo entendí que debía volver a pagar si quería seguir teniéndola sobre mi mesa. Saqué otro billete y se lo volví a colocar pero esta vez mis manos tocaron la piel de sus caderas y las sentí suaves y cálidas. A mi tacto, ella reaccionó diciendo:

—*Don't touch* —sin enojo y con agradable autoridad.

Cuando consideró que ya no le colocaría más billetes en la cinta a pesar de su insistente mirada, bajó de la mesa y, sin dejar de contonearse se fue hacia la mesa de otro solitario.

Semana de trabajo

La llegada del lunes era el final del descanso y el comienzo de otra semana de trabajo. Como en cualquier otra cosa, comenzar era siempre una dificultad, sin embargo, algo ayudaba saber que sin lunes no había martes y que sin martes no había miércoles, y así, hasta que la semana de trabajo terminaba nuevamente. El lunes, parecía que los compañeros estaban cansados por las actividades realizadas el fin de semana, y me imaginaba que también el resto de la ciudad, porque tampoco en la imprenta había actividad suficiente.

Los días lunes producíamos sólo algunos cientos de folletos comerciales y periódicos de menor circulación y para eso, sólo dos de las unidades de la máquina que estaba compuesta por ocho eran las que trabajan. Para operarlas, también sólo eran necesarios dos de los compañeros. El resto nos dedicábamos a la labor de la limpieza. Limpiábamos hasta en los lugares más recónditos. Limpiar no era difícil, pero era tedioso estar buscando la manera de gastar ocho horas. Ese primer día nos permitimos el lujo de tomarnos más de los treinta minutos para la hora de comer, aprovechando que tampoco el dueño se presentaba en la imprenta.

Reunidos en derredor de la mesa del comedor platicamos lo que habíamos hecho durante el fin de semana. Mario, el *ink keeper,* (el encargado de mantener los depósitos de las tintas en las máquinas), un joven de 1.55 de estatura, de complexión fuerte y fanático de la lucha libre se puso a contarnos de los combates que vio en los programas de televisión. Mario acostumbraba a ir al gimnasio y tenía la esperanza de llegar a ser un luchador profesional, pero aunque su juventud le podría ayudar, no se podía

decir lo mismo de su estatura. Los compañeros le habían apoda-
do "El Enmascarado". El Buey y su hermano sólo nos contaron de
las habilidades que habían logrado desarrollar en el juego de
billar.

Cuando no había mucho de que hablar, los compañeros se
divirtieron recordando viejos sucesos que habían ocurrido en la
imprenta. Por ejemplo, un día tocó que hablaran de Frank Gonza-
les. Frank era un chicano de unos veinticinco años que trabajaba
en la sección de fotografía. Alguna vez había sido locutor de radio
en una estación de San Antonio; tocaba la guitarra y lo habían
escuchado cantar canciones *country* y *western* y era admirador de
Elvis Presley, a tal grado que el día en que por la radio se escuchó
la noticia de que el rocanrolero había fallecido, Frank dejó de
comer (a esa hora estaban en el lonche) y se puso a llorar por
varios minutos.

Conmigo también se habían divertido preguntándome que si
en mi pueblo conocíamos los carros. Desde algún tiempo ya no
me llamaban por mi nombre, eso sucedió desde que un día, en la
imprenta se editó una revista en cuya portada estaba dibujado el
rostro de el Indio Gerónimo. "Aquí está tu retrato" me dijeron
entonces. Uno de los compañeros recortó el dibujo y lo pegó en la
pared poniéndole mi nombre. Había veces que al verme llegar,
alguno comenzaba a danzar y gritar a la manera que ellos veían
por la tele que lo hacían los indios. Mi única respuesta era que yo
sí era indio zapoteca del estado de Oaxaca, y les describía con
exageración la selva. Les contaba que a cada cien metros uno se
encontraba con venados, pumas, aves reales, liebres, ardillas,
águilas, serpientes, etc. También les exageraba de los ríos de agua
cristalina, de las fogatas que uno podía encender en medio de la
selva para cocinar la presa que uno había cazado, sin tener la
necesidad de comer carnes que habían estado congeladas durante
quien sabe cuanto tiempo y que habían pasado por innumerables
procesos antes de que las tuviéramos en los tacos y las recalentá-
ramos en el horno de microondas.

En otras ocasiones también los mantenía muy atentos cuando
les contaba la forma en que mis paisanos aplicaban la ley, aunque

lo que les contaba nunca lo había visto, sino que eran historias que me contaban los viejos. Les conté de un pistolero que durante un tiempo anduvo robando ganado y quemando cosechas hasta que finalmente fue apresado. Uno de los castigos había sido despellejarle la planta de los pies y obligarlo a caminar en esas condiciones durante varias horas; finalmente lo habían colgado de la rama de un árbol y destrozado pedazo por pedazo hasta que sólo le quedó el tronco y la cabeza.

Con el martes comenzaba la actividad e iba aumentando día a día hasta el viernes. Eran días en que comenzábamos a trabajar tan pronto sustituíamos al turno saliente. Cada uno ocupaba su lugar. Mi trabajo era arrimar rollos de papel de repuesto y retirar las estibas de los ya impresos. Mario, El Enmascarado, recorría constantemente lo largo de la máquina asomando la cabeza arriba y abajo para vigilar que los depósitos de tinta estuvieran siempre llenos. El Buey, por su parte, debía estar pendiente de que la mezcla de agua y tinta fuera la adecuada en los rodillos. George, el jefe del grupo, debía estar parado junto al cabezal de la máquina vigilando la encuadernación. Por ratos debía agarrar algún ejemplar al azar para chequear que la impresión estuviera clara y centrada. Cuando descubría algún error les chiflaba a El Buey y a El Enmascarado y con las manos les hacía señas apremiándolos a hacer tal o cual corrección. Cuando todo se corregía, George oprimía el botón del acelerador aumentando la velocidad gradualmente hasta que la máquina alcanzaba su máxima capacidad. Entonces el taller se llenaba de estruendo en medio del cual era imposible escucharse uno al otro. El polvillo que del papel se desprendía quedaba flotando en el aire. Los cachadores, Javier y El Vampiro debían ir en compás con la máquina haciendo bultos de a cincuenta o de a cien ejemplares, amarrando y colocándolos en la estiba. El tiraje era de varios miles y solamente había que parar la máquina cuando uno de los rollos de papel se acababa y sólo se detenía el tiempo justo para el cambio de rollo. Un error de tinta o de agua en exceso era suficiente para que el papel se reventara y la máquina parara automáticamente produciendo un ruido como el de alguien que se ahoga. Cuando eso pasaba, los gritos y chiflidos le llegaban por doquier al culpable.

Por ratos aparecía por la puerta que da acceso a las oficinas el supervisor. Era un chicano alto de estatura que al ver el movimiento, se reía y batía las palmas gritando a viva voz *"Come on boy!* Así me gusta verlos. ¡Muévanse, tal como anoche! Este trabajo lo quiero *for today not for tomorrow"*.

De esa manera, las horas corrían a la misma velocidad que la máquina. Cuando menos lo esperábamos, aparecían los integrantes del siguiente equipo. Así los miércoles se iban volando, de la misma manera pasaban los jueves y viernes. Los viernes nos retirábamos de la imprenta con los cheques de nuestro salario.

Los cubanos

De pronto la ciudad se llenó de cubanos exiliados que habían desembarcado en Estados Unidos provenientes del puerto del Mariel en Cuba. Les decían los "Marielitos" y llegaron a ser inmediatamente asiduos clientes de las cantinas del barrio latino e incluso llegaron a superar al número de mojados que regularmente asistían. Uno de ellos, un joven de unos dieciocho años pregonaba por todos lados su grado de escolaridad, diciendo ser estudiante universitario, e iba de cantina en cantina presumiendo con las mujeres sus cualidades de poeta. Una vez escuché a dos de ellos quejarse mutuamente de que no encontraban trabajo.

—Nadie quiere emplear cubanos exiliados —decía uno de ellos.

—Pues no digas que eres cubano, chico —recomendó el otro—. Di que eres chicano.

El otro estalló insultando a su compañero.

—¡Estás bien pendejo, chico! . . . ¡Estás bien pendejo! . . . ¿Por qué voy a decir que soy chicano? . . ., yo soy cubano. No estoy de acuerdo con Fidel, eso es una cosa, pero yo soy cubano . . . ¡y con mucho orgullo!

El aludido optó solamente por agachar la cabeza dándole la razón a su compañero. Al pasar por la estación de ferrocarril abandonada, vi que en una de las puertas habían sido retirados los débiles maderos que la protegían. Ahí vivía un par de cubanos. Dijeron que el gobierno les había dado el permiso de ocupar aquellas oficinas viejas y abandonadas de las cuales sólo podían ocupar un rincón. Uno de ellos tendría unos veintitrés años, era chaparro y de pelo negro rizado, y el otro era diez años mayor que el primero, decía ser su tío, y era alto, delgado y de piel oscura.

Como muebles sólo tenían un par de catres, una parrilla eléctrica y pocos trastes para cocinar. De ambos, sólo el que decía ser el tío había encontrado empleo. Trabajaba de cargador en un almacén. Sus primeros pagos los habían invertido en la compra de una pistola revólver calibre treinta y ocho y un carro viejo, tan viejo que a su lado, el mío parecía toda una maravilla. El sobrino se quejaba de que muchas veces habían tenido que llegar con él a empujones para no dejarlo abandonado.

Aquellos cubanos no comentaban gran cosa sobre sus vidas en Cuba. A mis preguntas, sólo contestaban que allá en Cuba no tenían las libertades de las que gozaban en los Estados Unidos. Como un ejemplo de la exageración del gobierno cubano, el sobrino se quejaba de que lo habían encarcelado por el hecho de andar en shorts en la puerta de su casa. Después de conocerlos, deduje que ambos eran ex-convictos, porque sus conversaciones frecuentemente se referían a las "racias", al "juego" pero nunca de algún trabajo o algo por el estilo.

Navidad

En diciembre, las calles de San Antonio se llenaban de adornos de Navidad. Pintaban árboles deshojados y cubiertos de nieve y flores noche buena que en mi pueblo se conocían como "santa catarinas"; se veían muñecos de nieve con amplias sonrisas y las imágenes de Santa Claus o Santa Clos en las ventanas de cada comercio. Esos días el habitual saludo de *"Have a good day"* fue sustituido por el de *"Merry Christmas"*. Por todas partes era *"Merry Christmas"* y *"Merry Christmas"*. Era algo que de tanto escucharlo se iba ahuecando cada vez más al igual que el *"Have a nice day"* que yo más bien entendía como gracias por habernos comprado algo y esperamos que lo vuelva a hacer.

En el barrio, la impresión era diferente. En las noches, a través de las ventanas de casi todas las casas se podían ver las luces titilantes multicolores enredadas en las ramas de los arbolillos de Navidad entre esferas de cristal y pelo de ángel. Al ver las luces apagarse y prenderse en medio de la oscuridad y del silencio, me daba la sensación de una profunda quietud, algo así como cuando uno ve el respirar acompasado de un niño profundamente dormido, y eso me llenaba de melancolía, al saberme lejos de mi familia y mis amigos.

El árbol de pino que mi hermano mayor había sembrado en la entrada de la casa seguramente también estaría adornado en estos momentos, recordé. A mis padres les había enviado una tarjeta navideña que seguramente ya habían recibido. Ellos por su parte no me habían mandado ninguna clase de tarjeta, porque en mi pueblo no tenemos esa costumbre, sin embargo, en sus cartas siempre encabezan los saludos deseándome buenas felicidades, eso era más que suficiente, para mí, eso saludos significaban más que mil tarjetas con las mismas palabras.

Allá, tampoco los tenderos tenían la costumbre de recibir y despedir a sus clientes con "Feliz Navidad". Nadie lo mencionaba, simplemente estaban de fiesta. Desde mediados del mes de diciembre, los santos peregrinos salían de la iglesia cargados por las jóvenes que se habían ofrecido a ser madrinas y anfitrionas de los santos para que durante el próximo año les esperara una buenaventura. Había una madrina por cada noche del peregrinaje de la Virgen María hasta el nacimiento de Jesús.

Ellas adornaban sus casas y altares familiares con papeles de china recortados de diversas figuras. Formaban coronas con las hojas de una clase de maguey que crecía en la sierra. A cada extremo del altar colocaban manojos de plantas de carrizo verde y alfombraban todo el altar con pasle, que era una especie de hongo que crecía en los árboles de encino y que era de un color blancuzco, era delgado y largo y allá le llamaban las "barbas de Dios". Todo era para que los santos se encontraran cómodos en la casa. La madrina, ataviada con sus mejores ropas, esperaraba a los santos a media distancia entre su casa y la casa de la madrina de la noche anterior, quien llegaba hasta ella con los santos en brazos. Una vez que se los habían entregado, ella regresaba a su casa seguida de una multitud de gente y de las "cantadoras" que iban entonando alabanzas. Los chiquillos entre la procesión iban haciendo explotar los cohetes. Las muchachas corrían a refugiarse entre la multitud para evitar que los cohetes les explotaran entre los pies aunque en realidad no causaban ningún daño, pero esa era la diversión.

El día del nacimiento del niño Jesús, en la casa de la anfitriona se reunía todo el pueblo, quien era agasajado con café, pan, cigarros, mezcal y la comida fuerte, el mole negro, mientras que frente al altar se rezaba toda la noche hasta la madrugada. En el patio, la gente se defendía del frío invernal en derredor de grandes fogatas.

En esas fechas, mi pueblo se llenaba de descendientes que vivían en la ciudad de Oaxaca, en la ciudad de México, y de otros estados de la república; llegaban también los que vivían en Los Ángeles, California. Entonces veíamos nuevas caras, las de los que no habían nacido en el pueblo. Hijos de padres que habían salido desde hacía muchos años. Muchos se habían acomodado en las ciudades, otros apenas sobrevivían en los cinturones pobres de la ciudad padeciendo muchas carencias sobre todo de espacio para que sus hijos jugaran libremente. Algunos inluso estaban sin trabajo.

Aún recordaba que hace veinte años mi pueblo estaba lleno de sus habitantes. Era cuando todavía la gente no comenzaba a emigrar hacia otros lados. Por las tardes el centro del pueblo se llenaba de chiquillos que buscábamos la mejor manera de pasar la tarde antes de que fuera hora de recogerse en las casas. Lo mismo se podía observar de la juventud que se reunía en pequeños grupos paseando y cortejando a las jóvenes que salían de paseo con el debido permiso de sus padres o con el sólo pretexto de ir a comprar algo a la tienda. Había tal cantidad de jóvenes que se llegó a formar una sociedad específicamente de jóvenes dedicaba a las labores del campo bajo el mando de los mayores. Después de cada temporada de cosecha había gran cantidad de maíz que la sociedad de jóvenes podía vender a las familias de la población que les faltase. Después de las cosechas y del desgrane del maíz se organizaban bailes populares donde no había que pagar la entrada porque estaba financiada precisamente por los jóvenes y ellos también pagaban el conjunto musical con el producto de su trabajo.

Después la vida citadina comenzó a llamar la atención de los jóvenes. Muchos de mis paisanos, mi padre entre ellos, lo mismo que mi abuelo paterno, ya conocían la ciudad pero sólo salían a vender y a comprar sus mercancías y regresaban al pueblo.

La juventud comenzó a emigrar. Las jóvenes trabajabn como criadas en las casas de los ricos y los jóvenes como obreros en cualquier empresa. Primero iban por temporadas y regresaban al pueblo durante sus vacaciones o en las fiestas, vestidos con ropa de ciudad, novedosas para el pueblo, y eran motivo de comentario. Una de las jóvenes llegó del Distrito Federal vestida a la moda, de minifalda, e inmediatamente se hizo acreedora de un apodo, le llamaron "La Tapadera". A otra de ellas su padre la había ido a esperar a caballo en la parada del autobús que quedaba a ocho kilómetros. Al entrar al pueblo ella iba trajeada con un lujoso y amplio vestido de charra y su padre llevaba de la rienda al caballo. A ella le valió el sobrenombre de "Juana Gallo" que le pusieron al verla. Era el nombre de un personaje del cine ranchero.

Los jóvenes que emigraban por temporadas llegaron a casarse y a formar sus familias en la ciudad y ahí se quedaron. Aquéllo sólo fue el principio, porque el afán de estudios comenzó a atraer a los más jóvenes del pueblo, especialmente a los que tenían familiares cercanos ya establecidos y que les ofrecían un lugar donde vivir. Más tarde, cuando la escuela secundaria llegó a establecerse en el pueblo, todos aquéllos que se graduaron se fueron a la ciudad para cursar alguna carrera.

En la actualidad la mayoría de la población la componía gente de mayor edad y niños, porque los jóvenes andaban de mojados en los Estados Unidos o los que se habían graduado en alguna carrera tenían empleos fuera de la población. Ahora la vida del pueblo transcurría con los pocos habitantes que no alcanzaban a llenar de bullicio. Las tiendas cerraban temprano y por las noches reinaba el silencio, como desiertas, sólo uno que otro transeúnte se aparecía de repente caminando bajo la luz del alumbrado eléctrico, y el silencio permitía escuchar sus pasos que hacían crujir las piedras del camino mucho tiempo después de desaparecer entre la oscuridad.

Muchas veces el aparato de sonido municipal cuyas bocinas en forma de trompeta a lo alto del poste por sobre los techos de las casas apuntando hacia diferentes puntos del pueblo, llenaba el silencio con la música de sus canciones. Pero la avalancha de sus descendientes llegaba durante las fiestas. Eran cientos, y durante esos días, las calles se llenaban, las cantinas se llenaban, las tiendas se llenaban, en el baile había que estarse empujando para hacerse lugar. Los grupos de jóvenes iban y venían por las avenidas; unos cantando, otros charlando.

No faltaba quien armara bulla y se liara a golpes con alguien más, y eso los hacía merecedores de castigo, come el pasar encerrado una noche en la cárcel municipal. Otros más recorrían las casas de los parientes, visitando al tío, al padrino, a la abuela, y en cada casa eran bien recibidos y cuando menos eran invitados a una taza de café. Había bulla; había gente en la población.

Eran sus ramas las que se habían extendido y las que habían dispersado sus semillas Pero, tan pronto como la fiesta terminaba, uno a uno volvían a tomar su camino de regreso por donde habían llegado. Todo quedaba como antes o peor que antes; tal como una crecida de río que ampliaba su caudal y, después, el arroyo que siempre corría parecía más empequeñecido.

La solicitud de empleo

En uno de mis paseos por el sur de la ciudad, al pasar frente a un taller de carpintería, se me ocurrió preguntar por trabajo solamente por pura curiosidad.

No tenía necesidad de cambiar de trabajo, pero el oficio de carpintero me interesaba, pensando en la utilidad que podría reportarme en el tallercito del pueblo. En la imprenta ya llevaba más o menos un año y ya había aprendido la labor de Javier y El Vampiro. En ocasiones también había sustituido al Ink Keeper y trabajado en lo que desempeñaba El Buey, incluso me habían enseñado a centrar la impresión. De ahí ya no había aprendido nada nuevo, salvo que me habían aumentado veinticinco centavos sobre mi salario inicial.

Al entrar a la oficina del taller, una joven mujer méxicoamericana estaba sentada tras un escritorio tecleando sobre una máquina sumadora. A mi pregunta de que si necesitaban algún carpintero, la secretaria me contestó que por el momento no había vacantes, pero que si yo era carpintero, le dejara mis datos para localizarme en cualquier momento en que ellos necesitaran alguno. Le dicté mi domicilio y el número telefónico de la casa en que vivía. Ella anotó mis datos sobre una pequeña hoja de papel que agarró entre el montón que tenía al frente regados sobre la mesa del escritorio. Fue todo y yo me quedé pensando que había sido una manera muy amable de decir que no me darían empleo, pero, de cualquier manera, una negativa en aquellas circunstancias no me preocupaba en absoluto.

Antes de abandonar la oficina, me entretuve mirando las paredes. Una de ellas estaba casi cubierta de fotografías de los muebles que se elaboraban en el taller. Mesas, sillas, puertas, ventanas, camas, escalerillas; todos ellos con vistosos acabados. Del techo pendía por medio de unas finas cadenas una figura que era la vista lateral de una garlopa, tallada en madera de cedro, y al pie estaban las letras perfectamente cortadas que decían el nombre del taller. Al ver la figura tan esmeradamente tallada y puesta a la vista solamente como un adorno, me pregunté si algún día terminaría de encontrarme con sorpresas en los Estados Unidos.

Esa herramienta que ahí había llegado a ser anticuada, era exactamente la misma que nosotros teníamos, pero no como adorno sino que era nuestra herramienta principal de trabajo y ahí la veía colgada del techo hecha un logotipo. Me miré a mí mismo preguntándome si yo también parecía anticuado tal como la garlopa.

Detrás de la puerta que daba acceso al taller se escuchaba el ruido de las máquinas eléctricas en pleno trabajo. Era un estruendoroso escándalo, mientras que allá nosotros desarrollábamos el trabajo en medio del silencio apenas interrumpido por el ruido del serrucho al ir trozando la madera, lo mismo que el chiflido de la garlopa al ir puliendo la madera o por ratos el golpe seco del martillazo sobre la cabeza del clavo. Todo al ritmo de la potencia y velocidad de los brazos.

Di las gracias a la secretaria por la atención prestada, pero se había vuelto a entretener sobre las teclas de su sumadora. Salí de la oficina sintiéndome empequeñecido. No era que aquel tipo de maquinaria no la hubiera en México, pero tenían un precio de importación y eso, nosotros no lo teníamos.

La pascua de Navidad

El día 24 de diciembre, en la imprenta trabajamos normalmente, pero antes de terminar la jornada el dueño fue muy concreto en desearnos felicidad por la Navidad, pues a cada trabajador entregó un cheque según la antigüedad en la empresa. A mí me tocaron treinta dólares.

Antes de despedirnos, los compañeros me dieron sus domicilios invitándome a pasar la Navidad con sus familias. Agradecí la invitación aunque de antemano sabía que no iría con ellos. La celebración sería una reunión familiar y una cena familiar, prefería pasarla a mi manera.

Antes de ir a comer a la fonda, me había estado bailando en la cabeza la idea o más bien una ilusión de que quizás Paty me hiciese también la invitación de ir a cenar a su casa en compañía de su madre, quien seguía enferma según me había dicho. La invitación de Paty sería la única que no rechazaría, pero era solamente una ilusión porque nunca había aceptado una invitación mía, y hoy menos que nunca ella querría estar conmigo.

Al llegar a la fonda, quien me sirvió la comida fue la cocinera; una señora de unos treinta y cinco años, ilegal también, originaria del estado de Michoacán. Me sorprendió no ver a Paty, y pregunté por ella.

—Olvídese usted de Paty, joven —me dijo con un gesto maternal—. Ella está buscando un mejor partido. Ella quiere llegar a ser ciudadana de los Estados Unidos.

—Y ¿dónde está? —insistí.

—Se ha ido de vacaciones.

Después de saber aquéllo, ya no comentamos nada acerca del

asunto. Ese día me sirvió algunas cervezas extra y un pedazo de pastel con motivo de la fecha, a cortesía del negocio.

Cuando al fin me despedí y fui a pagar a la caja, me dijo lo mismo que en los demás negocios, sólo que en español, "Feliz Navidad".

—Eso es lo que espero —le contesté.

Ya en la calle, me repetí a mí mismo la frase: "Ella quiere ser ciudadana". Entonces no puedo ser yo. Será entonces un chicano o un gringo . . . "Quiere ser ciudadana", pues, "¡Qué sea ciudadana!" me dije en voz alta. Y absorto como iba, no me di cuenta de que me habían escuchado algunos caminantes que me miraron con curiosidad.

Más tarde, dentro de mi viejo carro me fui rumbo al centro de la ciudad a pasar la Navidad tal como lo haría en el pueblo. En el centro del pueblo, debajo del frondoso árbol de fresno, ocupando como asiento sus multiformes raíces que no llegaron a ocultarse debajo de la tierra, estarían sentados mis amigos con su correspondiente ollita de mezcal que servía para todo bien y para todo mal. Para ellos era el día en que sólo la iban a utilizar para entonar la voz, porque más tarde recorrerían las casas de las novias de cada quien o la casa de la que pretendían hacer su novia y cantarles serenata. Rafael los acompañaría con la guitarra aunque no fuera muy diestro, rasgueaba las cuerdas y tampoco los cantantes llevarían bien la canción y, aunada con los ladridos de perros, sería una cacofonía perfecta, pero la novia no tomaría eso en cuenta. Diría que habían cantado muy bien porque para ella sólo contaba la intención y la presencia.

La cantina estaba más concurrida que otros días, eso significaba que yo no era el único que no tenía una familia y un hogar dónde y con quién pasar aquella noche. Había un policía haciendo guardia en la entrada. Era un chicano enorme; alto y tan gordo como la entrada de la puerta quien para revisarme casi tuvo que hincarse de rodillas porque yo solamente medía cinco pies con cinco pulgadas. Volví a mirarlo después de haber entrado y ahí estaba de pie con las piernas abiertas y los brazos cruzados a la altura del pecho. En su gran cabeza sólo le brillaban los ojos como un par de canicas dentro de una esfera de cristal o como las que les ponían a los muñecos de trapo. Era la estatura real de la máxima autoridad. La cachiporra, la pistola y las esposas que colgaban del cinturón, creo que le salían sobrando.

La rocola no cesaba de sonar un sólo momento. Algunos hombres y mujeres tenían puesto unos conos de brillantes colores en la cabeza, otros tenían antifaces y espanta suegras que se soplaban entre ellos. Cierta dosis de alcohol producía sus efectos y concedía sus dones, hacía desaparecer la timidez y desataba el vocabulario, máxime cuando uno se encontraba con una güerita en la cantina como si anduviera desorientada, y que sólo sabía decir en español: "Corazón. Es todo. Mundo entero" y que bailaba cumbia, bolero, ranchera o lo que estuviera sonando en la rocola.

Era una güerita baja de estatura, delgada de cuerpo, pelo corto y maltratado de color rubio ceniciento. Nunca llegué a saber cómo era que había llegado a aquel lugar de los morenos y si me lo llegó a decir, tampoco le entendí, porque aparte de lo que decía en español, ella sólo hablaba inglés. Yo la había visto llegar y algunos hombres la habían invitado a bailar y ella bailó, pero cuando la volví a ver sola nuevamente, fue entonces que me le acerqué para ofrecerle una cerveza y después, a bailar. Ella se sentó a mi mesa hablando y hablando en inglés y creo que ella suponía que yo le estaba entendiendo porque seguía y seguía platicando. Yo fingía entender. Hacía los gestos que ella hacía al hablar, me reía cuando ella reía, ponía cara de sorpresa cuando ella lo hacía, me lamentaba cuando ella se lamentaba y de cuando en cuando yo contestaba, *"Yes"*.

—*Merry Christmas* —le dije a la hora de la hora.

—Eso es todo —respondió.

La noche de navidad avanzó hasta llegar a la madrugada. Más tarde nos montamos en mi carro rumbo a mí hasta entonces solitario cuarto y ella siguió hablando inglés hasta por los codos.

—Eso es todo —le contestaba yo de cuando en cuando.

El siguiente día se despidió muy alegre después que la había llevado a comer al restaurante. Ella siguió hablando siempre, incluso por ratos tenía que detener el tenedor junto a los labios para terminar de decir alguna frase.

Quién sabe que me dijo, pero para mí fue suficiente con haber llenado con su presencia la soledad de mi cuarto y calentado mi lecho. Le dije adiós deseándole buena suerte aunque ella quizás tampoco me entendía. No me pidió nada por haberme acompañado y sin que ella lo notara, introduje un billete de veinte dólares en la bolsa de su pantalón.

—Adiós, corazón del mundo entero —le dije al último.

—Es todo —contestó ella. Después me recitó como diez metros de adioses comenzando con el último beso que me plasmó en la mejilla. Lo sentí como un hilo que se estaba desenvolviendo.

La carpintería

Mi carcacha comenzó a fallar. Le compré batería nueva, pero seguía dejándome a pie. Cada vez era más aceite lo que tenía que ponerle. El mecánico me dijo que el generador ya no recargaba y tuve que ir al yonque de carros para conseguir uno. Semanas después, cuando el mecánico me dijo que sería necesario un motor nuevo, decidí entonces llevarlo al tiradero. Me dieron treinta dólares por mi carcacha.

Un día miércoles por la tarde, al llegar del trabajo, la dueña de la casa llegó a tocar a mi cuarto para decirme que me habían llamado de un taller de carpintería para que me presentara a una entrevista.

Aquéllo ya lo había olvidado. Agradecí el aviso a la dueña. Recordé entonces que era el taller de la garlopa. Eso quería decir que tenía más oferta de trabajo que lo que necesitaba, y eso me hacía sentirme importante, a diferencia de cuando yo andaba de negocio en negocio repitiendo, *"Excuse me Sir, I am looking for job"*. Ahora me habían llamado y me los imaginaba diciéndome: *"We need you Sir"*, y eso sonaba mejor. El caso es que la vida da vueltas y uno nunca sabe si va a ser al revés o al derecho.

Después de pensarlo algunas horas, decidí ir a la entrevista. Al llegar me recibió la misma secretaria. Luego de haberme hecho esperar algunos minutos, me presentó con el dueño del taller. Era también un méxicoamericano de piel clara de no más de treinta y cinco, chaparro y de pelo castaño. Vestía un pantalón kaky y una playera color crema y traía en el pecho la figura de la garlopa, la misma que adornaba la oficina. La misma impresión, sólo que más grande, también la lucía en la espalda con el nombre del taller.

—Éste es el muchacho del que te había hablado —le dijo la secretaria.

El dueño me miró de pies a cabeza como calibrando mi capacidad. —¿Es verdad que eres carpintero? —preguntó.

—Claro que soy carpintero —respondí.

Le expliqué que nunca había hecho muebles como los que tenían en las fotografías, que eran estilos muy complicados porque en el taller de mi padre trabajábamos con herramientas manuales. Trozábamos a puro serrucho, rebajábamos a pura garlopa como la que él tenía de adorno, le dije señalando el logotipo de su playera. Clavábamos los clavos a martillazos y hacíamos hoyos con berbiquí. Respecto a la calidad, le dije que nuestro taller estaba en un pueblo y ahí no había tanta exigencia de calidad como de que el mueble estuviera fuerte y macizo.

—Tu experiencia vale —dijo—. Aquí trabajamos con puras herramientas eléctricas pero con un poco de práctica las podrás manejar.

Le informé también que todavía estaba trabajando en una imprenta y que antes de comenzar a trabajar en su taller debía renunciar.

—Muy bien —contestó— mientras tanto, que mi secretaria te tome los datos, luego haz lo que tienes que hacer y cuando estés listo te espero en el taller.

En la imprenta me presenté a trabajar el día jueves y en la primera oportunidad le informé al supervisor de que sería mi última semana de trabajo con ellos.

—¿De dónde has sacado esa manera de renunciar? —me preguntó ligeramente molesto—. ¿Acaso no sabías que cuando alguien quiere renunciar tiene que avisar a la empresa con quince días de anticipación, para que tenga la oportunidad de llenar el vacante que se deja? y también para que en caso de que vuelvas a solicitar empleo aquí, tengas la oportunidad de ser aceptado.

—Fue de improviso —dije yo—. No tenía planes de renunciar, sino hasta ayer.

—Bueno, si ya lo decidiste, no te vamos a detener.

El lunes siguiente, temprano a las siete de la mañana me presenté en el taller de carpintería. Al ver todo lo que era el taller, les di la razón de ocupar de aquella manera el logotipo de la garlopa. Era un taller de unos quince metros por treinta de paredes de concreto y techado con láminas de metal. Las maquinarias estaban distribuidas a prudente distancia una de la otra. Había dos sierras circulares, un taladro de mesa, dos sierras cinta, una gran máquina lijadora como de dos metros de alto por cinco de ancho, dos tornos, dos sierras circulares para cortar en ángulo y cuatro mesas de trabajo de amplia plataforma sobre las cuales había una variedad de herramientas eléctricas manuales. Lijadoras, taladros, garlopas y otros artefactos para el oficio.

Esa vez la secretaria no me entregó ninguna solicitud, sino que ella la fue llenando mientras me hacía preguntas. Le dije que cuatro personas dependían de mi salario, siguiendo el consejo de mis compañeros de la imprenta. Eso ayudaba para que el gobierno me descontara menos dinero del salario. No era mucho lo que yo podía ahorrarme, pero los mojados no tenemos posibilidades de recuperar el dinero que el gobierno devuelve cada año, lo que ellos llaman "*Income Tax*" o impuestos. Cuando la secretaria terminó de llenar la solicitud, me dijo que mi salario sería de 3.35 dólares por hora.

A lo largo de las paredes de concreto, había una continuidad de brazos tubulares de metal a manera de mensulas sobre las que estaba estibada la madera en bruto. Había madera de pino, encino, fresno, álamo y cedro.

Como en la imprenta, mis primeras herramientas fueron la escoba y el recogedor, acarreando montones de aserrín hacia el exterior del taller. Ocho trabajadores latinos fueron llegando uno tras otro. Eran los maestros carpinteros. Al llegar, cada uno ocupaba su lugar de trabajo luego de colocar su lonchera en algún rincón de la mesa. Al poco rato, las máquinas comenzaban a trabajar, a rugir, a chillar, de acuerdo a la dureza de la madera que estaban desgastando. La madera se iba desprendiendo en forma de viruta o aserrín, flotando en derredor de la máquina y envolviendo completamente al operador que arrugaba la frente tratando de evitar que el polvillo más fino le penetrara a los ojos. No había un momento de silencio. Cuando no era una máquina era la otra. Después los maestros se iban con sus piezas ya cortadas a sus mesas de trabajo.

Mis días de trabajo pasaban y yo seguía ocupándome del aserrín y de colocar en orden las maderas, seleccionando los retazos que aún podían ser útiles; había tal cantidad de retazos que parecía que los habían reservado especialmente para mí.

El taller carecía de reloj chequeador, y quien se encargaba de anotar la entrada y la salida era la secretaria. Los ocho maestros no llegaban a la hora que estaba establecido, sino que una media hora después. Cuando les pregunté al respecto, me contestaron que ellos no estaban trabajando por hora, sino por contrato. Ganaban un tanto por ciento de lo que iban produciendo. Eso les reportaba una ganancia entre los doscientos y cuatrocientos dólares semanales.

Conforme los días fueron pasando, dejé la escoba y me encargué de lijar los muebles ya armados, luego llegaron clientes trayendo ventanas, puertas o cualquier otro mueblecillo para ser reparado, entonces el encargo era para mí. Un día el dueño llegó a encargarme hacer unos cortes de madera cuyas medidas me entregó escritas en un papel y cuando le informé que no tenía cinta para medir, me dijo que fuera a la oficina por una. En la oficina pregunté por la cinta a la secretaria.

—Te voy a vender una —me contestó.

Yo le expliqué que la necesitaba para hacer un trabajo que el dueño me había encargado y que no era para mí.

—Precisamente por eso, estoy diciendo que te la voy a vender.

—Pues bien, entonces véndame diez —le respondí creyendo que estaba tratando de tomarme el pelo.

—¿De cual quieres? —preguntó—. La de doce o la de dieciséis pies de largo.

—La de doce.

—Son diez dólares —me dijo.

Vi que la cosa iba en serio cuando ella alargó la mano después de entregarme la cinta esperando los diez dólares. La miré a la cara y vi que no estaba jugando. En la bolsa del pantalón traía conmigo más de diez dólares, pero le dije que no tenía.

—No hay problema —dijo— te lo vamos a descontar del próximo cheque.

El día del pago, mi cheque llegó con diez dólares menos.

Unos días después, al llegar al taller, el dueño me entregó una playera como la que todos usaban.

—Y ésta, ¿cuánto me va a costar? —le pregunté al recibirla .

—Nada, es el uniforme de la empresa —respondió.

Era la primera vez que trabajaba en una empresa que algunas veces daba y otras veces quitaba.

Don Pancho

Uno de los maestros carpinteros era también del estado de Oaxaca. Eso lo llegué a saber mientras estuve limpiando en su área de trabajo. Su nombre era Francisco, pero todos le llamaban don Pancho. Tenía cerca de los setenta años, era un poco más alto que yo pero seguía siendo de estatura baja de acuerdo al estándar norteamericano y tenía el vientre ligeramente abultado a causa del diario consumo de cerveza. Usaba una larga barba gris y bigote, lo que le hacía parecer aún más viejo de lo que en realidad era. Su caminar era lento porque padecía de artritis que ahora le amenazaba los dedos de las manos.

Para celebrar nuestro encuentro como paisanos, acordamos ese día tomarnos unas cervezas después del trabajo.

Don Pancho había estado en los Estados Unidos desde 1964, y desde entonces había sido carpintero, por lo tanto, su experiencia era basta.

—Desde hace dos años he estado a punto de irme de los Estados Unidos —me dijo—. Pero no sé por qué diablos no lo he hecho. En cada carta que me escriben mis parientes me dicen que ya es tiempo de que me reúna con ellos . . . Quizás sea porque estoy esperando alcanzar la edad de retiro para obtener la pensión . . . Bueno, me quiero jubilar, luego, entonces sí . . . a México para siempre. Eso si es que la enfermedad no me obliga a retirarme antes de tiempo.

—Entonces, ¿usted está legalmente en el país? —le pregunté, pensando en que contaba con un seguro social de parte del gobierno. Eso ningún mojado lo podía cobrar. Sin embargo, a mí me lo descontaban del salario.

—No estoy legalizado —respondió don Pancho— pero el

seguro social, sí me lo otorgó el gobierno. Es legal. Antes no era difícil. Todo lo que hice fue escribir una carta solicitando mi tarjeta por correo y un mes después me la enviaron.

Yo le informé del número que tenía y que era falso.

—No sé por qué, pero las cosas han cambiado. Tú no eres el único que usa número falso. La mayoría inventa su propio número al llenar una solicitud de trabajo. La diferencia está en que al no estar registrado, no puedes reclamar parte de los impuestos que el gobierno federal devuelve. El gobierno se queda con tus impuestos y los de muchos más.

—Yo anoté cuatro dependientes —le informé.

—Eso es bueno. Se entra ilegalmente y hay que seguir viviendo ilegalmente. No hay otra alternativa.

Don Pancho se empinó la cerveza y no bajó el codo hasta que la lata quedó vacía. La aplastó entre sus dedos y después la tiró a un rincón, junto al basurero del taller.

—Por ejemplo —dijo después de un eructo—, ahorita de buena gana haría maletas y tomaría el primer avión a México, pero sé que dentro de algunas horas me voy a arrepentir. Creo que quiero más dinero, pero ya estoy enfermo y apenas si puedo andar. Por las mañanas tengo que levantarme una hora antes para ejercitar las piernas para que a la hora que tengo que salir hacia el taller ya las pueda mover. ¿Por qué no me he ido? ¿Será el amor al dinero? O ¿es que le tengo mucho amor al trabajo?

—Yo diría que es necesidad –le respondí.

—¿Necesidad? —repitió don Pancho con un dejo de amargura—. Yo ya no tengo necesidad de trabajar. El dinero que he ahorrado durante mis años de trabajo lo he invertido en Oaxaca. Tengo algunos millones en un banco de Oaxaca que me reportan intereses mensualmente, con los que yo podría vivir tranquilamente sin preocuparme de nada. Desde hace años mi esposa está manejando un patio de vecindad, y a ella también el dinero le está cayendo mensualmente por concepto de rentas; además, tenemos un establecimiento en el centro de la ciudad, es un expendio de jugos y licuados. Mis cuatro hijos han crecido. Uno de ellos es ingeniero, otro es médico, mi hija es maestra y el cuarto está por terminar sus estudios universitarios. Como vez, yo ya no tengo por qué trabajar.

—Éramos pobres cuando yo vivía en Oaxaca —siguió contando don Pancho—. Yo trabajaba como carpintero en un miserable tallercillo ganando un miserable sueldo y mi esposa vendía jugos sobre una mesita de madera en la puerta de nuestra casa. Ahora creo que sólo por orgullo ella se ha dedicado a vender jugos con máquinas modernas en un establecimiento moderno. Pero . . . en cualquier rato me voy a ir, paisano . . . ya lo verás.

—¿Cuántos años le faltan para llegar a los setenta? —le pregunté.

—Un año y medio.

—Pues ya nos veremos en Oaxaca y nos tomaremos otras cervezas a la salud de su jubilación —le dije.

—Por supuesto que sí, paisano.

El achichincle del jefe

Me hice amigo de don Pancho. Cada vez que tenía problemas para desempeñar mi trabajo acudía siempre a él y me sacaba de dificultades con una paciencia que sólo la edad era capaz de dar. Debido a su edad y enfermedad le encargaban sólo trabajos que requirieran más de experiencia que de agilidad y fuerza.

En un descuido, mi cinta de medir tocó los dientes de la sierra circular en pleno movimiento. Unas diez pulgadas de la cinta salieron volando y fueron a caer entre el aserrín acumulado en el piso. Me había quedado sin aquel instrumento y lo necesitaba para seguir trabajando; me vi en la necesidad de acudir a la secretaria para pedirle otra.

—¿La quieres igual que la otra? —me preguntó.

Le respondí que sí. Metió la mano debajo de su escritorio y sacó otra cinta de medir entregándomela y exigiendo los diez dólares de pago.

—Ha sido un accidente mientras trabajaba para el taller —le expliqué.

—No importa —respondió con indiferencia— la cinta vale diez dólares.

—Lo más razonable es que le entregue la que está dañada y me dé otra.

—No es asunto mío —respondió ella—. Son órdenes del dueño.

—Entonces me quedo sin cinta de medir.

Ese mismo día al salir del trabajo me fui a una tienda de ferretería y ahí compré una cinta de medir de 24 pies de largo por sólo $4.50. Haber pagado la cinta del dinero de mi bolsa no significaba un gran gasto para mí, pero era señal de que en el taller las cosas no andaban muy bien. Por otro lado, estaba aprendiendo a construir muebles. El dueño ya había ideado una manera de aprovechar la experiencia de don Pancho. Teníamos una lista de muebles para hacer. Yo me encargaba de aserrar las tablas y don Pancho me iba dirigiendo paso a paso. Bajo su dirección ya habíamos armado muebles que no parecían desilusionar al dueño. Cada vez me la pasaba armando más muebles y limpiando menos el taller.

Una mañana, el dueño llegó acompañado de un mojado. El dueño dijo que lo había recogido en el Parque San Pedro, era un parque situado a pocas cuadras del taller. Roberto, que era el nombre del mojado, nos contó que el dueño sólo le había preguntado que si andaba buscando trabajo y éste, que no estaba esperando otra cosa sino trabajar, le contestó que sí.

Roberto era originario de la ciudad de Monterrey y dijo que su viaje a Estados Unidos era para ahorrar dinero y poder seguir estudiando. Era estudiante de ingeniería en Monterrey y sólo le faltaban dos años para graduarse. Al principio, al igual que yo, se hizo dueño del recogedor y la escoba, pero pronto tuvo la oportunidad de demostrar sus conocimientos cuando un motor de una de las máquinas se descompuso. Roberto se ofreció a ocuparse de la reparación, y antes de que terminara el día, el motor estaba funcionando nuevamente. El dueño quedó complacido al comprobar que entre sus trabajadores tenía a un técnico especializado, con un salario mínimo. Roberto siguió entonces con el recogedor y la escoba, pero sólo como una actividad complementaria. Una tarde, Roberto me preguntó cómo estaban las cosas en el taller, como cualquier nuevo trabajador lo haría para ponerse al tanto de los asuntos del trabajo.

—Pues las cosas están bien —le dije—. Sólo te recomiendo que tú mismo vayas apuntando tus horas de trabajo, porque la secretaria te puede descontar dos o tres horas de tu trabajo. Eso me ha sucedido a mí. Yo ahora cargo mi libreta y apunto la hora de entrada, la hora del lonche y la hora de salida. —Le dije—, además, si vas a ocupar una cinta de medir es mejor que la compres en la ferretería porque en el taller te la venden en diez dólares.

Una mañana, poco después de que habíamos comenzado a trabajar, Arturo, otro de los compañeros sufrió un accidente con la sierra circular. La sierra le rebanó la punta del dedo pulgar de la mano derecha. La sangre le comenzó a brotar del dedo cortado tiñéndole de rojo todo el antebrazo mientras él se lo sujetaba y miraba con los ojos abiertos en redondo. Quizás todavía estaba incrédulo de lo que le había pasado o era la impresión o el miedo, pero cuando descubrió que le faltaba la punta del dedo, pegó un grito que se escuchó en todo el taller. "¡Mi dedo!" miró por todos lados como pidiendo auxilio. Otro de los compañeros corrió al instante hacia la oficina, y con la misma prontitud regresó y ya traía entre sus manos sobres de gasa, algodón y alcohol. Después, con la mano vendada, Arturo se fue del taller.

Al siguiente día, Arturo no llegó a trabajar. El dueño me dijo que debía terminar el trabajo que Arturo había dejado inconcluso.

—Arturo se ha cortado a propósito —dijo el dueño mientras me estaba dando indicaciones de lo que debía hacer—. Se ha cortado él mismo —volvió a repetir— para descansar algunos días, y con goce de sueldo. ¡Carajo! Así son los mexicanos. Ese muchacho siempre ha sido así.

El dueño agarró una tabla y se paró junto a la máquina mostrándome cómo había que colocar las manos al ir cortando.

—La mano izquierda es la que siempre va al frente cuando uno va cortando con la sierra —siguió diciendo—. Entonces, ¿cómo es que se cortó el dedo de la mano derecha? Eso, fue intencional —concluyó él mismo.

Yo no había visto la forma en que Arturo se había accidentado, pero me pregunté que quién sería capaz de rebanarse la punta del dedo sólo para descansar unos días. Que haya sido la mano derecha o la mano izquierda no era suficiente razón para concluir que fue algo intencional, pues las dos manos estaban trabajando sobre la máquina, y los accidentes suceden. Entendí la intención del dueño cuando Arturo llegó más tarde con la receta médica entre las manos. Arturo entró al taller con un gesto preocupado y molesto a la vez. Fue con cada uno de los compañeros preguntando quién de ellos le había dicho al dueño que él se había cortado a propósito.

—El dueño inventó ese cuento para no tener que pagarte los días de descanso —le dije yo cuando llegó a mi lugar.

Arturo quedó perplejo por lo que acababa de decirle y volví a repetir que aquella historia era inventada para no pagarle la incapacidad, pero no me había percatado que detrás de mí estaba Roberto, quien se había vuelto el trabajador predilecto del dueño. Arturo también sabía de la preferencia que gozaba Roberto ante el dueño.

—¿Quién le dijo eso al dueño? —Arturo le preguntó a Roberto, con la intención de hacerlo cómplice de alguna manera.

Roberto respondió evasivamente que no sabía nada.

Arturo logró que el taller le pagara los días de incapacidad.

Desde el accidente de Arturo, el dueño comenzó a empeñarse en estarme hostigando y aprovechaba cada oportunidad. Con don Pancho, yo había estado produciendo muebles con la misma rapidez de siempre, pero el dueño comenzó a exigir cada vez mayor agilidad. Sospeché que Roberto le había informado lo que le había dicho a Arturo y posiblemente también le había dicho lo que le dije acerca de la secretaria y las cintas de medir. Un día cometí el error de cortar unas maderas fuera de medida, eso fue suficiente para que el dueño me dejara sentir su inconformidad.

—Últimamente has estado muy lento —me dijo—. Si además de eso vas a hacer el trabajo dos veces, a mí no me conviene. Yo creí que eras maestro carpintero, pero ya veo que no sabes nada.

Después de la hora de trabajo le comenté a don Pancho que lo mejor sería renunciar.

—Puedes renunciar, si así lo quieres —dijo don Pancho—. Pero yo, en tu lugar no lo haría. Aquí tú puedes aprender sobre el oficio; te va a ser útil cuando regreses a tu pueblo. Además, cuando uno llega a este país, llega uno para que lo exploten y lo humillen. Queremos ganar y ahorrar dinero. No es cosa fácil, hay que aguantar los maltratos.

Seguí el consejo de don Pancho por algunas semanas más hasta que me sentí satisfecho de mi trabajo. El dueño no estaba cuando decidí anunciarle que renunciaba al trabajo, pero se lo dejé dicho a su secretaria.

El día de pago fui por mi cheque y ya estando en casa me percaté que me habían otorgado un aumento de 25 centavos por hora. Animado por el aumento recibido, pasé el fin de semana pensando en regresar o no al trabajo para el siguiente lunes, pero ese día, el reloj marcó las siete de la mañana y yo seguí acostado en mi cama con un ligero sentimiento de orgullo por haber logrado que el dueño por fin estimara mi trabajo.

Heavy Metal

Después de renunciar a la carpintería, unos ocho días anduve deambulando de un lado a otro sin atinar exactamente qué hacer, claro que sin la preocupación de hace más de un año. Ahora la situación era diferente. Ya había pagado el dinero que le debía a mi amigo que vivía en Houston. Ya tenía algunos cientos de dólares ahorrados e incluso aún no había cambiado dos cheques de pago de la carpintería.

Un día, pensando en ir al cine, me fui caminando hacia el centro y anduve por la Torre del Hemisferio. Era un sábado por la tarde, cuando junto al centro de convenciones vi una multitud de gente, la mayoría de ellos eran jóvenes haciendo fila desde una ventanilla enrejada. Al no tener qué hacer, me formé en la fila. Alguien me dijo que era para entrar a un concierto de música *heavy metal,* o sea, música de onda gruesa, pesada. El boleto costaba ocho dólares.

El interior del auditorio tenía una forma de rosca que comenzaba desde el centro, donde estaba el escenario y las gradas se extendían en forma circular. El auditorio llegó a llenarse completamente de jóvenes, la mayoría de ellos eran chicanos que vestían playeras negras con impresiones diversas en pecho y espalda, algunos usaban paliacates amarrados en derredor de la cabeza o en derredor de las muñecas.

De pronto, las luces se apagaron y surgió un griterío desenfrenado y se fueron encendiendo lucecitas en medio de la oscuridad, era la luz de la llama de cientos de encendedores prendidos y me dió la impresión de que estábamos en el mismo firmamento lleno de estrellas. En un momento se hizo un silencio casi total en donde solamente se escuchaban respiraciones de una multitud de gargantas como si estuvieran expectantes de algo invisible. Eso duró solamente un par de segundos, porque el silencio fue roto por un fuerte y ensordecedor tañido de una campana que seguramente debió haber traspasado las paredes del auditorio y sus ondas sonoras han de haber llegado a la misma frontera, porque a mí me dejó los tímpanos vibrando y haciendo eco. No bien se hubo extinguido el sonido del primer tañido, cuando se dejó escuchar otro seguido por uno más. Mis vecinos de fila estaban felices, eufóricos, tal como todo el auditorio. Un haz de luz surgió de algún lado yéndose a incrustar directamente sobre el escenario en forma de un pequeño círculo. Unos chillidos de guitarra eléctrica se dejaron escuchar al mismo tiempo en que aparecía un guitarrista que más bien parecía un títere dando saltos chicos y grandes, doblándose hacia delante y hacia atrás, tirándose sobre el piso y levantándose como impulsado por un resorte sin dejar de hacer llorar las cuerdas de su guitarra.

Después del músico guitarrista se encendieron otras luces que alumbraron al resto del grupo o banda que había permanecido en la oscuridad. La euforia fue solamente al principio, porque después los asistentes se sentaron y movían solamente la cabeza siguiendo el ritmo. El olor a humo de marihuana me llegó por todas partes y en mi fila un cigarrillo comenzó a circular de mano en mano del cual sólo se podía ver la braza encendida que a cada fumada parecía inflarse y desinflarse. Cuando a mi vecino le tocó el turno, se lo llevó a los labios, luego de darle una profunda y larga chupada me lo ofreció. Al ver que no hacía ademán alguno de agarrarlo, me dijo con voz forzada por retener el humo en sus entrañas: "Llégale a la mota, *brother*". Acepté el cigarro e hice la misma operación e intenté devolvérselo, pero me dijo que debía "rolarlo" al siguiente vecino. Al poco rato llegó otro cigarro "rolando" por el sentido contrario. Poco a poco el ambiente se fue llenando de un olor picante. Sentí los párpados hinchados y la cabeza más grande que lo normal, se me secó la boca y tuve que ir a la refresquería por algo que tomar. La música seguía y frente al escenario los puños estaban en alto una y otra vez como solamente había visto en las manifestaciones en la ciudad de Oaxaca. Algunas parejas bailaban en los pasillos, otros simplemente platicaban alzando la voz por sobre el ruido, otros estaban tan quietos como sus asientos y había quienes caminaban de un lado a otro moviéndose al ritmo de la música. Los más entusiasmados estaban cerca del foro que estaba lleno de humo y los músicos parecían estar nadando en medio de una niebla multicolor. Yo no entendí ritmo alguno sino sólo sonidos diversos confundidos sin interrupción. Una hora más tarde, todo me pareció monótono, ya no se escuchaba nada nuevo, opté finalmente salir del auditorio.

El adiós

En mi cuarto, al estar revisando el montón de cartas que mi familia me había enviado, me encontré que en una de ellas me habían enviado el domicilio de mis parientes en California. Enseguida traté de hablar por teléfono. Intenté hacerlo por un teléfono público, pero cuando no pude entender lo que decía la operadora en inglés, regresé a donde vivía buscando ayuda con la casera. Ella arregló inmediatamente mi llamada. Pude hablar con mi tío Vicente quien parecía muy contento con mi llamada. Dijo que mi padre le había informado que yo andaba en los Estados Unidos, pero que no sabía exactamente dónde. Le pregunté si había oportunidad de vivir en su casa y me contestó que ellos vivían en una casa muy amplia y que había lugar suficiente para mí.

Seguí yendo a comer a la misma fonda, pero ya no con el mismo interés porque Paty ya no se había dejado ver más. La cocinera dijo que se había ido a trabajar a otro restaurante de mejor categoría, porque ahora Paty hablaba inglés.

Cuando le pedí que me dijera el nombre del restaurante, se negó a dármelo, recomendándome al mismo tiempo que fijara los ojos en otro objetivo y que me olvidara de aquellos ojos grandes, de largas pestañas.

—Ah —dije para mí mismo—. Cuestión de ciudadanía . . . Lo va a lograr, pues es bonita e inteligente.

—Ya lo veremos —me dijo la cocinera.

—Yo no —le aclaré —. Lo verá usted, porque yo me largo de San Antonio.

—Y ¿para dónde? —preguntó.

—Posiblemente a Califas.

—Dicen que allá es bonito.

—Pues, ya se lo contaré si algún día regreso por estos rumbos.

—Te deseo buena suerte.

—Gracias, la voy a necesitar.

El viaje en autobus de San Antonio a Los Ángeles me costó cien dólares. Mis pocas pertenencias cupieron en una sola maleta.

Parte III

De Los Ángeles a Oregon

En casa de mi tío

Mi tío vivía en un traspatio propiedad de una familia de árabes en el barrio de Alhambra con otros tres paisanos más. Vivir en grupo era una manera de facilitar el pago de la renta y también permitía dar auxilio a los paisanos recién llegados al proporcionarles un lugar donde estar mientras encontraban trabajo. La casa estaba hecha de madera y todo el interior estaba recubierto con tablaroca. Eran dos piezas. Una de cinco por cinco metros, que correspondía a la cocina la cual estaba equipada con estufa, lavabo, refrigerador, máquina lavadora y secadora. En el centro había una mesa de cedro de más o menos metro y medio de largo que en lugar de sillas tenía un par de bancas. El único adorno en la cocina era un reloj de pared eléctrico en forma de cafetera y producía un ruido como si realmente estuviera expuesta al fuego y también unas luces que daban la impresión que las burbujas del agua estaban en ebullición.

La otra pieza era el dormitorio de cinco metros por quince en el cual había dos camas con colchón, algunos catres y a lo largo de una de las paredes había un gabinete de madera. Al extremo y al centro había un aparato de televisión sobre una pequeña mesa de madera.

En lo alto de la pared, sobre la cabecera de la cama de mi tío había un pequeño cuadro encristalado que encerraba una fotografía de su familia; era su esposa en medio de tres hijos y otro más pequeño en brazos. Mi tío rondaba los cuarenta y tres años, quince de los cuales los había pasado en los Estados Unidos y sólo había viajado por temporadas a visitar a su familia. Trabajaba como mecánico automotriz en una empresa llamada Toyota. La mecánica había sido una actividad que había practicado desde su juventud cuando trabajaba en los ranchos ganaderos de la zona tropical del estado de Oaxaca como tractorista, ahora seguía siendo mecánico pero con un buen salario y siempre le veíamos vestido con el uniforme de la empresa, pantalón café y camisa color crema. Mi tío, además de mecánico era hojalatero, soldador y pintor de autos.

Cuando mi tío me preguntó si ya había asistido a la escuela de inglés, pareció bastante decepcionado al escuchar mi respuesta negativa.

—Pues, si quieres progresar en los Estados Unidos —me dijo— tienes que aprender a hablar inglés, de lo contrario, tendrás que resignarte con trabajitos como el de lavatrastes, como muchos de nuestros paisanos.

Entre los cohabitantes, estaba Antonio, un hombre de cuarenta años que trabajaba como lavatrastes en un restaurante. También estaba Rubén, un joven de veintidós años quien hasta hacía pocos días era lavatrastes en el mismo restaurante en donde trabajaba Antonio, pero Rubén había escalado un peldaño y ahora era ayudante de cocineros. Ahí también vivía también Benjamín, quien trabajaba como ayudante en un taller de reparación y pintura de autos. Benjamín era dueño de un coche bastante parecido al que yo había tenido en San Antonio, sólo que de color blanco.

El *car wash*

El sábado después de mi llegada, mi tío me acompañó a buscar trabajo. Fuimos directamente a un *car wash* que estaba a pocas cuadras de la casa. No hubo gran dificultad, sólo pedí trabajo. Fui aceptado inmediatamente.

Como herramienta de trabajo, me entregaron un atomizador de plástico y un overol más grande que mi medida. Comencé a trabajar bajo la supervisión de otro colega mojado. Era un hombre de baja estatura y cara cuadrada, que usaba patillas anchas.

—Hey, Simeón —le había llamado el encargado; el encargado era un hombre alto y de largas piernas que caminaba ligeramente inclinado como si le pesara la cabeza—. Te encargo a este paisano, "trinéalo" en el jale —era un chicanismo que quería decir que me entrenara en el trabajo.

Nunca me había imaginado que era necesario montar una gran maquinaria y un equipo de cuando menos quince hombres solamente para lavar carros. Ese trabajo me había parecido como una actividad que debía hacerse cuando a uno le sobraba el tiempo y siempre y cuando hubiera alguien interesado en que se le levara el carro, exactamente como cuando yo trabajaba en el estacionamiento en la ciudad de México, pero en los Estados Unidos era un buen negocio. El proceso era sencillo. El carro pasaba por un lugar donde rápidamente dos compañeros con manguera en mano aspiraban los asientos y el piso, luego un chofer lo llevaba hacia un riel móvil. Una vez ahí montado, el carro primero recibía una rociada de agua a presión que salía de una tubería vertical y enseguida le caía una lluvia de espuma semejante a copos de nieve antes de pasar por unos rodillos de cerdas giratorias, uno vertical a cada

lado y otro horizontal encima. Más adelante le volvía a caer agua
a presión pero mezclada con cera, al último recibía un sopleteado
de aire. Al salir del baño mecánico, le esperaban dos compañeros
que con el atomizador lleno de agua de jabón en una mano y una
toalla en la otra, tenían que rociar los cristales y secarlos de inmediato; la misma operación se realizaba en el interior. Después de
los limpia cristales, otro chofer lo esperaba al final del riel móvil
para llevarlo al patio donde varios compañeros tenían el objetivo
de cuidar de los detalles que habían escapado al proceso anterior,
antes de entregarlo. En cuestión de minutos, el dueño volvía a sentarse tras el volante de su auto completamente limpio.

Aprendiendo inglés

Mi horario de trabajo era de ocho de la mañana a cinco de la tarde con media hora de lonche a la una. Era un horario que me permitía seguir la recomendación de mi tío. Me fuí a inscribir a la escuela de inglés donde pagué la simbólica cantidad de 25 centavos. Mis clases serán de siete a nueve de la noche de lunes a viernes.

En el grupo que me tocó éramos más o menos 35 alumnos entre los cuales la mayoría era oriental. En mi primer día de clases, la maestra, que era una anglosajona, entró al salón hablando inglés y nada más que inglés y se la pasó toda la clase hablando inglés; hubiera sido lo mismo que hablara en chino o ruso porque no le entendí nada. Al final nos entregó unas hojas para llevarnos a casa. Para mí aquella manera era mejor, porque en las hojas venían figuras con sus respectivos nombres en inglés. Fue fácil cuando comenzamos a aprender los nombres de las verduras, objetos de cocina, señales de tránsito, etc. En la mesa del escritorio de mi tío se fueron almacenando un montón de papeles con ejercicios en inglés, que después de los primeros, que habían sido solamente nombres de objetos, vinieron las frases de uso cotidiano, después fue la conjugación de los verbos y sus diferentes tiempos. Ahí fue donde comencé a ver la dificultad de mi aprendizaje, máxime que no tenía la oportunidad de poner en práctica lo que estaba aprendiendo. En la casa de mi tío nadie hablaba inglés, en el trabajo todo mundo hablaba español y en las veces que iba al centro de Los Ángeles, a lo largo de la avenida Broadway en los centenares de comercios todo el mundo también hablaba español a tal grado que en partes me daba la impresión de estar en el mercado de La Merced de México, en donde los vendedores pregonaban a voz en cuello la calidad de sus mercancías y casi obligaban al transeúnte a hacer sus compras con ellos.

Sin embargo, yo seguí yendo a la escuela muy puntualmente todos los días, pero a pesar de ello, después de muchos días y después del montón de papeles que seguía almacenando, no estaba aprendiendo nada. La primera ocasión en que me decepcionaron mis idas a clases fue cuando entré a un club con Benjamín. La clientela en su mayoría estaba compuesta de blancos y orientales, sólo yo y Benjamín éramos mojados. Estábamos sentados en una de las mesas ante un par de cervezas, cuando vimos que había llegado una jovencita oriental con sus libros en brazos; ella era delgada como la mayoría de las orientales, de cabello negro y corto y no muy alta de estatura. La vimos ir detrás de la barra y depositar sus libros en algún lugar, después la vimos mezclarse entre la clientela. Más tarde, cuando ella pasó por nuestra mesa y dijo algo en inglés dirigiéndose a mí, yo me quedé en ascuas mirándole solamente al rostro que era todo una amable sonrisa con un par de hileras de dientes blancos y alineados. Su mirada parecía esperar una respuesta, pero yo no podía responder, entonces busqué la ayuda de mi paisano.

—Dice que si quieres bailar —me aclaró Benjamín burlándose de mi ignorancia.

—¡Ah! Claro que sí. Yo nunca he sido buen bailarín, pero cuando menos puedo mover los pies.

La joven miró a Benjamín creyendo que éste traduciría lo que yo le había dicho, pero no obtuvo respuesta. Yo me paré y la llevé a la pista. La pista era pequeña y ya estaba llena; nos hicimos lugar, pero después de un rato se sumaron más bailadores y era más cuestión de cuidarse de permanecer de pie que de estar bailando, por lo tanto le hice una señal a la joven para que me siguiera. Me volvió a decir algo antes de llegar a la mesa y yo seguí en las mismas. Al llegar a la mesa me aferré a mi cerveza. La joven quería platicar y yo no había servido ni para contestar un saludo. Media hora después le dije a Benjamín que no tenía caso seguir ahí. Al llegar a la puerta de salida, nos volvimos a encontrar a la joven y nos volvió a hablar. Después de verle solamente aquel bonito rostro de ojos rasgados de nueva cuenta acudí a la ayuda de Benjamín.

—Dice, que si ya te vas.

—Dile, que luego regresamos.

Benjamín trató de decírselo, pero no vi que la joven asintiera o que hubiese entendido.

Como para rematar la mala suerte, al salir del club no encontramos el carro de Benjamín. Primero dijimos que lo habían robado, pero luego de inspeccionar vimos que se había estacionado en un lugar prohibido. La grúa se lo había llevado.

La segunda ocasión que mi aplicación en la clase demostraba ser un fracaso fue la vez que la maestra preguntó acerca de mi trabajo.

—*I am a worker* —respondí pensando que era lo apropiado.

La maestra movió la cabeza negativamente mientras que me decía quién sabe qué tanto en inglés. Yo seguía sin comprender hasta que un compañero me dijo en voz baja en español lo que la maestra estaba preguntando.

—*I'm a car washer* —contesté por fin.

El perro

Un día por poco y perdí el trabajo a causa de un perro. A la hora del lonche yo tenía la costumbre de ir a comer hasta la casa; teníamos treinta minutos, de los cuales ocupaba cinco minutos de ida y cinco de regreso.

Como a dos cuadras del *car wash* se me emparejó de pronto un perro del tamaño de un oso que había salido de una de las casas. Era un enorme perro de pelaje gris, que parado junto a mí su lomo me llegaba a los hombros. Era un perro bien alimentado, su cuerpo era pura fibra de músculos y tenía una gran cabeza como de treinta centímetros. Si lo hubiese visto cuando menos a una cuadra de distancia, sin pensarlo mucho habría regresado al *car wash* o bien habría rodeado algunas cuadras para no encontrarlo, pero a aquel hijo del diablo lo vi cuando apenas nos separaban cinco metros de distancia.

Los pelos se me erizaron y un escalofrío me recorrió por todo el cuerpo cuando lo vi dirigirse hacia mí. Yo seguí caminando tratando de ocultar mi nerviosismo, pero aquel animal me dio alcance, mostrándome al llegar una amenazadora dentadura entre unos trémulos labios muy cerca de mi brazo derecho. Pensé en correr, pero comprendí que sería completamente inútil, pues me daría alcance en un par de saltos. Me quedé quieto y, por fortuna y sorpresa, eso era lo que el animal quería. Después de haberme detenido se sentó junto a mí sobre sus patas traseras y de esa manera su cabeza quedaba a la misma altura que la mía. Me tenía a su merced si es que tenía la intención de destruirme.

Pasados algunos minutos, creí que me dejaría ir, y al tratar de dar un paso, el animal me volvió a mostrar su enojo acompañado de un amenanzante gruñido si me atrevía a moverme; yo entendí que la orden era seguir quieto. Comencé a sudar y no me atrevía siquiera a mover la cabeza por temor a recibir una dentellada de aquella gigantesca fauce que seguramente me habría arrancado o triturado los huesos. Miré a lo largo de la calle buscando alguna manera de pedir auxilio, pero no había una sola alma que siquiera pudiera mirarme en semejante aprieto; tal parecía que a propósito la calle había quedado desierta. No encontraba la manera de defenderme. Sobre la calle no había una sola piedra o palo del cual pudiera echar mano, sólo tenía mi atomizador con un poco de jabón.

Mientras tanto me puse a renegar de por qué la gente tenía semejantes animales en casa. Aquel que tenía como guardián lucía completamente sano y seboso; seguramente lo alimentaban mejor que una docena de niños juntos en algunas regiones de la Sierra de Juárez, y estaba también seguro que constituía sólo un adorno de su dueño, como cualquier maceta o pintura en la pared. En mi pueblo también teníamos perros, y no uno sólo, sino dos o tres. Ellos cuidaban que a la casa no llegasen extraños y cuidaban el gallinero contra los coyotes que osaban acercarse al pueblo. Nos acompañaban cuando íbamos al campo a vigilar el ganado y algunos más que otros tenían un olfato sensible para detectar el rastro de alguna pieza de caza.

Pasaron cuando menos veinte minutos antes de que una anciana encorvada y de lento caminar apareciera detrás de la barda de una casa y con una débil voz emitió un sonido parecido al ruido que se produce al rasgar una hoja de papel.

—*Come on, boy.*

El perro, al escuchar el llamado de su dueña, salió disparado hacia ella y yo respiré aliviado.

Después, me fui a la casa a prepararme un par de sándwiches que me comí camino al *car wash*. Llegué tarde al trabajo y en mi lugar ya habían puesto a otro de mis compañeros.

—Unos minutos más y habría mandado a traer a otro trabajador —me dijo el encargado.

Le platiqué el incidente del perro.

—Te hubieras dejado morder —me contestó—. Habrías cobrado una indemnización del dueño.

Casi desaparecido

Otro sábado, luego de haber brindado algunas cervezas con Benjamín y mi tío, Benjamín y yo salimos a buscar ventura a bordo de su viejo carro. Mi tío se había quedado en casa porque se sentía cansado y tenía que terminar un trabajo el siguiente domingo. Benjamín se detuvo en una tienda y se metió a comprar; a su regreso traía entre manos un par de frasquitos.

—Vamos a perfumar el pueblecito —me dijo mientras que abría uno de los frascos que tenían la apariencia de una ampolleta. Después lo colocó entre el cubresol y el capacete—. El olor trascenderá en menos de un minuto, ya lo verás —volvió a decir mientras daba indicaciones de que cerráramos las ventanillas—. Cuando menos que el carro huela bonito, eso, por si llegamos a conquistar a un par de chamacas —dijo de nuevo.

El carro quedó cerrado para que el olor trascendiera y se impregnara más rápidamente, según Benjamín, quien a cada momento aspiraba el aire con la nariz para comprobar su teoría. A los pocos minutos, el olor había trascendido demasiado; era un olor a caramelo mezclado con alguna clase de perfume barato que lo hacía empalagoso y el ambiente causaba náuseas. Tuvimos que volver a abrir las ventanillas para que el aire volviera a circular y se llevara la trascendencia de la cual se ufanaba Benjamín.

—Vamos a jugar billar —dijo de pronto cuando estábamos pasando frente a un salón que anunciaba las mesas de billar. Accedí aprovechando la oportunidad de escapar del oloroso coche.

Adentro el lugar era reducido, apenas había tres mesas con cuatro sillas cada una y una sola mesa de billar. Había una barra con sus respectivos asientos al frente. La clientela se componía de hombres blancos, negros, chicanos y nosotros. Ordenamos cervezas y yo coloqué una moneda de 25 centavos en la mesa de billar haciendo fila. Cuando me tocó el turno, jugué pero perdí el partido.

Poco después Benjamín colocó también su moneda, y cuando le llegó el turno, su contrincante le preguntó que de a cómo iba a ser el juego.

—De a Pichell —respondió Benjamín.

Benjamín ganó el juego y el cantinero puso frente a nosotros una jarra de cerveza pagada por el perdedor. Así surgió un retador y otro y otro y Benjamín seguía ganando y frente a mí en la barra cada vez tenía más jarras de cerveza que no nos dábamos abasto a consumir. La experiencia que Benjamín había acumulado a lo largo de un año de estar jugando billar cada sábado nos estaba proporcionando cerveza gratis. Y así siguió hasta las dos de la mañana, hasta que el encargado del establecimiento nos dijo que iba a servir la última ronda y que iba a cerrar el lugar. Al final sólo estábamos nosotros dos, un chicano, un gringo y un negro, todos ellos jóvenes. Con ellos dimos fin a las jarras que aún teníamos llenas. Cuando el de la cantina nos dijo que iba a cerrar, nos vendió otra cerveza a cada quien, la cual nos tomamos afuera, a un costado del bar. El chicano, el gringo y el negro, platicaban en inglés; nosotros en español y como no entendíamos, no poníamos atención a lo que ellos hablaban.

Un rato más tarde, vimos que uno de ellos hablaba acaloradamente y vimos a otro correr hacia una camioneta *pickup* estacionada en la acera opuesta. Al llegar a la *pickup,* abrió la portezuela y detrás del asiento sacó una escopeta. Se escuchó luego el chasquido del arma al colocar un cartucho en la recámara y al mirar en nuestro derredor vimos que el negro y el chicano habían desaparecido en un abrir y cerrar de ojos.

"¡Mira a este pendejo!" oí que dijo Benjamín mientras pegaba la carrera cruzando la avenida.

El blanco venía de regreso hacia donde había estado el grupo con el arma embrazada a la altura del pecho.

—¡Córrele! Ese pendejo te va a llenar de plomo —escuché que gritaba Benjamín.

Para cuando yo reaccioné, el anglo ya se encontraba cerca y al tomar en cuenta el peligro, todo el alcohol que había ingerido pareció haber desaparecido porque, en dos largas zancadas fui a aterrizar detrás de unos arbustos que había en el camellón de la banqueta. Casi al mismo instante se escuchó una detonación y el disparo fue a pegar contra el tronco del árbol que estaba a varios metros de distancia, desprendiéndole la corteza.

Inmediatamente al caer sobre el cemento seguí caminando a cuatro patas hasta alcanzar la avenida que luego crucé como alma que llevaba el diablo. Por suerte, el hombre no nos había seguido. Nosotros no le habíamos ofendido, pero al no tener a la vista al negro o al chicano, arremetió contra nosotros.

—Vámonos de aquí —dijo Benjamín—. No tarda en llegar la policía.

Corrimos algunas cuadras y entramos a un restaurante. Mientras estábamos consumiendo las hamburguesas que habíamos ordenado, escuchamos el ulular de la sirena policíaca que se acercaba sobre la avenida a gran velocidad. Después la vimos pasar frente al restaurante y detenerse a la altura de la cantina. Un poco más de mala suerte y me habría sumado a la lista de los paisanos muertos en California. Según los comentarios, a uno de ellos lo mató la policía. La versión es que el ahora difunto había estado con un grupo de amigos fumando marihuana y cuando la patrulla de la policía apareció, el paisano se echó a correr. Los policías le marcaron el alto pero él no dejó de correr, hasta que le dispararon. Otro más fue asesinado durante una fiesta que celebraban los paisanos, presumiblemente, se dice que lo mataron unos pandilleros. Existe un tercero de quien hasta la fecha aún no se sabe que ha sido de él. La última vez que lo vieron fue hace más de cuatro años trabajando como lavatrastes en un restaurante, pero después de ahí, nadie ha podido dar razón de él. Durante varios meses, los paisanos anduvieron preguntando por él en las cárceles, en los hospitales, incluso visitaron las morgues, pero en ninguna parte lo hallaron. Su nombre era Gregorio y no tenía más de veinticinco años.

Entre los paisanos corrían diferentes versiones. "Lo han matado" opinaban algunos argumentando que Gregorio visitaba continuamente las cantinas y no las abandonaba hasta que el establecimiento cerrara. Otros opinaban que se había ido a Nueva York y que no les causaría sorpresa verlo de regreso en California. Muchos no creían que Gregorio hubiera muerto. "Al rato aparece" decían "manejando un flamante carro, de esos coches grandes, y a su lado tendrá una mujer bonita y en el pueblo entrará sonriendo a la tienda para ordenar cerveza para todos, tal como lo hacen los que llegan del Norte".

Pero lo más preocupante era que Gregorio tampoco se había comunicado con su familia. Al no saber nada de él, la madre había mandado cartas a los paisanos preguntando por él. Eso lo hizo durante seis meses después de que desapareció pero nadie le dio noticias de su hijo. Hasta la fecha, después de cuatro años, la madre sigue esperando que su hijo aparezca en su casa. Ella mantiene un cirio prendido en la iglesia del pueblo rogando por el regreso de Gregorio. En su casa tiene dispuesto otro altar dedicado a Gregorio cuya fotografía de tamaño grande está colocada en medio de las imágenes de su devoción. Casi a diario ella pone tazas de café o atole en el altar y en el Día de los Muertos el altar se llena de cosas que le gustaban a Gregorio.

Cuando en las conversaciones salía a flote el caso de Gregorio, todos opinaban que parecía un hombre muy seguro de sí mismo. Antes de salir del pueblo, era el trompetista de la banda musical; también había ganado el primer lugar en velocidad de lectura por minuto en un concurso que había organizado el director de la escuela primaria.

La parra internacional

Éramos alrededor de cuatrocientos macuiltianguenses los que vivíamos en los diferentes condados del estado de California. Vivíamos en Los Ángeles, Santa Mónica, Santa Bárbara, El Monte, San Fernando, San Gabriel, Glendale, Rosemead, Hollywood, North Hollywood y Encino, y no cuesta ninguna dificultad más que un telefonazo dar con uno u otro paisano, pues casi todos sabíamos donde vivía y trabajaba cada cual. De esa manera, no había nada que pasara en el pueblo que no lo llegáramos a saber. La comunicación entre todos era casi continua, pues, regularmente, cada fin de semana, los paisanos se reunían en los campos deportivos para improvisar competencias de básquetbol, aunque la mayoría de las veces el trofeo siempre era un paquete de cerveza para el equipo ganador, porque si algo hay de particular entre mis paisanos es que somos bebedores de cerveza y en ninguna casa, en ningún refrigerador haría falta una cerveza para invitar al visitante.

Gracias a la fácil comunicación entre nosotros sabíamos de los paisanos recién llegados, y a éstos casi se les obligaba a dedicar una semana visitando las diferentes casas en donde se les agasajaba con comida y bebida mientras conversaban sobre lo que pasaba o no pasaba en el pueblo. De esa manera también nos enterábamos de quién estaba por irse, con uno de ellos yo había tenido la oportunidad de mandar una pequeña máquina de sierra circular para el taller de carpintería de mi papá así como algunas prendas de vestir para mis hermanos.

Entre los paisanos existían dos mujeres, que habían sido unas de las primeras en emular a los hombres en su viaje a los Estados Unidos. Una de ellas tenía su hogar en el país con hijos mayores de edad ya casados; la otra era la que se nos hacía más útil entre nosotros, pues por azares del destino, en uno de los barrios de la ciudad fronteriza de Tijuana, ella era la que daba auxilio a todos los paisanos que viajaban hacia el país del norte. Después de ellas, la mayoría de las mujeres que trabajaban en la ciudad de México como sirvientas también llegaron a los Estados Unidos dedicándose a la misma actividad, pero con mejor salario.

De los más o menos cuatrocientos paisanos que andábamos en este país, había personas como mi tío que trabajaban de este lado y viajaban periódicamente al pueblo a estar con sus familias, pero también había quienes tan pronto tenían la oportunidad de conseguir la "tarjeta verde" o que eran incluidos en el programa de amnistía de inmigración iban por sus familias al pueblo; algunos habían conseguido su estancia legal casándose con quienes eran poseedores de la tarjeta verde. La mayoría de estos últimos inmigrantes poseían ya casa propia en los Estados Unidos e incluso había ya uno que poseía cuartos para rentar. Todos ellos tenían trabajos estables. Algunos eran jardineros con rutas propias en las colonias residenciales y manejaban dos o tres carros propios. Otros se habían ganado el estatus de empleados de confianza en los restaurantes debido a su antigüedad y por comprender inglés. Para estos paisanos ya no estaba en sus planes regresar a México, pues sus hijos estaban asistiendo a las escuelas en los Estados Unidos. Entre los jóvenes estaba el primer hijo de mojados nacido norteamericano. Tenía en la actualidad veinte años de edad.

Dado el número de paisanos radicados en este país ya había sido posible ayudar al pueblo cuando se encontraba en dificultades, tal como había sucedido recientemente, cuando unos cables de alta tensión que cruzaban la Sierra de Juárez hicieron corto circuito y provocaron un incendio que devastó muchas hectáreas de bosque comunal. Esa vez fue suficiente una llamada de teléfono para que en menos de un día todos supiéramos del siniestro. De inmediato se nombró una comisión que anduvo recorriendo las casas y los lugares de trabajo recolectando la cooperación que se envió a las autoridades del pueblo, quienes lo ocuparon para comprar palas, picos, hachas y alimentos para aquéllos que estaban luchando día y noche contra el fuego. Entonces, mientras duró el incendio, no cesaban las llamadas, aunque después de pasar de boca en boca llegaban a distorsionarse. Se decía por ejemplo que el incendio había llegado con sus feroces lenguas de fuego y había consumido algunas casas, también se decía que el presidente del Comisariato de Bienes Comunales y dos paisanos más habían quedado atrapados por el fuego. Durante un día entero, la comunidad de mojados creyó que ellos habían muerto, pero al siguiente día llegó la noticia de que habían aparecido todos manchados de carbón y que estaban irreconocibles.

Durante su odisea se decía que los tres se habían refugiado en un arroyo que corría al pie de la montaña y que habían permanecido en él por varias horas y que muchas de las veces tenían que sumergirse en la corriente cuando las lenguas de fuego pasaban muy cerca. La verdad era que una línea de fuego les había impedido correr hacia donde estaba el grueso de los compañeros y en consecuencia habían tardado un día entero para orientarse y salir de la montaña, lo único malo fue que se pasaron un día entero sin probar alimento alguno.

Por alguna parte nació la idea de formar una organización que estuviera siempre en contacto con las autoridades del pueblo a fin de facilitar una mejor comunicación y cooperación. La idea fue madurando y por fin en una asamblea se eligieron los representantes e integrantes del comité, al cual llamaron OPAM, o sea, Organización Pro-Ayuda a Macuiltianguis.

Para recolectar fondos, el comité organizó rifas, colectas y bailes cada mes. Muy pronto hubo suficiente dinero para ayudar al pueblo. En una asamblea se acordó enviar un proyector de películas y para librar el envío de impuestos aduanales y posible requisa, el comité fue al consulado mexicano para solicitar el apoyo. El siguiente envío se trató de una fuerte cantidad de dinero destinado exclusivamente para que fuera repartido entre los ancianos y mujeres solas en la comunidad. La organización también había mandado dinero para la fiesta del 25 de enero, el día de San Pablo, en que se organizaba un torneo de básquetbol en donde cada pueblo de la Sierra enviaba a sus mejores equipos a la competencia.

El carnaval

La organización de California también contribuyó a la fiesta del carnaval celebrado los cuatro días que precedían al miércoles de ceniza. El carnaval era una fiesta que anteriormente estaba a cargo de la sociedad de jóvenes, pero la organización había desaparecido por la falta de juventud en el pueblo y ahora se llevaba a cabo con la cooperación voluntaria de ciudadanos. Durante los cuatro días en que se celebraba la fiesta, nadie trabajaba; incluso la escuela primaria dejaba de laborar lo mismo que la escuela secundaria. El trabajo en el bosque quedaba para después. Los trabajos en el campo, de igual manera.

Para la fiesta se construían cuatro toros. Tres de tamaño natural y uno más chico para los niños. Los cuatro estaban construidos de una especie de arbolillo que llamábamos "Galinda paz" que crecía en los cerros fuera del pueblo. Esta planta crecía muy alta, muy derecha, delgada y rolliza, sin muchas ramas y tenía la propiedad, bajo previo calentamiento, de poder doblarse en forma de U sin que llegara a trozarse. Con esa madera se formaban las costillas y las patas del toro. Como lomo se le colocaba un grueso tablón de pino de cuando menos 2 x 4 pulgadas. Luego se forraba con pliegos de petate, y con pintura roja se le pintaban los ojos, las orejas y una larga lengua colgante. A uno de los costados se le escribía con el mismo color de pintura el logotipo del hierro comunal. "La marca" que llevaban todos los animales que pertenecían a los ciudadanos de la población consistía en las letras MC y servía para poder distinguir los animales de un pueblo a otro cuando andaban sueltos por el rastrojo comunal. Luego se les escribía el nombre con el que se les conocía durante toda la fiesta. De los que yo recordaba, a uno se le había bautizado con el nombre de "Lucio Cabañas" por la época de cuando la guerrilla había estado en acción en el estado de Guerrero. En otra ocasión a otro de los toros se le había bautizado como "Deuda Externa".

El sábado, cuando la festividad comenzaba, los toros debían estar listos. Cada uno de los miembros de la autoridad, también preparaba suficiente tepache, bebida que se preparaba con el fermento del jugo de maguey o caña de azúcar, el cual las autoridades, cada uno en su turno, brindaba al público en vasos o jícaras. Los músicos también se preparaban para comenzar a tocar los sones que en el pueblo conocíamos como "tonteras". Los jóvenes desde muy temprano se alistaban para salir disfrazados, utilizando los más extravagantes vestuarios. Algunos se disfrazaban de mujeres, utilizando las ropas de sus novias o amigas que habían tenido el valor de sacrificar sus vestidos, porque seguramente acabarían hechos jirones al finalizar la fiesta. Durante esos días, las madres, los niños y todos los que no participaban en la danza acudían a presenciarla estrenando ropa, en la mayoría de las veces. Los niños siempre llegaban con pesos en la bolsa para gastarlos en golosinas. Mientras tanto, los disfrazados bailaban, los músicos tocaban, algunos que cargaban sobre sus hombros a los toros de petate trataban de golpear a los bailarines. Por lo regular, sus víctimas más comunes eran los que se habían propasado en ingerir tepache, y entre ellos, no pocos habían salido con la clavícula rota, con moretones en la cara o los tobillos lastimados. Los disfrazados cambiaban de voz durante la danza y durante todo el tiempo en que estaban a la vista del público. Los que estaban vestidos de mujeres hablaban con falsete y los que estaban disfrazados de viejos tornaban la voz gutural, bailaban y retaban a los cargadores de toros a que trataban de cazarlos. "Aquí, pura gente de resorte" les vacilaban algunos. "Aquí, el veterano no se dobla ni se quiebra" les gritaban otros, y el público gritaba incitando a los toros a la carga. Al término de cada son, los disfrazados tenían que recitar versos. El tema era libre. Estaba permitido hablar de la gente, de la autoridad, de las novias, de los chismes escuchados después del último carnaval. De vez en cuando había entre los espectadores quienes se habían ofendido cuando eran aludidos ellos o sus familiares, entonces entraban al "Campo de batalla", así se le llamaba al lugar de la danza, a liarse a golpes. El resultado era que ambos iban a pasar una noche a la cárcel por no haber guardado el orden. Continuamente el petate que recubría a los toros tenía que ser reemplazado porque se desgarraba. De esa manera transcurrían los cuatro días. En la noche final, cuando los toros ya habían quedado inservibles, éstos eran quemados. Después todo el pueblo entraba a bailar con o sin disfraz.

Accidentes muy serios durante el carnaval no eran muy comunes pero sí habían sucedido. Uno de los más recordados había sido cuando uno de los paisanos trató de presentar un gran espectáculo al finalizar la fiesta. Durante uno de sus viajes a un pueblo adentro de la sierra, había comprado una capa hecha de palma que los del lugar utilizaban para protegerse de la lluvia. El plan de aquel paisano era, que en su momento, con la capa puesta, le prenderían fuego, luego él correría por toda la pista con ella ardiendo. Su número lo había llamado "Verah Llih" o sea "Gallina de fuego" porque aquella capa se le conocía como "Capa Gallina" por la forma en que estaba tejida. Tal como habían convenido, a la hora indicada alguien le prendió fuego a la capa y aquéllo comenzó a arder y él comenzó a correr. Pero a la hora que debía desatarse el nudo, jaló la punta errónea del nudo y éste, en vez de desatarse, se había apretado más. Los espectadores se dieron cuenta de su situación ya cuando el fuego le había abrazado la ropa y él gritaba desesperado. Alguien más cometió el error de arrojarle una jarra de tepache con la intención de apagar el fuego, pero con ello sólo consiguió avivarlo más. El paisano aquel estuvo moribundo durante un día entero con el cuerpo todo llagado, hasta que le sobrevino la muerte.

Una promoción

En el *car wash,* cuando los supervisores supieron que yo asistía a la escuela de inglés, me promovieron; aunque sin incremento en el salario, me trasladaron a la estación de gasolina que pertenecía a la misma empresa. El trabajo era fácil. Todo lo que había que hacer era preguntar al cliente cuánto de gasolina querría, servirlo y hacer los recibos de pago en la caja registradora. El trabajo se facilitaba aún más porque la mayoría de los pagos se hacían con tarjetas de crédito. Después de algunos días en la estación de gasolina me pasaron al patio donde se entregaban los coches. La tarea era chequear las partes que a la máquina o a los limpiaparabrisas se les había escapado; había que limpiar las llantas, pulir los rines, había que terminar de limpiar y secar. Era un trabajo algo duro, pero tenía su recompensa porque no había un sólo cliente que no dejara por lo menos un cuarto de dólar de propina. Los domingos, cuando el día era soleado, en todo el turno pasaban cuando menos mil carros al lavadero y en esos días salíamos con las bolsas del overol llenas de monedas, muchas veces sobrepasaban lo que percibía como salario.

De vez en cuando pasaban carros llenos de adolescentes chicanos que, con el afán de divertirse, gritaban "¡Aguas, ahí viene la Migra!", pero eran falsas alarmas; nos querían ver corriendo como conejos buscando algún escondite. Los trabajadores más antiguos contaban que hacía años la Migra sí se había presentado. Los agentes se habían posesionado de todas las salidas y habían detenido a la mayoría de los trabajadores, llevándolos hasta Tijuana aún vestidos con los overoles de trabajo.

En el apartamento

Antonio, nuestro cohabitante de cuarenta años de edad sufría frecuentes dolores de espalda causados, decía él, por el trabajo en el corte de madera en el bosque comunal del pueblo.

—Como son las cosas, muchachos —nos dijo una vez mientras estábamos sentados viendo la televisión—. Allá en el pueblo no lavo un sólo traste de la cocina, y aquí me paso el día lavando vasos, ollas, cacerolas y sartenes todos manchados de grasa.

—Querías dólares, ¿no? —le respondió Benjamín.

—Pues sí, ganar dólares, ¡dólares! —repitió Antonio.

—¿Quién te manda ser pobre? —terció Rubén burlándose de Antonio que se quejaba.

—Pues sí, eso sí, pero sólo Dios lo sabe —contestó Antonio, quien en esos momentos se presionaba la cintura colocándose ambas manos y echando la espalda hacia atrás.

—Pues, ¿no has sanado? —preguntó mi tío al verlo sobarse la espalda.

—Yo creo que esto va a ser para toda la vida —respondió Antonio dolientemente.

—Es la edad, ya estás viejo, hermano —dijo Benjamín interviniendo sin dejar de mofarse de él—. Lo malo es que nadie va a jubilarte.

—¿Jubilarme? No había pensado en eso, pero todo lo que voy a recibir será una patada en el trasero y . . . adiós Toño . . . Sólo mis hijos harán algo por mí.

—¿Hijos? ¿Cuáles hijos? —dijo Rubén—. Pero si sólo tienes un varón y las demás son mujeres, y ésas, en menos de que canta un gallo, se casan. Luego, adiós Papá. Después regresarán algún día con un nieto.

Antonio anunció que se iba a meter al baño. Como era su costumbre, cada vez que llegaba extremadamente cansado del trabajo sacaba un frasquito que guardaba debajo de su cama conteniendo un fermento de hierbas medicinales en alcohol que utilizaba para darse masajes en la espalda después del baño de agua caliente. El olor de las hierbas era fuerte e impregnaba todo el cuarto, y aunque no oliera mal, era suficiente pretexto para que Rubén siguiera vacilando a Antonio.

—¿Ya vas con tus hierbas de brujería? Eso no te ayuda, te haría mejor fumarte un carrujo de mota, te haría olvidarte del dolor y hasta de tu nombre.

—Nada de eso —respondió Antonio—. A eso no le hago. Para mí sólo el mezcalito, nada más; nada de mota.

—Está bien —le volvió a decir Rubén—. Pero cuando termines de perfumarte, por favor abre las ventanas.

La televisión que estábamos viendo era una compra reciente de mi tío. Era a colores y de control remoto.

—Miren —dijo mi tío mientras oprimía varios botones en un artefacto que tenía entre las manos— cada novedad que nos ofrecen los carajos gringos. Me la voy a llevar al pueblo.

—Buena onda —comentó Rubén— vas a apantallar a la raza.

Después de oprimir otras veces los botones del objeto que tenía entre las manos, volvió a dejar el programa que estábamos viendo. Era una película ranchera en donde actuaba Pedro Infante.

—Ayer, yo fui al cine —comentó Rubén—. Fui a ver una película de mojados, pero salí decepcionado y encabronado por lo que vi.

—Pues, ¿qué fuiste a ver? —le preguntó mi tío.

—Pues a un mojado, o más bien a un guapo del cine mexicano que la hizo de mojado. Todo lo que decía la historia era que aquel mojado llegaba a un rancho; le daban trabajo, al poco tiempo terminaba enamorando a la hija del dueño del rancho y terminaba casándose . . . Final feliz. Se imaginan que yo conquistara a la hija del dueño del restaurante y terminara casándome con ella, por cierto que la hija del dueño es una güerota bien hecha y bien chula, pero ¿dónde pasan esas cosas? ¿De dónde habrán sacado esa historia de mierda?

—Era un chiste, ¿no? —comentó mi tío.

—Pues que sigan haciendo sus chistes —protestó Rubén— pero yo no volveré a pagar cuatro dólares para ir a hacer corajes.

Alrededor de las siete de la noche hervía sobre la llama de la estufa lo que iba a ser la cena de esa noche. Era un guiso de carne de res en trozos revuelto con salsa verde, pedazos de apio, cebolla picada, ajo y zanahorias. Aquella mezcla la había hecho mi tío.

—Es válido echarle cualquier cosa al guisado —dijo mientras agregaba polvo de orégano y pimienta—. ¿Quién nos dice que no vamos a descubrir un nuevo platillo a la mexicana? Después le daremos la receta a Rubén para que se la venda al dueño, ¿no les parece?

En esos momentos sonó el timbre del teléfono. Mi tío levantó la bocina. Lo escuchamos solamente exclamar: "¿Dónde? ¿A qué hora? Luego: ¡Que carajo! Bueno, ya ni modo. Pues váyanse inmediatamente con doña Chela y no se preocupen que aquí los vamos a esperar".

Eran Rubén y Benjamín que se habían ido a pasear al centro de Los Ángeles y cuando estaban en la parada del autobús ya de regreso a la casa, un par de individuos vestidos de civil se identificaron luego como agentes de la Migra, los detuvieron y ahora se encontraban en Tijuana. El asunto no nos preocupó tanto, mi tío dijo que en tres días más estarían de regreso en la casa.

—¿Cuánto tienes ahorrado? —le preguntó mi tío a Antonio que estaba en el dormitorio mirando la televisión.

—Unos doscientos dólares —respondió Antonio.

Yo tenía otro tanto disponible y mi tío también. Teníamos lo suficiente para el coyote que los traería de regreso. Después ya no hablamos del asunto.

Cruce imprudente

Cuando el pronóstico del tiempo era de lluvia, casi nadie llevaba a lavar su carro y cuando estaba lloviendo, no llegaba absolutamente nadie. Para el *car wash* días de lluvias eran días sin trabajo y hubo una temporada que estuvo lloviendo varios días, por lo que los encargados tuvieron que reducir el personal a una cuarta parte. No fuimos despedidos, pero sí nos redujeron las horas. Después de más o menos quince días, el dueño que era un anglo ordenó a los encargados darnos un cheque de veinte dólares a cada quien.

—Cuando menos para que tengan algo para la despensa de la semana —había dicho el encargado.

Las pocas horas que trabajábamos nos dedicábamos a limpiar los cristales y las paredes del *car wash,* en fin lo que ellos querían era que cuando menos desquitáramos lo que estaban pagando. Eran días de ocio y yo no hacía más que caminar por las calles de la ciudad, un poco apesadumbrado y sombrío, tal y como estaba el clima.

Sin trabajo, la ciudad resultaba aburrida; al llegar a un semáforo, crucé a pesar de la luz roja, y el letrero que decía "*Stop*" para el peatón. No era la primera vez que violaba las leyes de tráfico, más bien cruzaba las calles basándome en si había o no había tránsito de vehículos; lo mismo hacía en Houston, San Antonio y en Los Ángeles, sólo que no lo había hecho frente a una patrulla de la policía. Aún no había llegado a la acera opuesta cuando escuché a mis espaldas el aullido de una sirena, pero no pensé que fuera por mi causa. Sin embargo a los pocos pasos me dio alcance un agente uniformado de azul, grande de estatura, gordo, de gafas negras y casco, montado sobre una potente motocicleta; me cerró el paso.

—*Stop there* —entendí que dijo.

—*Speak English?* —preguntó enseguida.

—*Some* —contesté yo.

El agente se puso a decirme una serie de frases que no entendí, pero de todas maneras no hacía falta entender mucho inglés para saber que había violado la ley.

—*Where are you from?* —volvió a preguntar.

Aquella pregunta sí que la había entendido, porque era una de las frases con que practicábamos en la escuela. Por un rato casi estaba seguro que aquel agente me conduciría a la Migra, pero recordé la plática de uno de mis paisanos que en una ocasión un agente de la policía le había seguido por varias cuadras hasta llegar a su trabajo. Al llegar al estacionamiento el agente fue hacia él preguntándole por la tarjeta verde, pero el paisano dijo haberle contestado: "*It's none of your business*" mientras le mostraba su licencia de manejar. Finalmente el agente no se lo llevó a la Migra.

Como el agente vio que me había quedado callado, me pidió mi "*I.D.*" (identificación). Sin esperar más, de mi cartera saqué una tarjeta de identificación falsa que había comprado en San Antonio. Para mi sorpresa, dio resultado.

—*From Texas,* ¿eh? —se dijo a sí mismo.

—*Yeah* —dije asintiendo.

El agente sacó una libreta de uno de los bolsillos del pantalón y copió mi nombre.

—*Where are you living?* —preguntó nuevamente deteniendo su escritura y mirándome de reojo. Y como me diera vacilar, dijo— *Hotel?*

—*Yes.*

Siguió preguntando y entendí que quería saber el domicilio del hotel. Quizás andaba de suerte porque traía a mis espaldas una mochila que contenía un par de zapatos nuevos recién comprados. Debí haberle parecido un viajero; por supuesto que no había ningún hotel a la vista y tampoco sabía de algún nombre o dirección y miré hacia uno y otro lado de la calle.

—*There?* —señaló con la mano hacia un viejo letrero que decía precisamente "Hotel".

—*Yes* —volví a pronunciar, y él pareció conforme.

Al final me entregó una copia de una hoja rosada y mi credencial. El agente se fue y yo seguí caminando. Quizás para los agentes de Los Ángeles, ver a alguien llegar de Texas era como cuando un oaxaqueño llegaba al Distrito Federal, sólo que los agentes del DF me habrían registrado las bolsas en busca de algo que apropiarse.

Sin quehaceres

Caminando por la calle principal del centro de Los Ángeles, en partes había que esquivar el acoso de los vendedores, con sus "Pásele paisano, mire . . . tenemos esto, lo otro . . . A muy bajo precio y de muy buena calidad . . ." Lo de la variedad no había quién se los negara, pero la calidad era dudable. Ya había visto aparatos comprados en aquel lugar. Se descomponían después de una o dos semanas de uso y no se podía reclamar porque carecían de garantía. También me encontraba con mojados a quienes la suerte no había acompañado. Presentaban el semblante de hombres cansados, ojerosos, cabizbajos, sucios, y lo abordaban a uno rogando: "Con lo que me puedas ayudar, camarada". Así comenzaban, luego seguían contando que habían dormido en la estación de autobuses, que andaban sin trabajo, sin dinero y sin comer. Al verlos me llegaba el recuerdo de cuando estaba en Houston. Les ayudaba con un dólar y ellos se iban agradecidos.

Al no tener qué hacer, por las tardes terminaba llendo al cine de 99 centavos de los que había varios en la avenida Broadway. Eran cines viejos y pestilentes cuyas butacas estaban ya deterioradas, entre las cuales se veían las cucarachas y ratas escurriéndose entre la penumbra. En otras ocasiones me perdía entre el interminable mundo comercial pasando entre un millón de cosas para que al final sólo pudiera comprar una camisa o una playera. También me gustaba pasar horas en las tiendas de ferreterías, veía sofisticadas maquinarias que ahorraban el trabajo humano, y me las imaginaba en nuestro taller de muebles. Me parecía irónico tener las herramientas muy cerca de mis manos y lejos de mis posibilidades de compra, al final terminaba comprando herramientas manuales que iba acumulando para cuando regresara a mi pueblo. Me paseaba entre los altos edificios rascacielos con paredes de cristal que durante el día reflejaban los rayos del sol o pedazos de cielo y de noche, las luces de la ciudad. Al verlos de lejos me daban la impresión de que eran gigantescos guardianes que velaban el sueño de la ciudad. Otras veces al retirarme del centro y al ir caminando sobre la banqueta y al no haber más caminantes que yo, me llegaba a considerar el único ser humano que existía en medio de este mundo de edificios y máquinas. Por largas cuadras caminaba arrinconado, sintiéndome empequeñecido. Por un lado había paredes, unas más altas que otras, pero sólo paredes, y por otro lado pasaban carros y carros que iban y venían, haciéndome sentir solitario. De vez en cuando me sacaban de mi error cuando desde el interior de algún auto alguien me gritaba: "¡Adiós mojado!" mientras que pasaba a gran velocidad, pero como la voz desaparecía de inmediato, al final me quedaba la impresión de que quien realmente había gritado había sido el mismo carro.

A la cosecha

Entre los compañeros del *car wash* les escuché decir que se acercaban las cosechas en el norte de California y que ellos creían que se podía ganar buen dinero.

No me podía quejar de que me fuera mal en el *car wash,* pero una tarde le di las gracias al encargado por haberme dado trabajo y esa misma noche abordé un autobús Greyhound hacia el norte. Mi boleto estaba pagado hasta la ciudad de San Francisco, pero no pensaba llegar hasta aquella ciudad, más bien pensaba bajar donde encontrara un lugar donde estuvieran cosechando.

Me dormí algunas horas en el autobús durante la noche y al despertar en la mañana no sabía dónde nos encontrábamos. Me levanté de mi asiento y fui a caminar por el pasillo del autobús buscando a un mexicano o a un chicano a quien pudiera preguntarle, pero extrañamente no vi ni a uno ni a otro entre los pasajeros; todos parecían anglosajones. Puse atención en los letreros de la carretera, pero leer los nombres no me ayudaba en nada.

—Un mapa me sacaría de apuros —pensé.

Y con ese pensamiento decidí comprar un mapa en la siguiente parada que hiciera el autobús.

Media hora más tarde el autobús se detuvo. Al bajar me fui directamente a la tienda y busqué en los estantes lo que yo necesitaba; encontré de todo, menos el mapa. Me dirigí al tendero hablándole en español y le pregunté por un mapa. Me contestó en inglés que no entendía lo que yo le estaba diciendo. Era un anglo. Puse en práctica mi muy precario inglés, pero no me dio resultado. Tenía la idea de las palabras que necesitaba pero no las podía pronunciar. Le hice señas tratando de dar a entender un papel grande y agregando *"from* California", pero el tendero no entendía un ápice, lo tenía ante mí con los ojos muy abiertos, los hombros alzados y los brazos extendidos en cruz. Agregué la palabra *"map"* pero tal pareció que no lo supe pronunciar. Dije después *"freeways, streets"*, pero sólo conseguí que el tendero quedara más desconcertado. Él, por su cuenta comenzó a mostrarme los chicles, pedazos de pastel, sándwiches, refrescos, cigarros, tratando de adivinar lo que yo estaba pidiendo, pero no llegó a mostrarme ningún mapa. Por último opté por retirarme de la tienda y escuché que el tendero decía: *"I'm sorry"*.

Poco antes de que el autobús reanudara su camino, en el pasillo me encontré con un méxicoamericano a quien le pedí que me ayudara a comprar un mapa del estado de California en la tienda. Los dos regresamos a la tienda. El chicano le habló en inglés al tendero pidiendo el mapa.

—¡Aaaaaah! ¡Ahaaaaa! —exclamó el tendero.

Después fue hacia un rincón de los estantes y sacó lo que yo había solicitado y mientras yo le estaba pagando, él platicaba con el chicano en tono alegre. Ya con mi mapa en la mano le di las gracias al chicano y él me dijo que el tendero había creído que yo le había preguntado si necesitaba a alguien que limpiara el piso, o sea *"mop"*.

En las huellas de mi padre

El autobús avanzaba por entre extensas planicies, tan extensas que la vista no alcanzaba a ver el fin. Todo era campo de cultivo, limpio de hierbas y las líneas perfectamente trazadas pareciendo irse abriendo vertiginosamente al paso del autobús que nos transportaba, tal como un abanico al momento de abrirse en la mano. Ante nosotros desfilaban inmensos campos de uva, luego campos sembrados de cebollas, betabel, aguacate, jitomate y otras tantas especies de frutas y legumbres que me imaginé que las cosechas serían por toneladas. Allá en el pueblo, nosotros también sembrábamos aquellas clases de frutas y legumbres, pero eran solamente para el consumo familiar y de cuando para vender a los vecinos. Mi madre era la que dirigía la siembra en la parcela; ella sabía qué clase de verduras sembrar y en qué temporada, ya fuera de calor, de frío, de nevada o lluvia. El trabajo de preparar la tierra corría a cardo de nosotros, los hermanos.

Por estos inmensos campos de California también anduvo mi padre "doblando el lomo", según sus propias palabras durante los tiempos de la bracereada. Nos contó la historia mientras mis hermanos y yo estábamos limpiando nuestro sembradío de maíz, todos trabajando excepto el menor que se entretenía arrancando hierbas y persiguiendo a los grillos que se encontraban a su paso. Mi padre había estado durante la cosecha de jitomates.

Nos había dicho que en California los surcos eran largos y se extendían sobre terrenos completamente planos tal como los que yo estaba viendo a través de la ventanilla del autobús. Nos lo tuvo que describir porque en mi pueblo no había terrenos tan planos y extensos, y nosotros nos lo imaginábamos un lugar exótico. Con mis hermanos busqué California en el mapa, pero todo lo que pudimos ver entonces era que estaba muy lejos de nuestro pueblo. Nos contó mi padre que entre los capataces que estaban al servicio del contratista, había uno que más que capataz, era un domador.

—Su labor era enseñar a los braceros recién llegados la manera como debían trabajar o más bien como le gustaba a él que trabajaran. Era temido entre los trabajadores; era un fulano alto y flaco como un poste del alumbrado público, era un mal encarado que usaba botas de montar, era de bigote espeso, tenía un sombrero de ala ancha y una mirada que parecía de hierro. Su nombre era Pierre, pero todos le llamaban El Perro.

—El Perro era extremadamente exigente y bastaba con que alguien gritara "¡Ahí viene el Perro!" para que todos se pusieran a trabajar arduamente, pero a El Perro no había manera de dejarlo contento, se la pasaba insultando a los trabajadores: "¡Ándele, dóblese huevón! Si ha venido a trabajar, pues a trabajar". Sólo el contratista estimaba al capataz, porque le hacía rendir a sus trabajadores a su máxima capacidad. Entre los braceros, aunque le obedecían, el capataz no era bien visto por nadie.

—Mientras El Perro estaba vigilando no había nada más que lo distrajera. Si algún bracero se detenía y se enderezaba para sobarse la cintura, El Perro inmediatamente le silbaba haciéndole una seña levantando la mano y doblando el dedo índice como una orden que el bracero debía volver a doblarse sobre su surco. Claro que había alguno que otro rebelde que rehusaba obedecerle, pero para ellos existía el peligro de que los mandaran a descansar un par de días o en el peor de los casos, les cancelaban sus contratos y eran devueltos a México, como ya les había sucedido a algunos.

—Un día, un hombre del estado de Querétaro, a quien llamaban El Queretano, individuo bajo de estatura, delgado y con mucha facilidad de palabra, se detuvo a medio surco para sobarse la espalda, luego otro bracero se trenzó con él jugando a las fuerzas, tratando cada uno de derribar al otro, sólo por descansar y distraerse un minuto. El silbido de El Perro se escuchó inmediatamente, pero sólo uno de ellos obedeció la orden. El Queretano siguió de pie realizando movimientos que le ayudaran a descansar la espalda, El Perro silbó por segunda vez, pero, era ya para que El Queretano se fuera a descansar por el resto de aquel día. Sin embargo, El Queretano, sin mostrarle temor alguno pero tampoco sin tratar de ofenderlo, le dijo "¿Por qué eres tan cabrón? Nosotros no somos máquinas. Deberías estar aquí con nosotros, sólo por un surco, para que sientas lo que nosotros sentimos". El Perro le ordenó descansar el resto del día, y desde luego, sin pago, El Queretano obedeció, pero todos lo admiraron por haberle respondido al capataz de aquella manera. Muchos de los braceros le recomendaron que tuviera cuidado, porque la siguiente amonestación, posiblemente sería boleto para regresar a México.

—El Queretano, en vez de amedrentarse, les propuso a sus amigos de más confianza idear la manera de molestar a El Perro. Pasaron varios días para que se decidieran, porque incluso los amigos le aconsejaban no hacer nada que pudiera poner en peligro su trabajo, pensando en las dificultades que habían tenido que pasar para ser contratados. Pero El Queretano los convenció cuando les propuso el plan.

—De esa manera, un día a la hora del lonche y ante la sorpresa de toda la cuadrilla, escucharon a El Perro decir maldiciones dentro de su *pickup,* donde acostumbraba comer, lejos de los braceros.

—"¡Hijos de su puta Madre!" le oyeron gritar. Después lo vieron caminar hacia ellos, sin dejar un sólo instante de proferir insultos y amenazas. Al hablar le saltaban gotas de saliva de la boca, tenía los puños apretados y por los ojos parecía echar chispas. Era El Perro encolerizado, caminaba en derredor de cada grupo preguntando quién había sido el autor de aquella travesura, pero nadie dijo nada.

—La idea de El Queretano había sido simplemente ir al *pickup* de El Perro, sacar de la lonchera su ración de comida, llenarlo de piedras y dejar una nota que dijera: "Perro, vete mucho a chingar a tu madre", a todos los compañeros nos dio gusto ver a El Perro haciendo rabia, pero también temíamos que se descubriera quién había hecho aquella travesura dijo mi padre, pues en caso de descubrirse, la deportación era segura. Pero gracias a Dios, nadie dijo nada. El diablo de El Queretano había roto la autoridad inmaculada de El Perro. Eso le ganó el respeto, aunque el resto de la cuadrilla nunca supo realmente quién había sido el autor.

—El Perro, como venganza, comenzó a ser más duro, exigente, y los castigaba por el menor motivo. Su carácter siempre fiero hacia los braceros, se fue empeorando día a día. Después de una semana o dos de soportar el áspero trato, El Queretano propuso que todos agarráramos a jitomatazos a El Perro.

—"Después de eso vamos a tener que hacer maletas" le habían contestado algunos. El contratista no va a perdonar que se le trate de esa manera a su mejor capataz.

—Pero poco a poco la mayoría estuvo de acuerdo en correr el riesgo con El Queretano. El plan era dejar a El Queretano en medio de toda la cuadrilla, y que todos trabajaran a buen ritmo y él se iría rezagando para llamar la atención del capataz. Ya en el trabajo, así lo llevaron a cabo. El capataz, al ver a El Queretano trabajar muy despacio comenzó a insultarlo. "¿Qué te ha pasado hoy Queretano hijo de puta?, ¿estás enfermo o es que quieres que te dé cuando menos una semana de descanso? ¿No te da vergüenza ver a tus compañeros adelantados?"

—El Queretano aguantó varios insultos más hasta que en el momento oportuno, luego de que El Perro estaba entre él y el resto de sus compañeros, escogió un tomate a medio madurar, y haciendo acopio de puntería y fuerza, lanzó el primer jitomate que fue a estrellarse en la espalda de El Perro. Al sentir el golpe El Perro se volteó hecho una fiera directamente sobre El Queretano, pero otro jitomate más proveniente de otra dirección volvió a estrellársele en la espalda y enseguida otro y otro. Al rato eso se volvió una lluvia de jitomates que le llegaban por todas direcciones y no halló más salida que correr fuera del campo. Más de una vez lo vieron caerse de bruces al enredársele los pies con las plantas. Todo había resultado conforme el plan.

—Todos vieron llegar a El Perro a su *pickup,* con sus ropas completamente manchadas por el ataque a jitomatazos, prendió el motor y salió a toda velocidad. Los braceros lo vieron alejarse hasta perderlo de vista tras el polvo que iba levantando.

—Rápidamente los compañeros de El Queretano lo ayudaron a emparejarse con todos. El siguiente paso era demostrarle al contratista que ellos sabían trabajar muy bien sin la vigilancia de su capataz. Cuando en la tarde el contratista llegó donde ellos, vio que el trabajo había avanzado normalmente, y al no ver por ningún lado a El Perro, preguntó por él a uno de los braceros. Éste le señaló hacia la dirección que había tomado.

—El contratista se fue a buscarlo y una hora más tarde estaba de regreso. Todos esperaban algún castigo ejemplar y algunos estaban casi seguros de que les ordenaría empacar maletas, pero el contratista, con aire bonachón los estuvo observando trabajar. Al final de la jornada les dijo: "Así que se la hicieron al Pierre, ¿no? Nadie lo quería, eso lo sé muy bien, ustedes estaban en su derecho".

—Luego nos informó que lo había encontrado un par de kilómetros más adelante, llorando su coraje sobre el volante de su camioneta. Por último nos dijo que lo había desempleado como capataz.

Ripon

Al ir entrando a un pueblo llamado Ripon, vi a un grupo de cinco mojados caminar sobre la banqueta. Por su indumentaria, supuse que venían del trabajo; la ropa la tenían manchada de tierra, lo mismo que los zapatos tenis y las gorras.

El autobús entró al pueblo y más o menos en el centro se detuvo frente a una caseta de madera que ostentaba el nombre de la línea de autobuses. Sin dudarlo, agarré mi maleta y bajé del camión.

Estimando la ruta, caminé de regreso hacia donde había visto caminar a los mojados pero no logré localizarlos.

A un costado de donde estaba parado había casas parecidas a las que ya había visto en los barrios latinos, pero al otro lado de la carretera, las casas mostraban fachadas más elegantes con paredes de ladrillo. A mi parecer, debían ser las casas de los gringos. Me encaminé hacia el barrio latino. Era un pueblo pequeño en donde sólo había una tienda. De la tienda vi salir a un mojado cargando en brazos una bolsa de compras. Dirigiéndome a él, fui a preguntarle donde podía pedir trabajo.

—La verdad, camarada, no sé dónde puedas encontrar trabajo —me contestó—. Yo estoy trabajando en la limpia de la uva, pero sólo nos dan trabajo hasta el día de mañana. La tarea que tenemos ya se va a terminar.

—Y, ¿no sabes dónde más puedo ir a preguntar?

—No, no sé. Con el contratista que estoy trabajando, también han llegado a preguntar por trabajo, pero los han rechazado.

Que las primeras noticias no fueran tan alentadoras, no me preocupaba, porque en el peor de los casos, todo lo que tenía que hacer era comprar otro boleto de regreso a Los Ángeles; pero no podía comprender, por qué me había detenido en un pueblo tan pequeño. Creo que había sido por puro instinto, porque tenía la creencia de que en un pueblo pequeño, la gente debía ser más amigable, o al menos esa era la manera en que nosotros tratábamos a los fuereños mientras no se nos ofendiera. En mi pueblo se conocía un dicho que dice: "La comida es sagrada y no se le debe negar a nadie", sin embargo, en las ciudades cada uno es indiferente al otro.

Al seguir caminando por el barrio, seguí encontrando mexicanos, pero todos ellos me daban las mismas respuestas. Ya cuando el sol se estaba ocultando, cobré conciencia de que necesitaba un lugar donde pasar la noche. Las calles del pueblo comenzaron a quedar desiertas y ya no encontraba más transeúntes en quienes podía depositar mi esperanza de conseguir ayuda. Entré a la tienda para comprarme algo de comer. Me vendieron una hamburguesa embolsada que el tendero calentó en el horno de microondas y me la fui comiendo en la calle. Después sólo estuve mirando pasar los carros. Regresé a la caseta donde el autobús se había detenido, pero al cabo de una hora, el encargado de la caseta también cerró y volví a quedar solo en aquel pueblo desconocido. A lo lejos divisé una pequeña torre que sostenía en lo alto una concha anaranjada. Era una estación de gasolina, y hacia ella me fui. Para mi suerte el día había sido caluroso y tenía la esperanza de no sufrir de frío. El calor del día había calentado suficientemente el pavimento y calculé que duraría algunas horas más. Me fui a tender en una esquina del pasillo de la gasolinera.

Como a las diez de la noche llegó una camioneta *station wagon* a cargar gasolina y de ella bajó un hombre de unos veinticinco años de edad. Fue directamente a la oficina, y al regresar, descolgó la manguera de la máquina. Alguien le pasó una llave desde el interior con la cual abrió el tapón del tanque e introdujo la manguera.

Al ver aquella gente en la gasolinera, dejé mi improvisado dormitorio con la intención de preguntarle a aquel hombre dónde podía encontrar trabajo. Sabía que hacer aquella pregunta a semejantes horas de la noche era poco menos que ridículo, pero después de todo no tenía nada que perder. Al verme caminar hacia él, me miró con desconfianza y cambió su posición de hombre despreocupado para ponerse en guardia. Después de haber escuchado mi pregunta, me prestó más atención, pero como respuesta sólo vi que movió negativamente la cabeza. Yo no dije una palabra más, pues a esa hora de la noche, lógicamente, todo lo que podía despertar era desconfianza. Al retirarme, del interior del carro se dejaron escuchar unas voces y risillas de mujer, que aunque hablaron en español, no alcancé a comprender lo que dijeron.

Muy de mañana al día siguiente, reinicié mi búsqueda. A las pocas horas me encontré con un mojado del estado de Puebla. Al pedirle que me orientara, me dijo que sí había trabajo, pero que también había muchos trabajadores. Se quejó que había trabajado desde hacía dos meses sólo tres días a la semana. Después me recomendó que fuera a preguntar a una casa en donde vivía una familia de paisanos suyos, quienes, según él, tenían diez años viviendo en aquel pueblito y ellos conocían a los contratistas que llevaban a la gente a trabajar al campo.

La casa que me señaló el poblano era de madera como todas las casas de los barrios latinos, sin ninguna cerca que marcara los límites de la propiedad. Frente a la casa, el patio era de tierra y por doquier crecían diversas clases de hierbas sin ningún orden. Había un niño manejando un triciclo viejo que ya había perdido la pintura y en su lugar sólo se le veían los fierros oxidados; dos niños más hacían montones de tierra con las manos. Al verme llegar, apenas si me prestaron atención; después se miraron entre ellos como si cada uno esperara que el otro dijera algo, pero ninguno de ellos dijo nada.

No había ninguna puerta qué tocar sino sólo un marco de malla rota y oxidada. Di los buenos días para llamar la atención.

A la entrada salió una mujer de unos cuarenta años vestida con pantalón y blusa de tela bastante gastada, traía el pelo recogido en la nuca y en la cabeza usaba un paliacate rojo descolorido.

—¿Sí? —dijo al asomarse.

Pregunté por el señor Pepe Zavala, según las indicaciones que me había dado el mojado.

—¿Quién lo busca? . . . ¿y cómo es que lo conoce usted? —preguntó un poco extrañada—. No se encuentra en estos momentos.

Le conté entonces la manera en que había llegado a su casa y que había llegado el día anterior buscando trabajo.

—Pues el señor regresa hasta las ocho de la noche —me contestó la señora—. Y yo no sabría decirle cómo conseguir trabajo.

Con un poco de menos desconfianza, ella salió abriendo completamente el marco de malla. Tenía un rostro redondo, de piel morena y requemada por el sol; sus manos se veían encallecidas.

—Yo imaginé que era más fácil encontrar trabajo —le dije sólo por comentar algo y para alargar la conversación—. Allá en Los Ángeles se escucha que por éstos rumbos se acerca la temporada de cosecha y dicen que se gana buen dinero —seguí diciendo.

—Sí, es verdad —contestó la señora—. Se gana bien cuando uno tiene la suerte de trabajar en buenos terrenos . . . ¿de dónde es usted?

—Soy oaxaqueño.

—¿Y no conoce a nadie por aquí?

—No.

—¿Y cómo es que se vino por acá a la ventura de Dios? Como usted, hay muchos y cada vez son más los que llegan.

Detrás de la señora, llegó otra mujer de unos veinte años, de piel morena, de mediana estatura, de rostro redondo igual que la señora y ligeramente gorda. Al verme, abrió desmesuradamente los ojos.

—¡Mamá! —dijo exclamando—. Este es el joven que vimos en la gasolinera.

—¿Estás segura? —preguntó la madre.

—Sí —dijo asegurando, luego dirigiéndose a mí, preguntó— ¿Y pasó usted la noche acostado en la gasolinera?

—Sí —respondí por mi parte—. Ahí pasé la noche, lo bueno es que no hacía . . .

—¡Qué barbaridad! —dijo adoptando la misma expresión de asombro e incredulidad que la hija—. Y me imagino que no ha comido, ¿no?

—De comer no me ha hecho falta, pues recién he llegado y he venido algo prevenido.

—Pues pásele usted —dijo por fin la madre—. Anoche llegaron mis hijas y estaban platicando que habían visto a un joven acostado en un rincón de la gasolinera. Aquí entre nosotros le teníamos lástima sin siquiera conocerle, pero uno tampoco puede arriesgarse con desconocidos. Mi esposo es el señor Zavala y él es el que conoce a los contratistas. Posiblemente él lo pueda acomodar en algún trabajo. No hay mucho trabajo, pero cuando menos se gana para ir subsistiendo. Puede usted quedarse, para pasar la noche. Ahí cruzando la calle tenemos alquilada una casa en donde también pasan la noche otros paisanos de Puebla. No hay camas, pero cuando menos hay un techo para que no ande durmiendo en cualquier parte.

Por unos momentos estuve agradeciendo infinitamente las atenciones que estaba recibiendo de parte de la madre y la hija.

En el interior de la casa y bajo el techo de láminas de metal a dos aguas, había una serie de pequeñas piezas con las paredes pintadas de blanco. La primera pieza era la sala, en la que había tres sofás viejos de color vino arrinconados contra la pared, y sobre una mesita de madera había una televisión. El piso de concreto estaba recubierto con una alfombra aterrada del mismo color que los sillones. Después de la sala estaba la cocina con todos sus accesorios: estufa, refrigerador y lavadero. En la pared pendían diversos utensilios sostenidos por clavos. Después de la cocina estaba el baño y tres recámaras.

Madre e hija me informaron que el trabajo consistía en la limpia de las matas de uva y el deshaije del jitomate. Ellos tenían ya diez años viviendo en Ripon, que tal era el nombre del pueblo en que estábamos, y provenían del estado de Puebla. Los primeros años habían vivido pagando renta, pero en pocos años de trabajo habían podido comprar la casa. Desde que ellos lograron establecerse en aquel pueblito habían ayudado a muchos parientes y paisanos y también a personas que como yo, llegaban desorientadas. Al principio albergaban a la gente en su casa, pero para la cantidad de personas que llegaron a ser, ésta resultaba pequeña y resolvieron el problema alquilando la casa de enfrente por trescientos dólares al mes. Usualmente siempre había de diez a quince mojados a quienes se les cobraban dos dólares diarios.

La casa de enfrente tenía casi las mismas dimensiones que la de ellos, excepto que ésta no tenía tantas divisiones y carecía de muebles. Sólo contaba con un montón de cobijas sucias de tierra; el baño contaba sólo con la taza y regadera. Detrás de la casa había un patio cubierto de pasto bastante crecido.

Por la tarde llegaron los habitantes de la casa a bordo de un par de coches bastante maltratados. Uno de ellos era el que yo había visto la noche anterior en la gasolinera. De los dos vehículos bajaron dieciséis trabajadores, entre ellos dos mujeres de mediana edad.

Madre e hija me presentaron ante el señor Zavala. Era un hombre de complexión fuerte, mediano de estatura y tenía un aire bonachón al hablar. Sin ningún preámbulo dijo que saldríamos a las cinco de la mañana del siguiente día rumbo al campo de trabajo.

El chofer de la *station wagon* era el hijo mayor del señor Zavala y vivía en la ciudad de Stockton. Después de descargar su pasaje, éste se fue a su casa a bordo de la camioneta.

En la casa del señor Zavala vivían, además de él y su esposa, tres de sus hijas, la mayor con su esposo y dos hijos. La señora Zavala se ofreció a prepararrme los tacos para el día siguiente. Yo le agradecí y acepté el ofrecimiento.

Uvas y tomates

Entre los inquilinos de la casa de enfrente, había un joven de veintitrés años que decía haberse graduado recientemente de la Escuela Normal para maestros. Cuando yo le pregunté por qué se habían venido a los Estados Unidos, respondió que deseaba conocer el mundo antes de comenzar a ejercer su profesión. Éste siempre andaba acompañado de un radio tocacintas con un par de casetes de música ranchera. Otro de los inquilinos era un joven de catorce años originario de la ciudad de México a quien todos llamaban "El Chilango". El resto de los inquilinos eran campesinos de mediana edad, paisanos del señor Zavala. En total, éramos catorce los inquilinos de la casa de enfrente.

A las cinco de la mañana del siguiente día, después de echarnos agua fría a la cara para espantar el sueño que aún quedaba, nos fuimos a la casa del señor Zavala para abordar los carros que también ya estaban listos calentando motores. La señora Zavala entregó a cada quien los tacos envueltos en papel de aluminio.

Todos, distribuidos en los dos carros, nos fuimos hacia el campo. Recorrimos camino de autopista y después de terracería por un lapso de veinte minutos entre extensos campos de cultivo hasta que llegamos al viñedo. El señor Zavala habló con el encargado para que anotara mi nombre en la lista de sus trabajadores. Después, a cada quien le entregaron una tijera podadora y nos fueron señalando el surco que nos correspondería.

La señora Zavala me explicó de una manera rápida en qué consistiría mi labor. Las matas de la viña eran de más o menos un metro y medio de altura, sembradas en línea recta y a prudente distancia; sus ramas se extendían a baja altura sobre una cerca de hilos de alambre. La tarea era cortar los retoños que iban creciendo cerca del suelo, acomodar los que estaban crecidos para que siguieran creciendo y extendiéndose sobre la cerca, y también se debían cortar las ramas ya secas.

Cada quien se fue a cumplir su tarea sobre su surco. El capataz hacía sus recorridos periódicamente checando el trabajo.

A la hora del lonche nos reunimos en grupo y nos sentamos bajo la sombra de las matas de uva.

Las ocho horas de la jornada, pasaron con rapidez y desde alguna parte alguien gritó que debíamos dejar de trabajar y que nos veríamos al siguiente día. Mi salario sería de 3.35 dólares por hora.

El trabajo en los viñedos nos duró treinta días, trabajando regularmente cuatro días a la semana. Después el señor Zavala contactó al contratista que nos dio trabajo en el deshaije de plantas de jitomate. Allá la herramienta era un azadón de mango largo. El oficio era matar las plantas que habían nacido de más. Sólo debíamos dejar en pie dos o tres matas a una distancia de quince centímetros entre ellas.

Semanalmente yo le pagaba a la señora Zavala diez dólares por el lonche que me preparaba todas las mañanas y por las veces que desayunaba con ellos. En el pueblo no había centro de diversión como para entretenernos los fines de semana y ninguno de nosotros poseía vehículo propio para viajar a Stockton en donde sí lo había. De tal manera, en los días de descanso algunos compañeros jugaban fútbol en el patio y otros tomaban cerveza. Un par de veces habían llegado a la casa mujeres jóvenes a bordo de sus coches ofreciendo sus servicios como prostitutas. Uno de los compañeros contó que hacía más o menos un mes había llegado una mujer rubia ofreciendo servicio de cama y ese día todos los inquilinos habían pasado con ella. El que me contaba la historia dijo haber sido el último de la fila y cuando le llegó su turno se encontró con que los pezones de la rubia sangraban. Nunca supieron si la causa fue porque todos pasaron con ella o si ella venía enferma de antemano, y durante varios días estuvieron preocupados esperando alguna clase de infección pero por fortuna no pasó nada grave.

Para la familia Zavala los fines de semana consistían en quedarse sentados ante la televisión viendo programas en español los sábados y los domingos por la mañana iban a misa en un microbús que llegaba por ellos. Eran miembros de un templo pentecostal de la ciudad de Stockton. La señora Zavala se sentía agradecida por la conversión del señor Zavala a aquella religión de protestantes, pues gracias a su influencia, su esposo había dejado de consumir el licor que antes acostumbraba tomar cada fin de semana.

Oregon

Dos meses después de mi llegada, la familia Zavala comenzó a hacer planes para viajar más hacia el norte, como periódicamente lo había hecho cada año. Se acercaba la cosecha de la cereza en el estado de Oregon. Para el viaje, una semana antes los dos coches fueron llevados al taller mecánico para una revisión general. Todos los inquilinos fuimos invitados y se nos ofreció además transporte de ida y vuelta.

—El trabajo allá es seguro —nos dijo una de las hijas—. Si ustedes quieren y saben trabajar podrían incluso regresar manejando un carrito, allá se consiguen a bajo precio.

No había límite de cupo para el viaje, pues habría un tercer carro. Todos nos apuntamos. De la familia Zavala, sólo se quedó una de sus hijas para el cuidado de los niños menores.

Finalmente salieron cinco vehículos; tres desde Ripon y dos más desde Stockton.

A mí me tocó viajar dentro de una camioneta van blanca, a la cual le removieron los asientos traseros para ampliar el espacio. En la camioneta llevábamos cobijas y trastes de cocina propiedad de la familia Zavala. Seis de nosotros íbamos en la parte trasera y dos más al frente incluyendo al chofer a quien no había visto antes. Era un latino alto y moreno que vestía camisa, pantalón y chamarra de mezclilla, botas altas de agujetas, pelo negro, lacio y crecido hasta los hombros.

—Ese hombre va a ser uno de los mayordomos —comentó uno de los compañeros refiriéndose al chofer.

No íbamos tan incómodos, teníamos suficiente espacio para ir sentados sobre las cobijas sucias que se habían traído de la casa.

Los compañeros comentaban que de ahí al norte no había que temerle a la Migra. La única vez, y que fue la última que los agentes de la Migra hicieron redadas por aquellos rumbos, fue hace varios años en una temporada de cosecha. Entonces la Migra detuvo casi a la mayoría de los mojados que se dirigían a las cosechas. Como consecuencia, la fruta se echó a perder al no haber pizcadores que la cosecharan. Los rancheros protestaron contra las acciones de la Migra. Desde entonces los mojados habían podido ir a trabajar con toda tranquilidad.

Entre mis compañeros de viaje venían dos campesinos, paisanos de la familia Zavala. Ambos eran de edad cercana a los cuarenta años, uno de ellos era Miguel, bajo de estatura y delgado; el otro era aún más chaparro, de brazos cortos y gruesos, de cara redonda y de pómulos salientes, de boca ancha y labios gruesos, nariz chata y ojos amarillentos. Su voz era ronca y cuando hablaba parecía que lo hacía a través de un silenciador. A este campesino los compañeros le llamaban: "El hombre malo", después de que un gringo le había calificado como tal en una ocasión en que trabajaban en Ripon. Aquel gringo, después de haberlo observado unos instantes, había ido hacia él para decirle: "Usted, amigo, ser hombre malo". El campesino en un tono bastante serio le había contestado: "Poquito, pero sí". Sus paisanos contaban que en su pueblo natal, habiendo estado ebrio, el hombre malo había picado a un hombre con un desarmador.

Venía también entre nosotros el que decía ser maestro, quien entre los compañeros tenía la fama de gastarse todo el salario que iba ganando en objetos personales, aunque después tenía que pedir dinero prestado para comprar alimentos. Consigo traía su pequeña radio grabadora y recientemente se había comprado un overol de mezclilla del cual estaba orgulloso y aseguraba que en México le habría sido casi imposible comprarlo. Cargaba también un reloj de pulsera y calzaba un par de botas de buena calidad, muy especiales para el trabajo en el campo; luego confesó que en la bolsa no traía más que diez dólares, pero eso no le tenía preocupado porque la familia Zavala nos había dado la oportunidad de pagar el viaje después del primer pago.

—¿Qué vas a comer mientras tanto? —le preguntó Miguel—. Porque de aquí a que recibas tu primer pago, primero hay que trabajar.

—¡Hombre, paisa! —contestó el maestro matizando elegantemente sus palabras—. Como dice el dicho: "Hombre prevenido vale por dos". Si me quedara sin dinero, vendería algunas de mis cosas, no hay problema, y, en el peor de los casos, ustedes que son mis paisanos, ¿me negarían un préstamo?

—Depende —contestó Miguel—. Si nosotros nos compramos cosas con el fin de tener asegurada la comida, ¿cómo vamos a prestarle a alguien que se lo gasta todo? Con mi dinero no cuentes, porque antes de salir he girado un cheque a mi familia.

Miguel estaba en desacuerdo con el maestro, porque había sido siempre a quien había recurrido solicitando dinero prestado.

Quienes también se gastaban todo su salario sólo en comprar cervezas, era un par de michoacanos que viajaban con nosotros. Ellos, después de cada jornada de trabajo, rigurosamente tenían que empinarse una cerveza de tamaño familiar cada quien, después seguían con las medidas de lata o botella. Ellos eran los que tenían que pensar dos o tres veces antes de gastar su dinero en una muda de ropa o en un par de zapatos por temor a sacrificar varios tragos de cerveza, y cuando lo hacían, siempre compraban la ropa más barata, de plano se iban a las tiendas de ropa usada. Pero tal parecía que nada en la vida les preocupaba, estaban felices con que fueran ganando lo suficiente para comer, vestir y tomar cerveza. A ninguno de ellos habíamos visto de mal humor y durante el viaje, contaban historias y chistes.

Uno de ellos contaba la manera en que había entrado a los Estados Unidos. Él y otro más se dirigían a Chicago guiados por un coyote, cuando por mala suerte habían ido a dar frente a las mismas narices de una patrulla de la Migra. El coyote, al verse descubierto, echó a correr hacia adentro de la montaña dejando el carro abandonado. Muchos de los mojados también corrieron detrás de él, pero pocos minutos después la Migra había detenido a todos excepto a Chon, quien había corrido hacia las montañas pero del lado opuesto de donde lo habían hecho sus compañeros.

La Migra se fue con sus detenidos. Al principio, Chon se sintió con suerte al haber eludido la detención y se puso a correr. Cuando por fin se detuvo, no sabía qué dirección tomar. Era la época de invierno y la nieve había comenzado a caer. Durante un par de días anduvo caminando de un lado a otro, sin comer, casi sin dormir y sufriendo la inclemencia del tiempo. Durante las noches sólo escuchaba el aullido de los coyotes en los cerros. Deseaba y anhelaba fervientemente encontrar a alguien, así fuera la misma Migra. Desesperado, por dos o tres ocasiones se puso a gritar tan recio como le era posible, pero sus gritos se los tragaba la montaña. Finalmente se encontró ante un camino de terracería que lo llevó a un rancho en donde encontró ayuda.

Después de contar su historia, Chon y su amigo se consideraban como hombres de mundo, experimentados. Nos observaban la forma en que reaccionábamos ante su relato y parecía que nos tomaban como curiosos polluelos envueltos todavía en su cascarón.

Ambos cerveceros lucían siempre desarreglados. Los dos eran bajos de estatura, uno más gordo que el otro. Ellos decían ser indígenas Tarascos. El maestro le buscó el apodo al más gordo; le bautizó "Nopaltzin", como el personaje indio de una revista cómica. Nopaltzin tenía el cabello negro y lacio sin el menor gobierno del peine, y aunque lo hubiese tratado, su cabello no le habría obedecido porque era grueso y solamente le crecía colgado hacia los lados; era de dientes grandes y amarillentos, usaba una playera a rayas horizontales que le llegaba a cubrir hasta medio estómago dejándole al descubierto el ombligo. No sabía leer ni escribir pero hablaba el español con soltura y con un acento de quien habla alguna lengua indígena. Esta no era la primera vez que Nopaltzin iba a la cosecha en Oregon. Nos recomendaba que para pizcar con más rapidez había que sujetar la rama del árbol bajo el brazo, de esa manera podía uno ocupar las dos manos para arrancar la fruta. También nos daban tips para llenar más rápidamente los cubos: había que sacudir la cubeta con la fruta tal como se hacía para ventear semillas, de esa manera aumentaba el volumen.

Al norte de California íbamos en medio de bosques de pino que me recordaban a mi región. Las copas de los árboles de pino bailaban en vaivén con el viento y en el ambiente se respiraba un aire fresco.

Nos detuvimos varias veces durante el viaje, ya fuera para descansar, comprar refrescos o para consumir nuestros alimentos en las áreas de picnic al lado de la carretera. Cerca de cuatro horas estuvimos descansando junto al río de Portland viendo cómo un buque de tamaño mediano llegó deslizándose sobre el canal y unas compuertas se cerraron detrás de él. Luego, poco a poco, el agua comenzó a bajar de nivel hasta que el buque quedó sobre el piso de cemento. Hubo luego una maniobra de descarga. Después las compuertas se abrieron nuevamente y el agua volvió a regresar al gran estanque hasta que el buque quedó flotando otra vez al mismo nivel que al principio y emprendió la salida deslizándose lentamente.

Después de más de un día de camino, llegamos a un pueblito del estado de Oregon, muy cerca de la frontera con el estado de Washington. En aquel lugar no había montañas, sólo cerritos, y era posible ver a mucha distancia a lo lejos. El terreno era de escasa vegetación y presentaba una superficie ondulante semejante a la de una laguna. El pueblo era pequeño, apenas unas seis cuadras pavimentadas que lo dividían en cuadros. Todo en el pueblo era quieto y silencioso, rondaban pocos transeúntes y también pocos coches. Todas las casas eran de madera, unas más lujosas que otras pero ninguna estaba en la condiciones deplorables como las que había visto en los barrios latinos de las grandes ciudades. El edificio más alto del pueblo era la iglesia de paredes de ladrillo rojo. Por las calles no andaba ningún latino excepto los compañeros mojados que andaban caminando en grupos, yendo y viniendo por las tiendas que ocupaban dos cuadras de la calle principal, pero lo curioso era el hecho de que casi todos eran caras desconocidas para mí. Cuando se lo comenté a Nopaltzin, me dijo que nosotros no éramos el único grupo que había llegado al pueblo. A nuestra llegada, la familia Zavala rentó un departamento por sesenta dólares a la semana.

El hombre vestido de mezclilla, chofer de la van, nos recomendó que también nosotros podríamos asociarnos para alquilar un lugar dónde vivir, pero después de mirarnos unos a otros, nadie tomó la iniciativa. Por el silencio, deduje que la causa era que no componíamos un buen equipo. Al menos nadie iba a querer asociarse con el maestro, debido a su manía de vivir siempre a expensas de alguien y por los mismos motivos con los amigos tarascos. El chofer, cuando vio que no alquilaríamos ningún departamento, nos dijo que a unos diez minutos fuera del pueblo había un campamento en donde podíamos vivir durante toda la temporada de la cosecha y no teníamos que pagar un sólo centavo y nos previno que no contaríamos con ninguna clase de comodidad.

Todos quedamos de acuerdo en irnos al campamento.

El campamento

El campamento se encontraba en un lugar donde comenzaba el plantío de árboles de cereza que al igual que todos los plantíos que ya había visto, estaba sembrado en línea recta no obstante, a los altibajos del terreno. Había dos galeras de cuatro por seis metros cada una, de piso de tierra y las paredes de tablas que nunca habían sido pintadas y el techo estaba recubierto con láminas metálicas. A unos metros lejos de las galeras había otra construcción de concreto más pequeña en donde estaban las redaderas. En el interior de las galeras había viejos colchones y viejas mantas de lona que originalmente habían servido para armar tiendas de campaña, todos ellos impregnados de tierra. Algunos compañeros consiguieron apropiarse de los colchones y a rastras los llevaron al patio para exponerlos al sol, más tarde valiéndose de unas varas los estuvieron golpeando para sacudirles el polvo.

—Órale compañero —me gritó uno de ellos, después de verme más bien entretenido en mirar los árboles cargados de fruta—, búscate un colchón porque si no tendrás que dormir en el suelo.

Al entrar a la galera, ya no encontré ningún colchón disponible, y buscando encontré un retazo de lona que también me llevé a rastras al patio para sacudirle el polvo. No había escoba, pero improvisamos unas con ramas de árboles y barrimos el piso de la galera hasta que junto con las paredes, los dejamos presentablemente limpios. Después preparamos lo que serían nuestras camas durante la temporada. Había tablas suficientes y con ellas fabricamos las plataformas. El campamento ya había sido utilizado en años anteriores, porque encontramos utensilios de cocina bastante deteriorados pero aún en condiciones de uso. Como estufa, encontramos en el patio un tambor de metal, que, puesto boca abajo, le habían abierto un boquete de forma cuadrada a un costado y tejido alambre formando una malla o parrilla en donde se colocaban los leños. Lo que era la base del tambor nos servía para cocinar a la manera de un comal.

Por la tarde cuando teníamos ya todo acondicionado y sólo faltaban los alimentos para cocinar nos dividimos en equipos. Yo hice equipo con los dos campesinos de Puebla. El par de amigos michoacanos levantaron los objetos de cocina.

A la hora de la cooperación en dinero, el maestro sólo ofreció un dólar de los diez que tenía al comenzar el viaje. Miguel cooperó, Mr. Malo, también.

—Vamos a comenzar con problemas —protestó Miguel refiriéndose al maestro—. A ver a qué hora comienzas a ofrecer tu radiecito. Nadie ha trabajado aún, por lo tanto nadie te lo va a comprar.

—Tiene usted razón, paisano —contestó el maestro—. Pero les propongo un trato. Ustedes compran lo que haya que cocinar, dividen la cuenta entre cuatro, yo les quedo debiendo lo que me corresponda, y mientras tanto yo me encargo de cocinar. ¿Les parece mala la idea?

—Pues no es mala idea —intervino Mr. Malo—, pero con la condición de que debes cubrir tu deuda tan pronto recibas el primer pago, además, vamos a nombrar al compañero —dijo señalándome— para que en su cuaderno lleve apuntada la cuenta.

Todos quedamos de acuerdo. Por la tarde, llegó otro grupo de mojados que ocuparon la otra galera. Varios de ellos también levantaron sus carpas de campaña en el patio.

Fuimos al pequeño supermercado y nos trajimos un paquete de huevos, dos libras de frijol, un bote de chiles en vinagre, tortillas de harina y un frasco de café en polvo instantáneo.

—Si tenemos que trabajar mañana —dijo el maestro— yo me comprometo a preparar los tacos.

Para envolver los tacos era necesario papel de aluminio para lo cual me comisionaron a ir por él. A mi regreso, me dijeron que el chofer de la van había ido al campamento con malas noticias. Demasiados pizcadores habían llegado al pueblo y en este año no nos pagarían a 2.50 dólares por cubeta de fruta como el año pasado, sino que pagarían la mitad. Les dijo que al pueblo habían llegado veinticinco mil pizcadores, o sea el doble de lo necesario.

—La ley de la oferta y la demanda —dijo el maestro—. Muchos trabajadores, poco trabajo . . . el salario baja. Mucho trabajo, pocos trabajadores, el salario sube.

—Pues, ni modo de regresarnos —dijo Miguel en tono de resignación— y al no haber alternativa, vamos a tener que trabajar a ese precio.

Decidimos hacer café para pasar las horas, al no haber recipiente para hervir el agua para el café, el maestro buscó entre el tiradero y encontró una vieja lata que había sido envase de chiles en vinagre. La lavó con agua y tierra. Le hizo unos orificios en dos extremos y le atravesó una tira de alambre. Más tarde, el agua estaba borboteando en el recipiente expuesto al fuego.

—El hombre debe aprender a sobrevivir con lo que tiene a su alcance —dijo mirando orgullosamente su obra.

El siguiente día fue de ocio, Nopaltzin sugirió que fuéramos al pueblo a caminar. Nos fuimos en grupo.

—Somos muchos mojados —comentó Nopaltzin, riendo—. Pero qué se le va a hacer, todos tenemos derecho a conseguirnos el "pan nuestro" de cada día.

Nos cruzamos en la calle a un par de mujeres de piel blanca, que nos miraron con curiosidad y después nos saludaron con un "*Hi*". Cuando se estaban alejando, Mr. Malo se volvió para mirarlas frotándose las manos como si se dispusiera a seguirlas.

—¡Qué güerotas! —exclamó.

—Ni te hagas ilusiones Mr. Malo —le dijo Nopaltzin—. Estás muy feo, y además de feo, chaparro.

—Y ¿para qué se inventaron las escaleras?

—Confórmate con mirarlas —le volvió a decir Nopaltzin—. Ninguna de esas pulgas va a brincar en tu petate.

—No nos podemos quejar —comentó Miguel—. En Ripon las conseguíamos por veinte dólares, sólo que éstas no son de aquéllas.

Por la tarde de ese día, llegó al campamento el hombre vestido de mezclilla para decirnos que debíamos estar listos para el día siguiente a las cinco de la mañana.

—Lleven tacos para todo el día, no quiero que se me vayan a caer del árbol —dijo antes de irse.

Cosechando cerezas

A la hora anunciada, llegó el hombre vestido de mezclilla a bordo de la *station wagon*. Todos los que habíamos llegado a bordo de la van nos colocamos dentro de la camioneta. Nos fuimos adentrando por caminos de terracería entre el huerto. Íbamos subiendo lomas y bajando cuestas una y otra vez, durante media hora sin haber salido de entre los árboles de cereza teñidos de puntos rojos, y aunque ya estaba acostumbrándome a este tipo de cosas, no dejaba de sorprenderme que la cereza diera empleo a miles de trabajadores.

—Pónganse listos —nos dijo el hombre vestido de mezclilla, a quien supimos que apodaban El Cherokee. Su vestimenta, el pelo largo y estatura le daban un parecido a los indios norteamericanos a quienes yo vería más tarde trabajando entre nosotros en el huerto, pero nadie podría decir con exactitud quién era el indio norteamericano y quiénes los mexicanos. Sólo cuando uno les hablaba en español y no nos comprendían y contestaban en inglés.

—Cuando lleguemos allá al lugar de trabajo —siguió diciendo El Cherokee— agarren sus escaleras, pero agarren la de aluminio, son las que pesan menos y no se olviden de agarrar sus baldes para pizcar.

Unos minutos después de habernos dicho aquello, la *station wagon* se detuvo junto a un montón de escaleras. Había escaleras de aluminio y de madera. Son de tipo "A". Todos nos lanzamos a ganar escaleras como si fuésemos niños después de rota la piñata. Después de obtener la escalera, corrimos también hacia los baldes. Los cubos tenían una forma semicircular de la que colgaban anchas correas que servían para cruzárselas a la espalda para que el cubo quedara al frente a la altura del estómago. Había también montones de cubetas.

Cuando ya teníamos con nosotros los implementos de trabajo, nos fuimos corriendo detrás de El Cherokee que iba dejando un compañero en cada árbol, recomendando al mismo tiempo que no dejásemos fruta madura sin cortar.

Los árboles estaban podados y no tenían mucha altura. Ya cuando el sol se asomó detrás de los cerros, todo mundo estaba trabajando. Algunos chiflaban sus canciones predilectas, otros cantaban; entre los que eran viejos conocidos se divertían diciéndose maldiciones unos a otros y otros sólo platican de un árbol a otro.

—¡Para qué te comes la fruta, pendejo! —se escuchó decir de algún lado.

—¡Pruébalas, animal, están dulces! —se oyó la respuesta.

—Bueno, yo decía —se escuchó la respuesta—. Me daría mucho gusto verte bajar volando para buscar dónde sentarte por la diarrea; pendejo, esa fruta tiene insecticida, siquiera lávalas con saliva.

A lo lejos se escuchó que el maestro había puesto a funcionar su radio tocacintas. Nopaltzin, que había colocado su escalera casi verticalmente pegada al árbol, perdió el equilibrio y la escalera cayó hacia atrás. Nopaltzin, aún trato de asirse a algunas ramas pero no lo logró.

—¡Ay, hijo de la chingada! Se le escuchó gritar mientras iba cayendo y la fruta recolectada se regó por el suelo. Fue a caer a dos metros de la escalera.

Los compañeros de los árboles cercanos bajaron rápidamente para ir en su auxilio. Encontraron tirado a Nopaltzin con los brazos abiertos en cruz y sonriendo y entre muecas de dolor dijo:

—La madre, yo creí que estaba en la rueda de la fortuna.

La fortuna para Nopaltzin fue que había caído sobre tierra blanda en barbecho.

Por ratos, rachas de viento se paseaban por el campo levantando gigantescos remolinos de polvo amarillento y que a su paso nos dejaban como milanesa empalizada.

Al finalizar la jornada, el mismo vehículo que nos llevó al

huerto nos llevó de regreso al campamento. Mutuamente nos estuvimos preguntando la cantidad de cubetas que habían logrado llenar. Yo había llenado diecinueve cubetas y uno de los michoacanos, veinticinco. El Cherokee nos dijo que las esposas Zavala recolectaron cincuenta y cinco cubetas.

—Eso es la experiencia —dijo uno de los tarascos.

El trabajo nos dejaba bastante sucios, pero para bañarse había que pensarle porque el agua que salía de las regaderas era tan fría, que sólo era posible estar diez segundos bajo el chorro de agua sin que el cuerpo se entumiera de frío. No teníamos calentador de agua, y muchos preferimos quedarnos con la mugre algunos días.

Al siguiente día, otro de los compañeros también perdió el equilibrio en la escalera y fue a aterrizar al suelo. Entre la algarabía de los que le habían visto, se escuchó la voz de Nopaltzin.

—¡Ah, pero cómo serán de brutos! Que, ¿no han aprendido que para subir y bajar se ocupa la escalera?

Después de la primera semana de trabajo, El Cherokee llegó al campamento a entregarnos los cheques de pago. Cada uno de nosotros había también anotado la cantidad de cubetas que habían entregado. Comparamos la cuenta. Nadie se quejó de fraude alguno.

Los cheques nos los cambiaron en el pequeño supermercado sin haber cobrado un sólo centavo por el servicio.

—Antes de que se vaya a la tienda a gastar su salario, Maestro, vamos a hacer cuentas —dijo Miguel al egresado normalista.

Miguel se quejó de que ya estaba hostigado de estar comiendo sólo huevos y frijoles a diario y propuso que compráramos algunas libras de carne. Los michoacanos se sumaron a la idea.

Las semanas transcurrieron de la misma manera. A las cinco de la mañana, el carro pasaba por nosotros. Cada cuatro o cinco días nos trasladaba a lugares diferentes. Los fines de semana, la mayoría se dedicaba a tomar, a jugar naipes o a caminar por el pueblo.

El maestro seguía comprándose cosas personales que era su manera muy particular de ahorrar, pero estaba al corriente de las cooperaciones con el equipo.

Un domingo

Un domingo por la mañana, llegaron al campamento dos predicadores anglos pulcramente vestidos acompañados de una joven rubia de cabellos sedosos y rostro espigado a bordo de un coche seminuevo. Al bajar, repartieron sonrisas amables por todos lados y folletos a los curiosos que se les habían ido acercando. Los predicadores hablaban español y rápidamente tuvieron un círculo de oyentes que los rodearon. La joven rubia se había quedado dentro del coche y paseaba sus ojillos azules de un lado a otro; muchas miradas del campamento convergieron hacia ella, pues era una novedad ver en el campamento a una mujer de rasgos tan finos en medio de árboles, tierra y casas viejas con habitantes olientes a sudor y a mugre.

Nopaltzin y sus compañeros estaban sentados sobre el pasto bebiendo cerveza. Uno de ellos le señaló hacia los visitantes, pero él hizo muecas de indiferencia. Se empinó la lata y no la bajó hasta haberla vaciado. Extendió la mano para que su amigo le pasara la siguiente del paquete que tenían al lado. Aplastó entre sus manos la vacía y la aventó, apuntando al poste de la luz eléctrica, pero erró el tiro.

—¿De qué te ríes, grandísimo animal?

—No tengo espejo, pero te lo prestaría para que te vieras —le replicó su amigo.

—Sólo quiero saludarla, ¿qué tiene de malo? Bueno, voy a saludarla, si no habla español, yo sí hablo inglés.

Luego vimos a Nopaltzin caminar hacia ella y, con una sonrisa franca y altiva, le habló con aire de quien está seguro de lo que dice.

—*Talk to me* —le dijo en inglés.

—Quiero escucharla predicar —le volvió a decir esta vez en español.

Nopaltzin al ver que no le entendía, se apuntó con el dedo a sí mismo y después apuntó el dedo índice hacia el cielo. La joven rubia se ruborizó sonriéndole a Nopaltzin en ademán de disculpa y le señaló a sus compañeros invitando a Nopaltzin a que se acercara al grupo, pero Nopaltzin se negó moviendo la cabeza. La apuntó a ella con el dedo después, apuntándose él mismo y juntando las palmas de la manos a la altura del pecho dando a entender "Nopaltzin muerto", después apuntó el dedo índice hacia el cielo. Nopaltzin muerto se quería ir al cielo después de muerto.

La joven pareció comprenderlo, porque le volvió a sugerir a que se sumara al grupo de oyentes, pero Nopaltzin con señas le trató de dar a entender que si no era ella la que predicaba, el no escucharía nada. La joven se encogió de hombros diciendo *"I'm sorry"*.

Nopaltzin por fin se retiró, pero antes le dijo:

—*You are beautiful.*

Ella agradeció el cumplido.

Las mujeres del bar

Un día sábado por la tarde, al estar tomándonos unas cervezas con Miguel en el campamento, decidimos ir a buscar alguna cantina en el pueblo. No era lo mismo estar sentados en el pasto que en la barra o mesa de algún bar escuchando música o con la posibilidad de ver chamacas. Nos fuimos al pueblo y después de caminar algunas cuadras nos encontramos ante un bar llamado "Farmer Bar". Cuando intentamos entrar, el cantinero me detuvo porque según él yo no parecía tener la edad suficiente para entrar al bar. Le mostré mi tarjeta de identificación, la misma que le había mostrado al patrullero de Los Ángeles. Por fin nos dejaron entrar. La cantina no era grande, más bien pequeña. Sólo había cuatro mesas con cuatro sillas cada una. La mayoría de los clientes eran blancos. Nosotros nos sentamos ante la barra y desde ahí descubrimos que en un rincón del lugar, estaban dos mujeres de más o menos treinta años de edad, acompañadas por un par de mojados. Eran las únicas damas del lugar.

—Ya nos las ganaron —le comenté a Miguel.

—Si es así, ya ni modos —respondió Miguel.

Treinta minutos más tarde, el par de mojados que acompañaban a las mujeres dejaron sus asientos y salieron de la cantina.

—¡Órale, compañero! —me exigió Miguel—. Vamos a ellas.

Miguel confiaba en que yo sabía hablar inglés porque siempre que ellos iban de compras, yo era el que hablaba con los tenderos preguntando por esto o por aquello, pero la verdad era que mi inglés no era suficiente para entablar una conversación.

—Bueno, vamos siquiera a saludarlas —dije yo— porque no hablo suficiente inglés.

—Eso es una gran mentira, yo sé que tú puedes, pero si no, sólo tendríamos que retirarnos tal como los que acaban de salir.

Fuimos hacia donde la mujeres estaban platicando entre ellas.

—*Hi* —dije al llegar.

—*Do you speak English?* —preguntó una de ellas. Concluí que a los mojados que se habían retirado se les había agotado el lenguaje.

—*A little* —respondí.

—*Well, sit down* —invitaron.

—*Nobody speak Spanish?* —pregunté a sabiendas de que no hablaban español, pero tenía que decir cuando menos algo.

—*No, I don't* —contestó cada una de ellas.

—*This is my friend,* Miguel —dije presentándonos—. *Michael in English.*

—*Yes, Michael,* Miguel —repitieron divertidas.

Invité a Miguel a que les estrechara la mano después de haberlo presentado. Ellas quisieron saber cómo se decía mi nombre en inglés. Yo lo sabía pero, para prolongar nuestra estancia, escribí mi nombre en una servilleta y les pedí que me dijeran cómo se pronunciaba.

—¿Qué están tomando? —les preguntó Miguel en español.

—*What did he say?* –preguntaron.

—*What are you drinking?* —les traduje.

—¡Oh, margaritas! —contestaron.

Miguel volteó hacia la barra y con una seña ordenó otra para nosotros y también para ellas.

De esa manera seguimos sentados durante horas, rascándome la cabeza para recordar las palabras que había aprendido en la escuela. Ellas nos dijeron sus nombres y yo simulé entender, pero la verdad era que no supe repetir lo que había escuchado. Cuando nos preguntaron que de dónde éramos, les contesté que del estado de Oaxaca. Ellas al igual que los chicanos de San Antonio explotaron en admiración repitiendo ¡Oaxaca! Me preguntaron por los hongos de María Sabina: "The Shaman", le llamaban a María Sabina. Yo les mentí que era del mismo pueblo y que usaba los hongos regularmente.

Pagamos las margaritas y más cervezas. Los vasos se vaciaban y nosotros volvíamos a pagar más margaritas y más cervezas hablando unas palabras y luchábamos por comprendernos mutuamente. Mi amigo Miguel, que permanecía callado, de pronto les decía que estaban muy bonitas y ellas me preguntaban qué les decía él. Finalmente, el cantinero ya no quiso vendernos más bebida. Era la hora de cerrar. En la salida, cada una de ellas nos dio un beso con sabor a margarita. Ya se retiraban cuando yo les pregunté que si nos dejaban así, abandonados en el frío. Se miraron entre ellas y rieron, luego una de ellas, la alta y delgada nos dijo desde el asiento del coche que habían abordado:

—*Get in.*

A esa hora el pueblo estaba desierto. El carro enfiló hacia la orilla del pueblo hasta que llegamos donde comenzaban los huertos. Ahí, sólo los árboles supieron qué pasó después.

Dos horas después, Miguel no cesaba de felicitarme mientras caminábamos de regreso al campamento. Aún no amanecía cuando llegamos al campamento. Los compañeros aún seguían dormidos. Miguel los despertó a saltos y a chiflidos gritando de contento. Los compañeros se incorporaron de sus camas preguntando la causa de aquel estado de ánimo.

—¡Agarramos a unas güerotas! Pero güerotas —gritaba Miguel dibujando cuerpos femeninos en aire —¡Ni se imaginan!— seguía festejando Miguel sacudiendo los puños como si aún la tuviera entre sus brazos.

—Y ¿cómo le hicieron? Si ustedes no hablan inglés —preguntó el maestro.

—¿Cómo que no hablamos inglés? Yo no, pero aquí mi amigo sí que lo habla. Yo no sé qué tanto les estuvo diciendo a ellas, pero el caso es que se nos hizo —seguía contando Miguel gritando como si estuviera arreando ganado.

—¿Es verdad eso, compañero? —me preguntó el maestro, pues no le quería dar el crédito a Miguel.

—Claro que es verdad.

—¿Hablas inglés? —volvió a preguntar el maestro.

—No mucho, pero fue suficiente.

—Yo pago las cervezas para mañana —dijo el maestro entusiasmado—. Pero ayúdanos a conseguir unas para nosotros.

—Yo también pago las cervezas, compañero —dijo Mr. Malo—. Tú nada más habla inglés y nosotros pagamos.

Fuimos al siguiente día, pero ya no tuvimos la misma suerte.

El restaurante chino

Debido al número de trabajadores que arribaron a la cosecha, el trabajo duró menos de lo previsto, después ya no trabajábamos los cinco días de la semana. Ya estábamos pizcando la fruta que en la primera pasada estaba aún verde y en consecuencia, llenar las cubetas costaba más tiempo.

La familia Zavala comenzó a hacer planes para regresar a Ripón. El maestro no regresaría a Ripon, sino que iría a Nueva York en donde tenía parientes que estaban dispuestos a recibirlo. Para tal efecto, puso en venta su reloj, su radio tocacintas, una cadena de oro de 14 kilates y una chamarra de mezclilla. El Cherokee llegó al campamento para ofrecer trabajo, pero era sólo para dos personas que uno de los rancheros necesitaba para dar mantenimiento al huerto. El par de amigos michoacanos aprovecharon la oferta.

Mr. Malo y Miguel me propusieron que entre los tres compráramos un carro para viajar hacia los ranchos de Washington en donde les avisaron que se acercaba la cosecha de la naranja; confiaban en que yo podría introducirlos en algún trabajo con mi escaso conocimiento de inglés y también para conducir el vehículo. Ellos ya habían visto un coche que estaba en venta. Cuando estuvimos por hacer el viaje, el dueño del carro nos dijo que la unidad no estaba en condiciones de hacer viajes largos. Anduvimos buscando algún otro carro en venta, pero ya no encontramos ninguno. No hubo más opción que regresar en los vehículos de la familia Zavala.

El señor Zavala anduvo indagando con los contratistas conocidos, y estos le dijeron que en unos quince días más comenzaría la pizca de durazno.

Pasaron días de aburrimiento y yo compré boleto para la ciudad de Los Ángeles. La familia Zavala me invitó a tener paciencia, pero yo preferí buscar la vida por la ciudad de Los Ángeles y sus alrededores. Miguel y Mr. Malo me pidieron que los invitara a ir conmigo si es que iba a un trabajo seguro, pero yo les dije que ignoraba la suerte que me aguardaba.

De regreso a Alhambra, en la casa en donde vivía mi tío y mis paisanos, ya eran cinco los habitantes y conmigo llegamos a ser seis. El dueño, luego de verme entrar y salir durante varios días, amenazó a mi tío con aumentarle la renta porque el departamento no se lo había alquilado para tantas personas. Hice algunas llamadas por teléfono y conseguí que mi amigo Rolando me ofreciera un cuarto del departamento en que vivía.

Rolando tenía treinta y tres años y trabajaba como ayudante de meseros en un restaurante de comida China. Su esposa, dos años menor que él, trabajaba como camarera aseando casas. Ellos me facilitaron alojamiento con la condición de cooperar con la renta. El departamento les costaba 390 dólares mensuales y contaba con aire acondicionado y alfombra nueva en el piso.

Durante los dos meses siguientes anduve sin empleo repitiendo mis caminatas de siempre, de negocio en negocio y guiándome con el anuncio de clasificados en el periódico. Llené varias solicitudes de trabajo. Durante esos dos meses llegué a ganar sólo siete dólares.

Los siete dólares los gané cuando, al ir a visitar a Rafael, me puse a repartir tortillas con otro de mis paisanos. Rafael trabajaba repartiendo tortillas de maíz a los restaurantes mexicanos. Su esposa también trabajaba haciendo el aseo en casas particulares.

El día que yo fui a visitar a Rafael, había terminado de recorrer su ruta y le habían sobrado muchos paquetes de tortillas, cada paquete contenía tres docenas de tortillas. Ese día se nos ocurrió la idea de ir a ofrecer las tortillas al barrio, de puerta en puerta en los patios de vecindad. Después de las primeras ventas, concebimos la idea de establecernos como proveedores de tortilla en las casas. La idea no estaba del todo mal porque Rafael tenía un carro propio, pero a medida que recorríamos las casas, los clientes nos informaban que ya había un proveedor permanente. No obstante, vendimos más de treinta paquetes.

El día menos pensado, Rolando y su esposa Cristina, decidieron viajar a México. Rolando me dejaba su empleo en el restaurante. Como requisito para agarrar el empleo, fue a comprarme un par de pantalones negros, camisas blancas y chaleco negro. Era el uniforme de "*bus boy*" o ayudante de meseros. Rolando dejó a mi cuidado el departamento, incluidos una bicicleta que él utilizaba para ir al trabajo y un viejo carro, similar al que yo había tenido en San Antonio, también me había dejado la parte que le correspondía para un mes de renta y que regresaría dentro de cuatro semanas si todo marchaba según sus planes. Un día antes que presentara su renuncia, lo acompañé al restaurante para la entrevista con el dueño.

El establecimiento era una construcción de una sola planta de paredes de ladrillo rojo y adornado con un camellón de plantas de bambú en la parte que daba hacia la calle. A un costado estaba el estacionamiento diseñado para treinta coches. En el interior el piso estaba alfombrado de un color rojo. Tenía una capacidad para cincuenta personas. La pared estaba pintada de color amarillo y había varios cuadros con paisajes de China y dibujos que representaban la vida oriental. Del techo pendían faroles de colores vivos adornados también con dibujos orientales. En un rincón de la cocina y en lo alto de la pared estaba la imagen de Buda sobre una repisa de madera. Buda estaba sentado en medio de dos floreros de porcelana que contenían flores de plástico. El altar estaba iluminado por un foquito eléctrico rojo colocado en la punta de un traste en forma de vela. Como ofrendas había colocados frente a Buda té negro en un pequeño vaso y una pila de tres manzanas. En el centro había un porta inciensos de madera.

Mientras aguardábamos la llegada del dueño, Rolando me fue enseñando lo que sería mi rutina diaria.

El dueño llegó a bordó de un flamante Mercedes Benz. Era un oriental de unos cuarenta y cinco años, de mediana estatura y vestido con un traje de color gris. Al bajar del coche fue a pararse cerca de donde nosotros estábamos. Cruzándose de brazos a la altura del pecho, alzando la frente y adelantando el pie derecho, se quedó observándonos en silencio. Por ratos parpadeaba y vi que sus párpados estaban hinchados.

—¿Están limpiando, eh? —preguntó finalmente dirigiéndose a Rolando—. No se te olvide regar las plantas.

Después se fue al interior del restaurante. Con Rolando, regamos las plantas antes de ir a ver al dueño a su oficina.

En el pasillo que conducía a la oficina del dueño estaban empotrados en la pared un reloj checador y adjunto un tablero que guardaba varias tarjetas. Enseguida había un marco de metal encristalado que guardaba la ampliación de una plana del diario *Los Angeles Times* en donde hacía referencia a la calidad de la comida en aquel restaurante.

La oficina era un pequeño cuarto en donde sólo cabía el dueño sentado tras su escritorio y un par de estantes llenos de fólderes (carpetas) y cajas de cartón a cada lado.

Al llegar, Rolando y yo quedamos de pie en la entrada a espaldas del dueño.

—Con permiso —dijo Rolando hablando en inglés para anunciar nuestra presencia.

—¡Ah! —oímos que exclamó el dueño, que al parecer estaba absorto hojeando unos papeles impresos—. ¿Qué quieres? —nos preguntó sin voltear.

—Éste es el que se va a quedar trabajando en mi lugar —dijo Rolando.

El dueño volteó hacia nosotros en su silla giratoria. Me observó con un gesto de sorpresa y le vi cerrar aún más los ojos que de por sí parecían de alguien que estuviera sufriendo los efectos de una borrachera. Luego, sin decir una sola palabra por mi presencia, le dijo a Rolando.

—¿Cuándo te marchas?

—La próxima semana, pero hoy es mi último día de trabajo, para cerrar mi quincena.

—¿Cuándo regresas?

—Después de tres meses.

—Bien, cuando regreses, házmelo saber inmediatamente.

—Pero, él va a estar trabajando —dijo Rolando señalándome.

—No importa, el trabajo es tuyo de cualquier manera.

El dueño se tapó la cara con ambas manos mientras bostezaba. Jugó con el nudo de la corbata, luego se volvió hacia su escritorio y se entretuvo hojeando sus papeles.

—Él, ¿habla ingles? —le preguntó a Rolando.

—Pregúnteselo —respondió Rolando.

El dueño me hizo la pregunta.

—*Not too much sir. But I understand what you say* —le contesté.

Rolando ya me había dicho que en el restaurante no era necesario mucho inglés y lo que requiriera lo iría aprendiendo en el trabajo.

Por unos momentos más, el dueño siguió manoseando sus documentos aparentemente entretenido a tal grado que nos dio la impresión de haberse olvidado de nuestra presencia.

—Está bien —dijo al fin—, que pruebe, a ver si puede trabajar.

Éramos catorce obreros en el restaurante. Seis meseras uniformadas con largas faldas negras y blusas doradas con adornos orientales. También como mesero estaba un hombre de mediana edad que vestía los mismos colores que yo debía usar. Los cocineros vestían ropa ordinaria y se cubrían con un mandil blanco de algodón. Sólo el lavatrastes y yo éramos mexicanos, los demás eran orientales.

Para mí, ser un *bus boy* no era del todo agradable, mi aspiración era trabajar en un taller de carpintería en donde pudiera adquirir más experiencia, sin embargo, al lado de mis compañeros mojados, el puesto de *bus boy* significaba un escalón más arriba porque el más bajo era el de lavatrastes, donde se ganaba menos. Las condiciones de trabajo tampoco eran muy envidiables, más que por el hecho de tener un empleo.

En el restaurante se trabajaban los seis días de la semana de once de la mañana a once de la noche por un salario de seiscientos dólares mensuales más las propinas que constituían mi ventaja sobre el puesto de lavatrastes.

La esposa del dueño, quien se hacía llamar Ana, tenía alrededor de cuarenta años, era de baja estatura y extremadamente delgada; sobre el rostro daba la impresión de haberle quedado sólo la piel y el cráneo. Sus labios carecían de forma, por lo que la boca era sólo una abertura. Era de nariz pequeña y sus ojos estaban muy sumidos en su cavidad, pero parecían siempre estar buscando algo por todas partes. Al caminar, parecía siempre tener prisa y sus pasos eran de alguien que continuamente iba empujando algo a patadas sobre el piso. Cuando Rolando me presentó a ella, se detuvo un mínimo instante para barrerme con la mirada y dejo oír un pujido sin abrir la boca. De pronto, inesperadamente reaccionó como si hubiese surgido una emergencia, y me ordenó:

—¡Limpia, limpia! —dijo extendiendo su huesuda mano derecha que en rápidos movimientos me señaló todo el restaurante.

—Ella es de las que en México conocemos como "negreros" —comentó Rolando.

En los primeros días de trabajo me encontré con la dificultad del idioma. Pero también había llegado a la conclusión de que el inglés no se puede aprender de una sola vez. En un taller de carpintería no me habría sido difícil entender las instrucciones respecto a las medidas, las herramientas y maderas. Lo mismo si trabajara en una imprenta o en un *car wash*. He trabajado con chicanos, pero ellos hablan en inglés mezclado con español. Por ejemplo: Cuando quieren decir empújalo, dicen "púchalo" de *push;* entrénala dicen "trinéalo" de *train him;* para confío en ti, dicen "te trasteo" de *trust;* para carro, dicen "carrucha" de *car;* para cerveza, "bironga" de *beer;* para pedacería, dicen "escrapes" de *scraps,* y etc.

Ahora que me encontraba trabajando en un restaurante, desconocía las palabras básicas. Un día un cliente me pidió que le llevara la pimienta a su mesa. Yo le había entendido perfectamente cuando me dijo *"Bring me the . . ."* pero la última palabra *"pepper"* me dejó en blanco. Algunos clientes me preguntaban acerca de tal o cual platillo, entonces mi confusión era doble, porque los platillos venían en chino.

Otros, sin darme la oportunidad de decirles que mi inglés era limitado, se soltaban recitándome largas frases y al final me miraban a la cara esperando que les respondiera, pero sólo recibían de mi un "*I'm sorry*". Decepcionados, los veía sacudir la cabeza y alargar el cuello por sobre el resto de los clientes tratando de localizar a alguna de las meseras. Algunas veces salía de apuros cuando los clientes recurrían a las señas, otros llegaban amigablemente tratando de hablar en español.

Día de trabajo

Mi tarea era fácil, tal como era en el *carwash*. Iba y venía de la cocina al comedor. Para ser reconocido como un buen *bus boy*, necesitaba desarrollar mi destreza en la manera de recoger los trastes sucios y el mantel en un solo viaje, sin que uno sólo cayera al suelo, y llevármelos a la mesa del lavatrastes. Después, debía regresar inmediatamente con un mantel limpio, servilletas y el juego de cubiertos. El mantel debía ser colocado en dos movimientos, uno para extenderlo y otro para dejarlo caer sobre la mesa, luego debía colocar los cubiertos con la rapidez y precisión de un barajador de naipes.

En los ratos que no había mesas que limpiar, debía ir por mi jarra de plástico llena de agua y hielo y con ella recorrer las mesas para volver a servir agua en los vasos ya vacíos. A veces tenía que cargar conmigo dos jarras: la del agua y la del té negro.

De cuando en cuando llegaban clientes caprichosos. Que el té se había enfriado, por lo que había que cambiárselos por té caliente; que estaba demasiado caliente, entonces yo debía llevarles un cubito de hielo para que se enfriara; que el té estaba demasiado fuerte; que el té estaba demasiado débil; que tráigame más salsa; más sal; pimienta, un tenedor, un cuchillo, más arroz. Las órdenes me llegaban de todas partes y yo debía cumplirlas rápidamente mostrándoles buena cara como si me sintiera realmente feliz de estarlos atendiendo.

A la hora en que el restaurante estaba lleno, todo era una mezcla de ruidos desordenados, toses, el constante tintineo del chocar de los cubiertos con los platos, risas cortas, chillidos femeninos, interminables parlotecas. En la cocina, todo era una confusión de gritos para quien no estuviera integrado al trabajo: Los gritos de las meseras ordenaban tal o cual platillo; los cocineros anunciaban las órdenes ya listas. El chillido de la carne rugía al entrar en contacto con el aceite hirviendo en las sartenes. Fugaces llamaradas brotaban de las sartenes expuestas al fuego de la estufa. En un rincón estaba el lavatrastes con una montaña de trastes sucios a su lado y de los que uno a uno iba sacudiendo los restos de comida con una manguera que expulsaba el agua a presión, luego los colocaba sobre una reja de plástico para introducirlos a la máquina lavadora. El lavatrastes tenía que hacer movimientos casi malabarísticos para no quedar enfrascado y escuchaba los gritos de los meseros solicitando "¡Amigo, más platos!" en español y en ocasiones acompañaban aquella frase con algo en chino que quería decir "con un demonio". El lavatrastes les contestaba con otro insulto o levantando la mano y enseñándoles el dedo medio.

A diario, la imagen de Buda era objeto de reverencias. Uno de los dueños encendía una vara de incienso y la colocaba en el traste de madera que quedara frente al ídolo. Después juntaban las manos a la altura de la frente y se inclinaba tres veces murmurando algo entre labios.

Una tarde en que el negocio andaba flojo, una de las meseras se paseaba por lo pasillos del comedor vacío con sus manos cruzadas en la espalda y a cada momento se quejaba enseñando las manos vacías, *"No money"*.

—Yo sé por qué —dije tratando de adoptar un tono muy serio y grave.

Ella me miró y frunciendo el ceño, dijo:

—¿Tú sabes por qué y no lo dices? —respondió en tono molesto.

—Es sencillo —le dije en el mismo tono—. A Buda le ha de estar haciendo falta un dólar.

La escuché seguir renegando un rato más y de pronto corrió en busca de su bolso de mano y sacó un dólar. Con el dólar en la mano se fue a la cocina para colocárselo frente a Buda y hacer luego las mismas reverencias.

Por el resto de la tarde, sólo llegaron una media docena de clientes.

El choquecito

Una noche, después del trabajo, fui a visitar a unos amigos a bordo del viejo carro que me había dejado Rolando. De regreso a mi casa, iba distraído y no reparé en la luz roja del semáforo hasta que ya había invadido la zona de cruce del peatón. Frené bruscamente, metí la palanca de reversa y en la regresada choqué levemente contra una camioneta van.

El chofer de la van bajó inmediatamente para inspeccionar el daño. Era un anglosajón de alta estatura que vestía uniforme de trabajo de color azul fuerte. Después de haber revisado el carro, caminó hacia la ventanilla del carro que yo estaba manejando.

—Su licencia de manejo —preguntó con cierto enfado.

—No la traigo —contesté.

—Está bien —dijo después— estaciona allá adelante mientras que yo llamo a una patrulla.

La idea de llamar a la patrulla no me sonaba nada bien, pero el accidente había sido por mi culpa, por lo tanto, di vuelta en la esquina y me estacioné junto a la banqueta. Apagué el motor y di un fuerte golpe con el puño sobre el volante. No tenía licencia de manejo, nunca la había tramitado, tampoco traía la tarjeta de identificación que había conseguido en San Antonio. Sin papeles de inmigración, sin permiso de conducir y habiendo golpeado un carro, me sentía con un pie en México.

Bajé del carro. El hombre blanco llegó a plantarse frente a mí. Medía casi dos pies más que yo.

—¿Por qué manejas y no cargas tu licencia? —preguntó en tono acusador.

—No la traigo —respondí, para decir que no la tenía.

El anglo volvió a examinar el golpe; era leve, era un raspón a la pintura y una pequeña abolladura.

—Lo siento —le dije tratando de disculparme —dígame cuanto va a costar la reparación, yo la pago.

El anglo no hablaba español. Yo estaba tratando de hablar inglés y me estaba entendiendo.

—Este carro no es mío –dijo—. Es de la empresa en que trabajo y, lo siento, pero tengo que llamar a la patrulla, de otra manera, yo tendría que pagar la reparación.

—Eso no sería el problema —volví a decir—. Yo puedo pagar la reparación.

Después de platicar, el anglo no parecía tan molesto como al principio pero prefería la presencia de la policía para que hiciera el reporte y testificara que la culpa no había sido suya.

Mientras esperábamos la llegada de la patrulla, el anglo caminaba de un lado a otro mirando hacia la avenida. Se detuvo nuevamente ante su van y miró el golpe.

—No es grave –dijo—. Si fuera mío el carro no habría problema y tú te podrías ir, pero el carro es de la empresa.

La esperada patrulla llegó a los pocos minutos. A bordo sí venía un agente. Se trataba de un chicano de pelo corto y rizado. Al bajar de su unidad, caminó directamente hacia el anglo. Los dos cruzaron palabras.

—¿Él es? —preguntó señalándome.

El anglo asintió moviendo la cabeza.

El agente, hablándome en inglés, me ordenó colocarme de frente al carro y poner las manos sobre el capacete. Me revisó y todo lo que encontró fue mi cartera con unos cuantos dólares y las llaves del carro. Me preguntó por mi licencia de manejo.

—No la tengo —le contesté en español.

Le vi arrugar el entrecejo y mirar después al anglo moviendo la cabeza desaprobándome.

—Así son estos mexicanos —entendí que le dijo.

Se volvió hacia mí preguntando por mi identificación. Le hice saber que tampoco la tenía.

—Eres ilegal, ¿eh? —se dijo a sí mismo.

—¿Dónde vives?

Le recité mi domicilio.

—Traes algo con qué comprobar que vives realmente ahí —preguntó nuevamente.

Al hacer memoria recordé que en la guantera del carro tenía una carta que me habían enviado unas semanas antes.

Le mostré el sobre al agente y de inmediato éste se puso a escribir algo sobre una libreta que sacó de su bolsa trasera del pantalón. Caminó hacia la parte trasera de mi carro y copió el número de la placa. Encendió su radio transmisor. Habló y alguien le contestó. Preguntó por el nombre del dueño del carro.

El agente se fue hacia el anglo, después, juntos, regresaron hacia la van para ver el golpe y logré entender que el patrullero le preguntaba si quería levantar algún cargo en mi contra, que lo podía hacer.

El anglo movió negativamente la cabeza y le explicó lo que antes me había dicho a mí, que sólo necesitaba la testificación, que no tenía intenciones de acusarme porque el daño no era grave.

—Si usted quiere, lo puedo llevar a la cárcel —insistió el agente.

El anglo se volvió a negar.

—Si lo prefiere, lo podemos reportar con el departamento de Migración —siguió machacando el agente.

Como al principio, casi seguro de hacer un viaje forzoso a Tijuana y al pensar en mi regreso, me busqué en la memoria el número del teléfono de mi tío. Estaba esperando que el anglo contestara que sí para confirmar mi viaje. Le escuché contestar que no y se lo agradecí en silencio. Me pregunté la razón por la cual el chicano se empeñaba en perjudicarme de alguna manera. No esperaba que me favoreciera por el sólo hecho de ser ambos de una misma descendencia, pero al reconocer yo mi culpa, sí esperaba que fuera justo, pero no obstante contra el deseo del anglo él estaba tratando de empeorar mi caso. Ya había conocido a varios chicanos a quienes jugando a palabras les había hecho recordar que sus raíces estaban en México, pero muy pocos lo consideraban de aquella manera. Muchos ya habían ido de vacaciones a

México a conocer a sus parientes, pero aún así, al expresar sus sentimientos decían: *"I am an American citizen"*.

Por fin, el anglo, ya con el papel expedido por el patrullero, agradeció sus servicios, subió a la van y se marchó.

El agente se quedó mirándome pensativamente y me imaginé que estaba buscando la forma de castigarme.

—Pon la llave en el *switch* –ordenó—. Y también deja la cartera dentro del carro.

Yo cumplí.

Me ordenó subir los cristales de las ventanillas y cerrar las puertas con el seguro puesto.

—Ahora, vete caminando.

Me retiré a pasos lentos refrescándole mentalmente el diez de mayo. Le vi subirse a su patrulla y quedarse ahí esperando. Di vuelta a dos cuadras a la redonda asomándome cada vez hacia mi carro, pero la patrulla seguía ahí a su lado.

Después comencé a buscar un gancho de colgar ropa por el suelo donde iba caminando. Encontré uno tirado al dar vuelta en una esquina. Seguí caminando sin alejarme más de dos cuadras de mi vehículo, mientras tanto iba desplegando el alambre dándole la forma que yo necesitaba.

Como si lo hubiese mandado a pedir, un carro pasó a gran velocidad y sin respetar la luz roja del semáforo dio la vuelta haciendo que sus llantas chirriaran contra el pavimento. El agente encendió las luces y la sirena de la patrulla y arrancó de un tirón lanzándose a la caza del infractor.

Después de asegurarme que no volvería tan rápido, me acerqué a mi carro. Con las palmas de la manos presioné el cristal hacia abajo; cuando tuve la abertura necesaria, introduje el alambre, y unos segundos más tarde oí el clic del seguro que se destrababa. No era la primera vez que dejaba las llaves dentro del vehículo.

El Año Nuevo

A todos los trabajadores se nos servía tres veces de comer al día sin que se nos descontara del suelo, aunque la comida tampoco era digna de presumir. Pero un día hubo un cambio, la comida mejoró el día en que los chinos festejaron el año nuevo.

Ese día en vez del habitual caldo de macarrones, trozos de grasa o nudillos de patas de pollo, se nos sirvió pescado frito y cervezas de marca oriental por cortesía del negocio. Además, cenamos en las mesas del comedor después de la hora de servicio. Al finalizar la cena, el dueño regaló a cada quien un recuerdo navideño. Era un sobrecito de papel encerado adornado con dibujos dorados.

—Esto es para la buena suerte —dijo al irlo entregando—. Feliz Año Nuevo.

En el interior del sobrecito venían dos dólares.

Pánico de la Migra

Por la televisión, la cadena en idioma español despertó la alarma entre los paisanos. La Migra, decía el reportaje, había comenzado a tender redadas en el centro de Los Ángeles y por todo los lugares que se presumía que andaban mojados. El noticiero recomendaba a toda la comunidad de ilegales que no se aventuraran caminando a pie por las calles y que no permanecieran parados mucho tiempo en las paradas de autobús. Que los que no poseyeran vehículo pidieran aventón para ir al trabajo y regresar a sus casas. En la pantalla mostraban imágenes filmadas de las detenciones.

Al siguiente día el noticiero siguió haciendo hincapié sobre el mismo asunto, pero también dijeron que las calles del centro de Los Ángeles habían quedado vacías. Los comerciantes se quejaban por la gran baja que habían sufrido sus ventas. Los autobuses también resentían la falta de mojados en circulación. En muchos centros de trabajo, gran parte del personal no llegaba a trabajar. Yo seguí yendo y viniendo de la casa al trabajo; por las noches, las meseras del restaurante se ofrecieron a llevarme en sus coches y yo no rechacé sus ofrecimientos, pero el pánico de la Migra sólo duró un par de días, después todo volvió a la normalidad.

Traducciones

Además de ser *bus boy,* yo era el traductor cada vez que el dueño deseaba comunicarle algo a Fabián, el lavatrastes. En una ocasión Fabián estaba agachado sobre una batea de plástico lavando unas toallas que se utilizaban para limpiar las mesas del comedor. Casualmente el dueño pasaba en esos momentos y se detuvo a observarlo parándose como era su costumbre; se cruzaba de brazos y fruncía el ceño en señal de inconformidad.

—Amigo —le dijo tratando de hablar en español—. ¿No comer?

Fabián levantó la cabeza y miró desconcertado al dueño que le volvío a hacer la misma pregunta.

—¿Qué quiere este cabrón? —me preguntó Fabián en español.

—Te está preguntando que si no has comido —le dije.

Fabián reaccionó como quien descubre que no pasaba nada malo y dijo que ya había comido, que incluso hasta había repetido plato y se agarró el estómago para dar a entender que estaba satisfecho. El dueño, sin cambiar su expresión de inconformidad, dio un par de largas zancadas para llegar hasta donde Fabián estaba trabajando, y arrebatándole una de las toallas, le dio cuatro o cinco talladas en la batea con bastante energía mostrándole a Fabián cómo lo quería ver trabajando.

—Ándale, así . . . ¡no comer!

Otra vez, el dueño se asomó a la cocina justamente cuando el jefe de los cocineros, un oriental de cuarenta años, chaparro, gordo y de vientre abultado, discutía acaloradamente con Fabián. Estaban insultándose cara a cara, a sólo unas pulgadas de distancia uno del otro. Sin darse tregua se insultaban ferozmente, sólo que uno hablaba en español y el otro en chino. La sangre ya se les había agolpado en el rostro poniéndolos rojo de coraje. El cocinero agarró uno de los platos y amenazaba con tirárselo a Fabián. Fabián por su parte agarró otro plato y lo amenazó de la misma manera. Disgustado y asustado, el cocinero estrelló el plato contra el piso.

El dueño que los había estado observando sin decir palabra, los citó después. El dueño me llamó y los cuatro nos sentamos en una de las mesas redondas del comedor. El cocinero se quejaba de la desobediencia de Fabián y Fabián se quejaba de que el cocinero le cargaba demasiado trabajo. Yo era el traductor ante Fabián y el dueño, y éste era el traductor entre el cocinero y yo. Yo estaba haciendo esfuerzos para traducir de la mejor manera lo que Fabián trataba de decirle al dueño y lo que el dueño decía para Fabián. Mi traducción era más por deducción que por comprensión.

Se hicieron las paces, pero día a día Fabián era hostigado por la jefa de las meseras y le dejaron de dar la poca propina que antes le entregaban cada fin de jornada, lo que nunca fue más de dos dólares. El resto de los cocineros siguieron cargándole trabajo y continuamente lo acusaban de trabajar lento.

Fabián me llamó un día para que lo acompañara con el dueño. Fabián le solicitó aumento de salario y se quejó de que le habían cortado la propina.

—Déjame pensarlo —fue la respuesta del dueño.

En una oportunidad el dueño me preguntó si yo tenía algún amigo que quisiera trabajar como lavatrastes. Yo le contesté que no conocía a nadie, mintiéndole, porque sí sabía de paisanos que estaban esperando una oportunidad de trabajo, pero yo no iba a cooperar para el desplazamiento de Fabián.

Día a día, al restaurante llegaban mojados a solicitar empleo, pero el dueño no empleaba a extraños. Debía ser gente que él conocía o que le recomendaran sus propios trabajadores.

Bares raros

Después de un día de intenso trabajo yo estaba por retirarme a casa, cuando Fabián me comentó que "una cerveza bien fría era buena para relajarse del cansancio". Convenimos en ir al bar que estaba junto al restaurante. Encadené mi bicicleta al poste de luz que estaba frente a la cantina, pero más tardamos en llegar y trasponer la puerta que en volver a salir. No era una cantina normal. En el interior había dos especies de jaulas rodeadas por tela de alambre a modo de privados, y dentro de una de las jaulas estaban un par de hombres uno muy cerca del otro. En lo alto de la pared, sobre la barra, habían pósters grandes de hombres desnudos.

Dimos media vuelta y aún escuchamos a nuestras espaldas la voz suave y delicada del cantinero que nos decía si nos podía servir en algo.

Aún necios por tomar cerveza bien fría, encontramos otra cantina al otro extremo del restaurante desde el cual nos llegaba el sonido de la rockola con música de *rock and roll*.

—Vamos a ver si aquí son más decentes —le comenté a Fabián mientras que volví a atar mi bicicleta al siguiente poste de luz.

Al entrar no notamos nada raro, salvo que no había mujeres. Había una docena de clientes, algunos sentados, otros parados ante la barra. El resto del salón estaba vacío. Las mesas y las sillas estaban separadas por una especie de barda hecha de madera sobre la cual había macetas que por la luz negra no supimos si eran naturales o artificiales.

Nos sentamos ante la barra y ordenamos nuestras cervezas

bien frías. Nos quedamos tomando y comentando sobre lo que habíamos visto en la cantina anterior.

—Ésta es una de las muchas sorpresas que nos presenta Estados Unidos —le comenté a Fabián.

Apenas habíamos tomado la mitad de nuestras cervezas cuando llegó un cliente que fue a sentarse ante la barra a unos cuatro asientos lejos de nosotros. El cantinero, un hombre corpulento de piel blanca y barbado, se encontraba atendiendo a otro cliente al otro extremo de la barra.

El recién llegado le dirigió algunas palabras al cantinero. El cantinero, al verlo, apresuró sus pasos hacia él. El recién llegado se medio incorporó del banco en que estaba sentado y alargando el cuello, estiró también los labios en forma de boca de trompeta y el cantinero se estiró también hacia él para recibir el beso.

Nosotros nos terminamos nuestras cervezas, pagamos la cuenta y nos retiramos. Ya no intentamos encontrar otra cantina, sino que entramos en la primera tienda y nos compramos un *six pack* y cada quien se llevó tres a su casa. Me monté en mi bicicleta y Fabián se quedó en la parada del autobús. Era preferible tomarnos las cervezas en casa.

La pelea

Rolando y Cristina regresaron al cabo de cinco meses. Rolando me dijo que ya no tenía intenciones de trabajar como *bus boy,* sino que buscaría un trabajo como pintor de carros.

Un día se presentó al restaurante en plan de visita. El dueño, al verlo se alegró de gran manera y lo estuvo palmeando muy amistosamente en la espalda.

—Bien, qué bien que has regresado. ¿Vienes a trabajar? —le preguntó.

—No estoy seguro —respondió Rolando.

—¿Cómo que no?

Rolando enarboló una sonrisa vacilante y, luego de respirar muy profundo, dijo:

—Trabajaré si me paga setecientos dólares mensuales y un incremento en la propina.

—Dime si vienes a trabajar —le contestó el dueño—. El aumento lo arreglamos en un par de semanas.

—No estoy muy seguro, pero deme una semana para pensarlo.

—Está bien, cuando estés listo, llámame.

Rolando sólo había tentado la suerte al pedir el aumento; sabía muy bien que el dueño no cedía tan fácilmente los aumentos, pues a lo largo de dos años sólo le había aumentado cincuenta dólares.

Entre tanto, los problemas se agudizaron entre Fabián, y el cocinero. Fabián, al encontrarse pasando el trapeador sobre el piso de la cocina, en uno de sus movimientos, sin querer enredó el trapo entre los pies del jefe de cocineros que estaba de pie rebanando zanahorias. Fabián se disculpó por el accidente, pero el jefe de cocineros reaccionó enojado creyendo que Fabián lo había hecho a propósito y le dio un golpe con el puño cerrado a la altura de las costillas, lanzándole contra la pared. El resto de los cocineros se comenzaron a reír al ver a Fabián doblado agarrándose el costado golpeado. Inesperadamente, con el mismo mango del trapeador sujetado en forma de lanza, Fabián golpeó al jefe de cocineros en el mismo lugar en que lo había golpeado a él. Se comenzaron a liar a golpes yendo a chocar contra las mesas y paredes una y otra vez. El escándalo atrajo la atención de las meseras que corrieron hacia la cocina y arrinconadas en un rincón presenciaban la escena haciendo comentarios entre ellas. Tres platos de porcelana fueron a dar en el piso luego de un manotazo de uno de los contrincantes. Un rato más, de la nariz de Fabián manaba un hilillo de sangre y al cocinero se le habían manchado los labios y los dientes de sangre a causa de una cortada en el labio superior. Otro golpe del cocinero lanzó a Fabián contra la máquina de lavar trastes, y cuando regresó a atacar al cocinero, Fabián empuñaba ya un cuchillo que había cogido entre el montón de trastes sucios. Blandiéndolo, se lanzó contra el jefe de los cocineros que no hacía más que dar de brinco para ponerse lejos del alcance de Fabián que parecía muy dispuesto a rebanarlo.

Las meseras que estaban presenciando aquello lanzaron exclamaciones de terror al ver a Fabián con el cuchillo de ancha hoja entre las manos persiguiendo al cocinero mientras que lo insultaba.

—¡Te voy a mandar al otro mundo, pinche chino arrastrado!

El jefe de cocineros se parapetaba detrás de las mesas y el resto de los cocineros no se atrevían a moverse pegados contra la pared. En esos momentos llegó el dueño a quien una de las meseras había ido a llamar a su oficina.

—¿Qué pasa? —les gritó enérgicamente.

Al instante, todo mundo enmudeció. Fabián se detuvo dejando el cuchillo sobre una de las mesas, y sacando un pañuelo del bolsillo de su pantalón se limpió el hilillo de sangre que le estaba escurriendo. El jefe de los cocineros también comenzó a limpiarse la sangre de los labios y escupía la sangre de la boca. El resto de los cocineros rompieron el silencio hablándole en chino al dueño y mirando alternativamente a Fabián. Las meseras permanecían en silencio. Fabián trató de decirle algo al dueño y mirándome a mí para que yo se lo tradujera, pero el dueño no quiso escucharnos, sino más bien ordenó a Fabián que lo esperara en el patio, fuera del restaurante. El dueño se fue a su oficina y a su regreso entregó a Fabián su sobre de raya y le informó al mismo tiempo que estaba despedido.

Oficina de desempleo

El restaurante quedó sin lavatrastes y el dueño me ordenó ocupar el lugar que Fabián había dejado vacante. Eso significaba que ya no percibiría la propina acostumbrada como *bus boy* que siempre era de cinco a diez dólares diarios.

A petición del dueño le informé a Rolando que se presentara a trabajar, con la promesa de que en menos de dos semanas le resolvería la petición de aumento. Rolando ocupó el lugar de *bus boy* y yo quedé como lavatrastes.

Veinte días después, la promesa del aumento había quedado en el aire y cuando Rolando se quejaba, el dueño siempre le alargaba el plazo.

Rolando paulatinamente dejó de empeñarse en el trabajo y, por lo consiguiente, fue perdiendo la confianza del dueño. A los treinta días, Rolando renunció al serle negado el aumento.

—Está loco —comentó el dueño más tarde—. Exige mucho dinero.

El restaurante volvió a quedar sin *bus boy* pero yo seguí lavando trastes.

Un chicano llegó oportunamente en esos días a solicitar trabajo en el restaurante y obviamente que el inglés era su lengua. Automáticamente ocupó el lugar que había dejado Rolando.

Pocas horas después de su primer día de trabajo, llegó de pronto a la cocina muy alarmado.

—Oye, compañero —me dijo—. ¿Qué crees que está haciendo el carajo dueño?, pues lo vi checar mi tarjeta de trabajo.

El chicano dijo haberle reclamado al dueño, pero el dueño le había contestado que con o sin tarjeta, su sueldo era de seiscientos dólares mensuales.

—Eso está contra la ley —dijo el chicano.

Al conocer la rutina del trabajo, al cuarto día de trabajo, el chicano renunció y antes de marcharse me informó que existía una oficina del gobierno en donde nosotros podíamos ir a denunciar al dueño por la manera en que éste estaba llevando las cosas. Que en caso de ganar el pleito yo cobraría las horas que había trabajado de más y que no me habían sido pagadas.

Al llegar a casa, le comuniqué a Rolando la noticia, quien inmediatamente se puso a hacer cálculos de lo que podría cobrar por los dos años y medio que había trabajado en el restaurante. Nos comunicamos con el chicano, quien me había dejado su número de teléfono, luego los tres, El Chicano, Rolando y yo, fuimos a presentar la denuncia a la oficina. Resolvimos después que yo quedara en anonimato, porque aún necesitaba el empleo mientras que ellos denunciaban directamente a su nombre.

Para mi suerte, el restaurante contrató otro mojado con menos conocimiento del inglés. Lo colocaron como lavatrastes y yo volví al puesto de *bus boy*.

Rolando consiguió el puesto de *bus boy* en otro restaurante y durante meses no supimos nada de nuestra denuncia, hasta que un día al llegar al trabajo, el ánimo de todos los orientales parecía sombrío. El dueño me miró acusadoramente pero no me dijo nada. Durante todo el día lo vi andar cabizbajo y no lo escuché decir una sola palabra. Los cocineros hacían de pronto grupitos y hablaban en un tono como si estuvieran comentando un secreto y entre su conversación alcancé a escuchar que pronunciaban el nombre de Rolando. Las meseras guardaban una disimulada seriedad ante la presencia de uno de los dueños, pero cuando estaban solas conversaban alegremente.

Mis sospechas se confirmaron cuando al finalizar el día de trabajo el dueño me preguntó si yo sabía que Rolando había ido a la *Labor Office*.

Yo me hice el desentendido y le respondí que Rolando aún no encontraba trabajo y que sí lo veía ir a diario a las oficinas de desempleo. El dueño pareció creer que yo no sabía nada acerca del asunto. Me dijo además que le dijera al lavatrastes que no se presentara a trabajar al siguiente día y que en su lugar, yo ocuparía la máquina de lavar en la cocina.

El lavatrastes se asustó por la noticia y preguntó si al dueño no le gustaba su trabajo creyendo que lo estaba despidiendo, pero le aclaró que iba a ser por un sólo día. Al siguiente día, los ánimos en el restaurante estaban peor que el día anterior. Tal parecía que estaban velando a algún difunto. Nadie decía nada y platicaban esporádicamente y en voz baja; todo era silencio y seriedad. Como a las once de la mañana el dueño me ordenó de una manera muy amigable que me fuera a descansar y que no regresara sino hasta las cuatro de la tarde. Deduciendo que los investigadores de la *Labor Office* llegarían a esas horas me quedé merodeando cerca del restaurante con la idea fija de hablar con ellos tan pronto salieran del restaurante, pero durante horas y horas estuve mirando desde una silla de un puesto de hamburguesas no lejos de la entrada del restaurante. Consumí una docena de refrescos mientras esperaba, pero no tuve suerte, no había encontrado la manera de distinguir a los investigadores de los clientes ordinarios. Los investigadores habían llegado y se habían ido mientras yo esperaba, porque a las cuatro de la tarde, al regresar a trabajar, todo el mundo estaba feliz. El dueño, frotándose las manos, me dijo que siguiera trabajando. Nuestra denuncia no nos había ganado el dinero.

Parte IV

Rumbo a casa

La ley Simpson-Rodino

Durante algunas semanas, una noticia corrió a través de los medios de comunicación, provocando una mezcla de esperanza en unos y temor en otros en cada uno de los hogares de mojados. La noticia era acerca de la promulgación de la ley llamada Simpson-Rodino, cuyo objetivo era regularizar a los inmigrantes mexicanos que habían entrado a los Estados Unidos antes del año de 1982 sin haberse asomado siquiera a su país natal. La gente que calificara, que llenara los requisitos, le sería otorgada la "residencia", o sea que obtendría su "tarjeta verde". Había que presentarse ante las oficinas del Servicio de Inmigración y Naturalización con la documentación que probara que ellos habían estado en los Estados Unidos desde 1982 y prometían no deportar a nadie que se presentara a solicitar su residencia.

La ley promulgada daba también las maneras en que el mojado podía presentar sus constancias. Se podían presentar talones de cheques, recibos de rentas, recibos de luz, de agua, y recetas médicas entre otros. Después de su presentación ante las oficinas, les sería otorgado un permiso provisional de residencia por seis meses con permiso para trabajar mientras que su caso estaba en trámite. Se hablaba también de un plazo para presentarse y que después de ello existía la amenaza de que la Migra comenzara a tender redadas al concluir los días de la oportunidad.

Para asegurarse de que la ley decretada se llevara a cabo, el gobierno también había dictado reglas para los patrones. La ley le daba un plazo a los patrones para que verificaran que todos sus trabajadores fueran ciudadanos norteamericanos, inmigrantes legales o que sus documentos estuvieran en trámite. Para cuando el período de gracia terminara, los agentes de la Migra pasarían a checar los archivos de los negocios, y en caso de que llegaran a encontrar trabajadores indocumentados entre su personal, los dueños serían sujetos a multas que iban desde doscientos cincuenta a diez mil dólares por cada ilegal que se le encontrara.

Mientras tanto, en los periódicos de lengua hispana, en la televisión y en las estaciones de radio los boletines acerca de la ley se dejaban escuchar a diario, y en anuncios comerciales y páginas se había plagado propaganda de una legión de abogados que de la noche a la mañana habían aparecido por todas partes tal como los hongos en tiempos de lluvia. La propaganda decía: "Nosotros sus amigos, abogados tal y tal, le podemos ayudar a tramitar sus documentos de legalización. Le prometemos seriedad y profesionalismo, sobre todo que sus informes serán manejados confidencialmente. Visítenos en nuestras oficinas ubicadas en la calle tal y tal, número tal o a nuestros teléfonos de tales y tales números".

Entre mis paisanos había escepticismo; la mayoría prefería esperar los acontecimientos. No existía la creencia de que la ley se llevara a cabo efectivamente.

—Con semejantes medidas, serían muy pocos los que calificarán para la amnistía —me dijo uno de ellos—. Y si el gobierno deportara a todos los mojados, ¿quién haría nuestro trabajo? Los restaurantes nos ocupan, los rancheros nos ocupan. Nosotros somos los jardineros y los trabajadores de la construcción. Los Estados Unidos podrán tener montones de maquinarias sofisticadas que pueden hacer muchas cosas, pero aún así no lo pueden hacer todo sin nosotros.

Mi tío era una de las pocas personas que habían guardado sus talones de cheque. Él fue a solicitar su residencia legal sin la necesidad de un abogado. Otro de mis paisanos, quien había llegado a los Estados Unidos apenas dos años antes, tenía sus documentos en trámite y estaba trabajando en un restaurante con un permiso válido por los siguientes seis meses.

Por otro lado, muchos de mis paisanos, si no es que la mayoría, habían estado viviendo en los Estados Unidos por mucho más tiempo del que la ley requería para otorgarles la residencia legal, pero todos habían salido cuando menos una vez al año para visitar a sus familias. Además, casi nadie había tenido la curiosidad de guardar sus talones de cheques o sus recibos del pago de la renta, y había también personal que, como en mi caso, cobraban sus salarios en efectivo.

La promulgación de la ley comenzó a dejar hacerse sentir. En las empresas, los patrones colocaron carteles con letras en rojo que decían "No hay vacante para trabajadores indocumentados", pero eso sólo era para los trabajadores recién llegados o los que habían estado sin trabajo. Muchos trabajadores estaban recibiendo ayuda de sus patrones y les procuraban documentos en los que decían que ellos habían trabajado en el país desde el año 1982. Aquel papel proporcionado por el patrón era suficiente para que mis paisanos acudieran a los abogados quienes cobraban trescientos dólares por sus servicios. Según las noticias, a mi pueblo habían llovido en las últimas fechas solicitudes dirigidas a la presidencia municipal pidiendo copias certificadas de actas de nacimiento.

La ley no fue recibida pasivamente por la comunidad. Diversas sectas religiosas se lanzaron en protesta contra la ley exigiendo que las autoridades correspondientes fueran más flexibles en sus reglas, alegando cuestiones humanitarias porque existían familias de mojados en los que sólo uno o ninguno de los esposos calificaba para la amnistía y muchos de ellos habían procreado hijos nacidos en los Estados Unidos. La iglesia preguntaba si el gobierno sería capaz de romper o desintegrar familias en aquellas condiciones. Los críticos también se dejaron escuchar en los diversos medios de comunicación alegando las mismas cuestiones. Poco a poco, al pasar los días, las reglas anunciadas en un principio se fueron haciendo cada vez más flexibles hasta que dieron la oportunidad de que con un sólo miembro de la familia que calificara, no se deportaría al resto.

Los rancheros también hicieron sentir su preocupación declarando que, de aplicarse la ley tan drásticamente, ellos se verían obligados a irse a la quiebra o bien seguir infringiendo la ley.

Aún hubo más concesiones. El mojado que no pudiera presentar los comprobantes de su estadía como lo exigía la ley, año tras año, podía presentar cuando menos un sólo comprobante por año. Otro de los cambios permitía al solicitante que no tuviera ninguna clase de documentos, para probar su estadía, ir a la oficina de servicio y en forma oral contar su historia en los Estados Unidos. Su declaración quedaría al criterio de los representantes de la ley, quienes tomarían por verdadera o falsa su historia.

Mientras tanto, otro de los efectos de la promulgación de la ley fue que algunos patrones, aprovechándose de la ignorancia de muchos mojados respecto a la nueva ley, les pagaban a sus trabajadores menos del salario mínimo establecido legalmente, argumentándoles que se estaban exponiendo a una multa por estarlos empleando. Como resultado, muchos indocumentados estaban trabajando por dos dólares por hora.

No obstante a la ley, seguían llegando mojados. De mi pueblo sólo hubo un corto período que la gente dejó de salir, después todo volvió a normalizarce.

Durante las coberturas y debates sobre la nueva ley Rodino, en un periódico encontré una memorable sátira acerca del proceso de inmigración americana. En la historia, el reportero relataba a sus lectores:

Cualquier Tom, Dick o Harry puede ser ciudadano norteamericano con sólo asegurar haber nacido en los Estados Unidos o que al menos uno de sus parientes son norteamericanos si es que ha nacido en cualquier otra parte.

Es más dificultoso para cualquier José, Hiroshi o Vladimir. Para llegar a ser ciudadano, debe esperar cinco años, llenar una larga solicitud y demostrar que conoce algo de las leyes de nuestro gobierno (los ciudadanos nativos no necesitan conocerlas y usualmente no las saben).

Dicha forma de solicitud fue creada durante la era del McCartismo y refleja los valores de aquel período . . . me parece a mí que es tiempo de cambiar nuestras formas de solicitud y pruebas para llegar a ser ciudadano norteamericano. En lugar de preguntar a los aplicantes cuáles son las tres ramas del gobierno, ¿por qué no poner unas preguntas que determinen si son cien por ciento norteamericanos o no?

Yo propongo una prueba:

1. ¿Dice usted "Que tenga un buen día" después de cada despedida incluso a un extraño?
2. ¿Come usted crema de cacahuate y sándwiches de mermelada, toma coca-cola y se detiene en un McDonald's al menos una vez a la semana?
3. ¿Llama usted a todos por su primer apellido. . . sea usted o no un metropolitano?
4. Para cuando siente usted algún dolor o molestia, ¿se la cura tomando píldoras, jarabe o alguna bebida?
5. ¿Lee usted al menos dos libros al año pero gasta siete horas diarias viendo televisión?
6. Antes que ir al partido de béisbol o fútbol, ¿va al concierto?
7. ¿Está usted de acuerdo que nuestra sociedad de edad madura está sufriendo de escurrimiento de nariz, pérdida de dentadura, almorranas y anillos en derredor del cuello, y que éste es nuestro problema nacional más serio?
8. ¿Es la meta de su vida tener una casa propia, dos niños y una tienda de consumo a distancia conveniente?
9. ¿Se incorporaría usted a la *PTA,* las ligas menores, a los *Boy Scouts* y al Club Rotario, y contribuiría cada año para el *United Way?*
10. ¿Aseguraría o afirmaría que en caso de que se le otorgara la ciudadanía, usted compraría un par de carros, una videograbadora, una computadora y un tocador de discos compactos aunque usted no los necesite, y usaría tarjeta de crédito para pagar todas sus compras?

Flaxman, el reportero, concluía que cualquiera que contestaba "Sí" en al menos siete de las preguntas, era claramente un norteamericano sin importar dónde había nacido ni qué tiempo había vivido aquí.

La idea del reportero me parecía divertida, pero si yo iba a que me aplicaran el exámen, seguramente habría reprobado. Cuando leí el cuestionario, el problema de llegar a ser ciudadano era cuestión de risa.

Decidir

Después de todo parecía fácil calificar para ser residente legal bajo la nueva ley, pero no entraba en mis planes tratarlo, pues desde que decidí viajar a los Estados Unidos lo hice con la idea de ganar dólares que cambiaría en pesos cuando me fuera de regreso. Aquí en los Estados Unidos era verdad que había comodidades y lujos, pero no eran para la gente como el lavatrastes y el *bus boy* que ganaban el salario mínimo. Además, la vida aquí era completamente rutinaria. La vida era ir al trabajo, regresar a casa, y en los fines de semana o de fiesta, ir al cine o tomar cerveza. Sospechaba que si me quedaba a vivir seguiría viviendo una rutina hasta el último de mis días. En mi pueblo no era de esa manera, nosotros teníamos festivales en los que todo el mundo estaba en convivencia por tres o cuatro días a la vez. Eso no significaba que éramos flojos, sino que nosotros sabíamos cómo trabajar y cómo olvidarnos del trabajo por un rato.

En caso de que hubiera seguido aprendiendo inglés, no me hubiera podido integrar al modo de vida norteamericano por la diferencia de costumbres, y es más, aquí en los Estados Unidos no existían las costumbres, sino más bien una manera de vivir y leyes que las regían. Incluso, mis paisanos que habían logrado la residencia legal no tenían la intención de quedarse para toda la vida en EEUU. Por ejemplo, mi tío Vicente había comprado una casa en México en donde vivía su familia a quienes visitaba de tiempo en tiempo y tenía en sus planes regresar con herramientas y maquinaria para establecer su propio negocio. Mientras mi tío trabajaba aquí, sus hijos estudiaban en las universidades mexicanas; si los hubiera traido a este país sería dudable que estuvieran cursando la educación superior. Lo más probable era que ellos hubieran sido presas de la drogas y mi tío habría estado gastando sus últimos días como el hombre viejo de la gabardina negra que conocí en Houston. Los paisanos que tenían aquí sus familias mandaban casi regularmente a sus hijos al pueblo para que ellos no olvidaran sus raíces.

Más o menos había logrado la meta que me había propuesto al venir a los Estados Unidos. Ya había mandado algunas herramientas a mi pueblo y comprado otras para llevarme cuando me fuera. También había ahorrado algunos dólares. Al principio me había costado trabajo, pero después de todo no me había ido tan mal; ahora era tiempo de regresar a México y si necesitaba regresar algún día, lo haría por otra temporada.

Días después le informé al dueño de que sería mi última quincena de trabajo en su restaurante y, como a Rolando, me dijo que cuando regresara el trabajo estaba reservado para mí en su restaurante. Me preguntó si yo conocía a alguien que quisiera reemplazarme y yo le llevé a uno de mis paisanos para que ocupara mi lugar. Antes de irme, algunos paisanos me encargaron llevar *money orders* para sus familias, tal como yo lo había hecho con algunos otros antes.

Casi en casa

Un par de cajas de cartón eran mi equipaje a diferencia del bulto con el cual había entrado. Además de las herramientas llevaba ropa para mis hermanos, de la clase que bien pude haber comprado en México, pero sería a precios exorbitantes.

Rolando me llevó al aeropuerto a bordo de su carro y ahí abordé el avión de línea mexicana: un vuelo nocturno conocido como "El Tecolote" hacia la ciudad de México.

Cuando llegué por la mañana a la ciudad de México, tal como todos los pasajeros, me formé en línea para pasar a la inspección aduanal. Iba arrastrando mi equipaje a la velocidad que la fila iba avanzando; todos iban nerviosos y estiraban sus cuellos tratando de ver cómo se las estaba arreglando el pasajero en turno ante los oficiales.

—Los agentes se van más sobre los aparatos electrónicos —me dijo la señora que estaba delante de mí. Me dijo luego que traía una televisión y un tocadiscos. Al prepararse para la inspección, colocó algunos dólares entre las páginas de su pasaporte. Era la "mordida".

—Ojalá se conformen —dijo.

Cuando le llegó su turno, ella mostró una gran sonrisa al agente que le tocó inspeccionar su equipaje. —No traigo gran cosa —le dijo al agente que permanecía serio y con una mirada que denotaba autoridad.

—¿Qué es lo que trae? —preguntó en un tono glacial.

—Una televisión, pero es usada.

—¿Qué más?

—Un aparatito de tocadiscos, de segunda mano también.

—¿Qué más?

—Son usados, los compré de segunda mano.

—¡Abra su equipaje! —ordenó el agente— y muévase para allá.

—Mire, oficial, aquí están mis documentos —dijo la señora entregando su pasaporte donde iban los dólares.

Yo era el siguiente en la línea, pero de antemano, no ofrecí ningún dinero, más bien comencé a desatar los nudos de mis cajas.

—¿Qué es lo que traes? —preguntó el agente.

—Ropa y algunas herramientas —le contesté.

Terminé de desatar mis cajas y el agente metió las manos en los costados del equipaje. Levantó un montón de ropa y miró las herramientas e hizo lo mismo con la otra caja.

—Pásale —dijo de pronto para mi sorpresa, sin haberme pedido dinero.

Rápidamente me fui hacia la terminal de autobuses. Compré mi boleto para Oaxaca y me quedé tranquilamente sentado en la sala de espera. De repente, un hombre vestido de civil miraba con interés mis cajas y después se fue, pero un minuto después regresó acompañado por cuatro hombres más. Me rodearon, uno de ellos se identificó como el "capitán".

—Somos agentes federales y andamos detectando armas, vamos a revisar tus cosas —dijo el llamado capitán.

—Yo no traigo armas —le respondí.

—Traiga sus cartones y lo veremos.

Obedecí sus órdenes y cargué con mis cartones hacia un pasillo, fuera de la sala de espera. Uno de los ayudantes del capitán comenzó a desatar mis cartones. Hizo a un lado la ropa y comenzaron a sacar mis herramientas. Una lijadora eléctrica, una sierra circular manual eléctrica, una máquina de escribir, un moldeador eléctrico y otras herramientas de menor tamaño.

—¿De dónde vienes? —preguntó el capitán, mientras que seguían sacando mis cosas.

—Fui de mojado, pero no traigo armas.

Después de que hubieron sacado mis cosas, el capitán lanzó

un chiflido como mostrando sorpresa.

—¡Eres fayuquero! ¿eh? . . . ¡Guarden todo y llévenselo a la camioneta —ordenó el capitán a sus ayudantes.

—Yo no soy fayuquero, capitán. Fui de mojado, y para poder comprar mis cosas tuve que trabajar un buen tiempo. No soy ladrón, yo soy carpintero y traigo esas herramientas para usarlas en mi trabajo.

—De todas maneras eso es contrabando —contestó el capitán yendo hacia mis cartones y levantando la máquina lijadora.

—Aquí dice *"Made in Japan"*. Esto es contrabando —dijo leyendo.

—Pero no los quiero para vender, sino para trabajar.

—Te vamos a tener que decomisar todo —amenazó.

Sus ayudantes volvieron a echar las cosas a los cartones y amarraron los mecates. Cuando terminaron, le preguntaron al capitán que si se las llevaban a la camioneta.

—Estás evadiendo impuestos —siguió diciendo el capitán.

—Bueno, pagaré mis impuestos, ¿dónde hay que hacerlo?

—Tendríamos que llevarnos tus cosas, luego tendrías tú que ir a las oficinas de hacienda y, cuando hayas pagado, puedes reclamar tus cosas.

Aquello no me gustó para nada. Eso quería decir que perdería de vista mis cartones y no estaba seguro de volver a verlos.

—Oiga, capitán, ¿pues uno no tiene derecho a buscarse la vida? Yo fui de mojado y me ha costado mi dinero comprarme mis herramientas.

El capitán se miró con sus ayudantes, luego me preguntó por el tiempo que había estado en los Estados Unidos, en qué ciudad y para dónde iba.

—Yo sé que has sudado para comprarte tus cosas, pero también nosotros estamos aquí parados y dando vueltas vigilando; si tú te pones a pensar también nuestro trabajo es fatigoso —dijo el capitán.

—Bueno, pero ya vieron que no traigo armas.

—Cáete con algo y te dejamos ir —dijo uno de los ayudantes con toda desfachatez.

Era la hora de la "mordida".

Antes de salir de Los Ángeles había cambiado algunos dólares a pesos. Saqué un billete de veinte mil y se los extendí al capitán, pero éste lo rechazó desdeñosamente.

—Mejor pórtate bien o cargamos con tus cosas —advirtió secamente.

—Bueno, ¿cuánto es portarse bien, entonces?

—Cuando menos cincuenta más. Tenemos que repartirlo, ¿ves?

—Esto es un vil robo —me dije a mí mismo. Pero para salir del problema y terminar de poner en peligro mis pertenencias, pagué lo que pedían.

Yo me había creído a salvo de la mordida, lo había estado esperando de los agentes de la aduana del aeropuerto y no la habían pedido. Durante el trayecto a la terminal de autobuses me sentí tan feliz que incluso pensaba escribir a mis amigos para contarles mi suerte, pero ahora resultaba que había que cuidarse también en las terminales de autobuses.

Entregué mi dinero al capitán y uno de ellos lo agarró, y mostrando desdén se lo metió a la bolsa. Sin siquiera decir gracias por mis miles se alejaron silenciosamente dando largos pasos, altivos, con dignidad, como si el lugar de haber cometido un asalto hubieran salvado la vida del presidente.

Esa es la manera en que México funciona, siempre ha sido igual. Antes, en la época de la bracereada, mi padre también había pagado mordida. Nosotros ahora también teníamos que pagar mordida. Todo aquel que venía de regreso tenía que entregar un soborno y la única diferencia era que unos tenían que pagar más que otros. Encontrándose con la demanda de una mordida, no le quedaba a uno otra opción que "caerse con algo", lo exigían nuestras autoridades y ellas poseían el permiso para hacerlo, lo hacían con una "charola" en una mano y una pistola en la otra.

Después de todo, lograr llegar a casa con mis herramientas valía más que lo que había tenido que dar a los policías.

Las inconveniencias de la vida del mojado no terminaban hasta que uno llegaba a casa otra vez.